Kulissen der Gewalt

Kulissen der Gewalt

Das Reichsparteitagsgelände in Nürnberg

Centrum Industriekultur Nürnberg

Mit Beiträgen von
Ernst Eichhorn, Rudolf Käs, Bernd Ogan,
Klaus-Jürgen Sembach, Wolfgang W. Weiss, Siegfried Zelnhefer

Hugendubel

Die Deutsche Bibliothek – CIP-Einheitsaufnahme

Kulissen der Gewalt: das Reichsparteitagsgelände in Nürnberg/hrsg. vom Centrum Industriekultur Nürnberg. Mit Beitr. von Ernst Eichhorn … [Red.: Siegfried Zelnhefer; Rudolf Käs. Übers.: Übersetzungsbüro Interpret, Stein bei Nürnberg]. – München: Hugendubel, 1992
ISBN 3-88034-561-9
NE: Eichhorn, Ernst; Zelnhefer, Siegfried [Red.]; Centrum Industriekultur <Nürnberg>
© Heinrich Hugendubel Verlag, München 1992
Alle Rechte vorbehalten.

Konzeption: Siegfried Zelnhefer, Klaus-Jürgen Sembach, Rudolf Käs
Redaktion: Siegfried Zelnhefer, Rudolf Käs
Gestaltung: Klaus-Jürgen Sembach
Übersetzungen: Übersetzungsbüro Interpret, Stein bei Nürnberg
Lektorat der englischen Texte: Helmut Schwarz
Gesamtherstellung: W. Tümmels, Nürnberg
Titelbild: Reichsparteitag 1934, Totenehrung in der Luitpoldarena
Rückseite: Modell des Reichsparteitagsgeländes

ISBN 3-88034-561-9
Printed in Germany

Klaus-Jürgen Sembach	**Einführung in ein verwüstetes Gelände** Einleitung	7
Ernst Eichhorn	**Kaiserort und Führerstadt** Die imperiale Tradition Nürnbergs und ihre Bedeutung für das Reichsparteitagsgelände	13
Siegfried Zelnhefer	**Bürgerliche Errungenschaften 1906–1930** Bildteil	19
Siegfried Zelnhefer	**Bauen als Vorgriff auf den Sieg** Zur Geschichte des Reichsparteitagsgeländes	31
Rudolf Käs	**Gebaute Gewalt 1933–1943** Bildteil	49
Siegfried Zelnhefer	**Rituale und Bekenntnisse** Die Reichsparteitage der NSDAP	89
Siegfried Zelnhefer	**Inszenierte Volksgemeinschaft** Bildteil	99
Bernd Ogan	**Architektur als Weltanschauung** Ein Beitrag über die Ästhetisierung von Politik	123
Rudolf Käs	**Schwieriges Erbe nach 1945** Bildteil	141
Wolfgang W. Weiß	**Chronologie der Versäumnisse** Der Umgang mit dem Reichsparteitagsgelände nach 1945	163
	Glossar und Bildnachweis	176

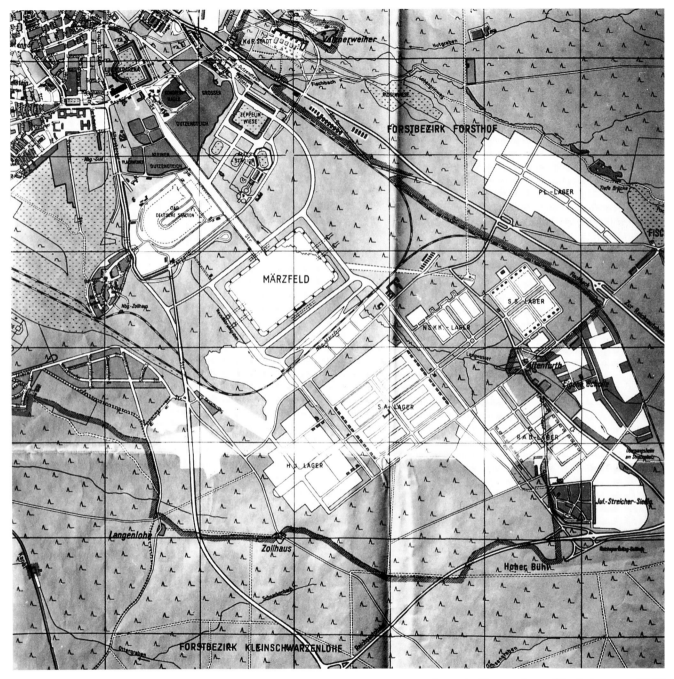

Ausschnitt aus einem Stadtplan von 1940

Einführung in ein verwüstetes Gelände

Einleitung

Bilder werden schneller erfaßt als Texte – und so könnte diesem Buch unterstellt werden, sein gefährliches Thema ungerechtfertigt glanzvoll zu behandeln. Tatsächlich zeigt es die Zeugnisse einer beschämenden Zeit in ungewöhnlich anschaulicher Weise. Üblich ist das umgekehrte Vorgehen, das beunruhigend Störende durch eine schlechte Wiedergabe zu entschärfen: Was immer weniger vorgewiesen wird, entzieht sich immer mehr der Beurteilung und wird schließlich ausgelöscht.

Gemeint ist die ästhetische Faszination, die der Nationalsozialismus besessen hat. Sie ist ein bis heute nur zögernd anerkanntes, am liebsten ganz geleugnetes Phänomen. Es überforderte lange Zeit das Verständnis vieler Historiker, die nicht darin geübt waren, Ästhetisches als bedeutende Facette des politischen Geschehens zu begreifen. Erst in jüngerer Zeit sind einige Autoren dazu übergegangen, dort erhellend zu wirken, wo das herkömmliche Deutungsvermögen bisher versagt hatte. Das gilt besonders für den Aufsatz „Faszinierender Faschismus" (1974) von Susan Sontag, für „Die programmierte Nation" von Hamilton T. Burden (1967) sowie Saul Friedländers „Kitsch und Tod" (1984).

Nun hat es zwar schon zahlreiche Bücher gegeben, in denen die politischen, sozialen und sonstigen Voraussetzungen des Nationalsozialismus untersucht werden und die vieles zur Frage seines Entstehens beigetragen haben, aber letztlich konnten diese seine einzigartige Effizienz nie ganz erklären. Die Ableitung mit Hilfe der verschiedensten Faktoren mochte noch gelingen, warum der Nationalsozialismus dann aber solche Überzeugungskraft besaß, war damit noch nicht verständlich gemacht.

Das Besondere scheint nun gewesen zu sein, daß sich der Nationalsozialismus als eine umfassende Gestaltungskraft verstand und nicht nur als ein Wirkungsmechanismus in der einen oder anderen Richtung. Vermutlich unterscheidet ihn das von den meisten politischen Formationen seiner Zeit. Diesen konnte er sich überlegen fühlen durch seine relativ junge Erscheinung, die ihn noch frei hielt von den Skrupeln und Belastungen der älteren und traditionsreichen Parteien, die zumeist ihre Überzeugungskraft im politischen Alltag eingebüßt hatten. Einziger echter Widerpart war der Kommunismus, zu dem denn auch eine ebenbürtige Gegnerschaft empfunden wurde. Jedoch im Gegensatz zur Mehrheit der politischen Kräfte konnte sich der Nationalsozialismus bindungslos, vital und erneuerungsfähig darstellen. Er gab vor, selbständig zu agieren, nicht nur notgedrungen reagierend zu verfahren.

Dieser Anspruch hätte hohl gewirkt ohne eine die Freizügigkeit betonende Erscheinung. Das lauthalse Auftreten verlangte nach einer entsprechend schnittigen Mode, nach einem Aufputz, der verblüffen und schockieren, aber auch durch seine blankpolierte Forschheit verführen konnte. In diesem Zusammenhang ist oft genug darauf hingewiesen worden, wie entlehnt die Elemente gewesen sind, aus denen sich die ästhetische Erscheinung des Nationalsozialismus zusammengesetzt hat. Zum Teil stellten sie banale Rückgriffe dar, oftmals waren sie schamlos übernommen, ja gestohlen worden. Doch das Feststellen solcher Einzelheiten bringt wenig, auch wenn es noch so sehr dem historischen Deutungsfleiß Genüge tun kann. Viel wichtiger ist es, die Symbiose zu akzeptieren, die hier aus heterogenen Elementen hergestellt worden war und deren innere Widersprüchlichkeit sich offenbar verdecken ließ. Möglicherweise sind wir erst heute dazu fähig, jene besondere Art von „Moderne" zu begreifen, die sich ohne Gewissensbisse die jeweils passendste Lösung herauszusuchen wußte – für die politische Fassade einen brutalisierten Klassizismus, für die funktionalen Bereiche die schon voll entwickelte Moderne des Neuen Bauens und für den infiltrierten Alltag Gemütsformen der penetrantesten Art. Dieses Vorgehen widersprach jeder Erfahrung und jedem sittlichen Gebrauch.

Die wütenden Angriffe des Nationalsozialismus auf die künstlerische Avantgarde der Zwanziger Jahre könnten dazu verleiten, sie weitgehend als eine Reaktion auf die geistigen Kräfte jener Zeit zu verstehen. Doch was für das Handeln im politischen Bereich sicher zutrifft, gilt für den kulturellen weit weniger. Der Haß, der sich gegen Malerei, Musik, Literatur und Verwandtes entlud, war zuallererst eine barbarische Äußerung jener Art, die blind vernichtet, was sie nicht versteht. Aber das allein genügt wohl nicht, um die Heftigkeit zu erklären. Sie war keine Reaktion aufgrund einer bei aller Gegensätzlichkeit auch wieder verbindenden Kontroverse, sondern sie stellt einen gezielten Prozeß dar, der zerstörte, um anderes um so machtvoller etablieren zu können. Die dahinterstehende, bedenkenlose Siegesgewißheit ließ das offensichtlich zu.

Die radikal geübte Vernichtung der klassischen Moderne hatte aber wohl noch den anderen, ihren Vollziehern vielleicht gar nicht so bewußten Beweggrund, etwas tilgen zu wollen, was als Unterbrechung der Tradition empfunden wurde. Es galt, Anschluß an das zu finden, was zeitlich hinter der jüngsten Vergangenheit lag. Je größer der Abstand wird, um so deutlicher zeichnet sich ab, daß die äußere Erscheinung des Nationalsozialismus eine Wiederholung des wilhelminischen Deutschland gewesen ist. Die Parallelen sind offenkundig, sie reichen von einer pompös-draufgängerischen Staatskunst bis zu einer mustergültig entwickelten Fabrikarchitektur, die Neigung für theatralische Demonstrationen und die Begeisterung für Rüstungsmaterial eingeschlossen, nicht zu vergessen ein Sinn für Werbung und Selbstdarstellung. Anscheinend hatte man die Wesensmerkmale des Kaiserreiches so tief inhaliert, daß sie schließlich mehr im Unterbewußtsein denn im eigentlichen Handlungszentrum verankert waren. Unmittelbare Bezüge sind deshalb selten – sie hätten sich auch kaum mit dem Selbstverständnis des Nationalsozialismus verbinden lassen. So ging es mehr um die latente Suggestion, eine Reinkarnation der einstigen Verhältnisse darzustellen, als um deren restaurative Imitation. Doch wenn seinerzeit die neuen sozialgesinnten und funktionalen Kräfte noch im bewußten Gegensatz zur offiziellen Kulturpolitik des Kaisers standen, so wurde jetzt behauptet, daß sie zusammen den Ausdruck ein und derselben Gesinnung bildeten. Diese betäubend eindrucksvolle Konfliktlosigkeit war einmalig und ohne Vorläuferschaft.

Es mußte wie eine Erlösung nach langer Qual wirken, wenn sowohl die schnörkellose Schlichtheit des „Volksempfängers", in der sich vorbildlicher deutscher Werkbundgeist spiegelte, wie auch der abgestumpfte Historismus der Speerschen Reichskanzlei als Wertmarken eines einzigen Imperiums gelten durften, von den verbindenden Elementen dazwischen – schnelle Straßen, eindrucksvoll inszenierte Demonstrationen und kleidsame Uniformen für fast jedermann – ganz abgesehen. Nicht nur, daß dieses alles scheinbar vorbildlich nach Plan entwickelt wurde, mußte Wirkung zeigen, auch die Nachschöpfung durch exakte Sachphotographien und stimmungsvolle Architekturaufnahmen war förderlich. Gut gestaltete Edelpublikationen sorgten schließlich für die nötige Kenntnisnahme.

Daß diese Einheitlichkeit künstlich war aufgrund einer machtpolitischen Strategie und daß sie unmöglich auf einer ethischen Gesinnung beruhen konnte, ist heute längst erkannt. Doch um so mehr muß ihre Effizienz beeindrucken und zum Nachdenken – besser „Nachsehen" – auffordern. Es wäre Ausdruck einer neuen Verdrängung – nach jener sattsam bekannten alten, die im Gedächtnis stattfindet –, wenn nicht die Beweiskraft jener Aufnahmen zur Kenntnis genommen wird, die untrügliche Belege des einst Geschaffenen sind. Es ist genauso notwendig sie zu erblicken wie solche Fotografien aus jener Ära, auf denen uns das Gefühl schmerzhaft, aber eindeutig Abscheu empfinden läßt. Hier ist unser Urteil feststehend, anderenorts jedoch muß es ambivalent bleiben, weil Zeugnisse ästhetischer Natur immer mehrere Dimensionen der Auslegung besitzen.

Das macht den Prozeß anstrengend, aber auch im besonderen Maße notwendig. Wenn in jüngerer Zeit vor allem ausländische Autoren es waren, die sich mit der äußeren Erscheinung des Nationalsozialismus beschäftigt haben, dann verweist das nicht nur auf einen allgemeinen, sondern ausgesprochen deutschen Mangel bei der Auseinandersetzung. Anschauung gern durch abstrakte Gedankenbildung zu ersetzen, ist uns als Vorwurf nicht neu, nur vermag er hier schwerer zu wiegen als sonst.

Die spürbare Benommenheit vor dem komplexen Anspruch der nationalsozialistischen Ästhetik hat offensichtlich nicht nur die eigentliche Wahrnehmung und historische Einschätzung behindert, sondern auch die tätige Auseinandersetzung mit ihren Resten gelähmt. Fast kann es heute als mutiges, noch von Elan und Bewältigungswillen bestimmtes Handeln angesehen werden, wenn in den ersten Nachkriegsjahren Zeugnisse des nationalsozialistischen Bauens einfach weggesprengt worden sind. Diese Reaktion aufgrund eines ersten Impulses ist uns heute nicht mehr möglich, doch noch fragwürdiger ist die sterile, jedes schöpferische Nachdenken tötende Haltung, die sich jetzt auf einen umfassenden Denkmalschutz beruft. Wenn zum Beispiel in München gerade das einstige „Haus der Deutschen Kunst" eifrig und beflissen wieder in den ursprünglichen Zustand versetzt wird, dann kommt darin die ganz konzeptionelle Hilflosigkeit zum Ausdruck, die heute am Ende einer Phase versäumter Auseinandersetzungen steht. Akribisches Wiederherstellen mit Hilfe der Argumentation, es würde sich dabei um ein Bekenntnis zur historischen Wahrheit handeln, ist ein mehrfach gedankenloser Akt, denn weder läßt er sich konsequent erfüllen, noch zeigt er eine differenzierte Haltung vor dem speziellen Charakter der Aufgabe. So können in München die Veränderungen des Äußeren, die aufgrund einer neuen Straßenführung entstanden sind, nicht mehr rückgängig gemacht werden, und wenn die Pflege einer wertvollen Architektur außer Zweifel steht, so muß sie fragwürdig bei deren Gegenteil sein. Zudem ist die eigentlich logische Folge, nun auch die alten Inhalte wieder in die rekonstruierten Räume zu tun, außer acht gelassen worden. Die zeitgenössischen Abbildungen zeigen deutlich, wie sehr die Architektur auf die Monumentalplastiken eines Thorak und Ähnliches abgestimmt war, und im Sinn der modernen Apologeten müßte es nun liegen, die alte Füllung wiederherzustellen.

Die Vorstellung, daß auch ein anderes als nur blind restauratives Vorgehen möglich gewesen wäre, scheint nicht bestanden zu haben. So hätte ja zum Beispiel das marode Gebäude zum Teil abgetragen und der verbliebene, betont ruinöse, angebrochene, aber eben doch nicht zu beseitigende Rest mit einer modernen Architektur verbunden werden können. Das Mahnmalhafte einer solchen Anlage wäre unübersehbar gewesen und zugleich aber auch das heutige Bekenntnis, nichts leugnen zu wollen, diese Haltung aber nicht in Erstarrung ausarten zu lassen. Die Auseinandersetzung wäre schöpferisch, gedankenbildend und auch opfervoll gewesen, so jedoch hat man sich ihr feige entzogen. Wer soll in Zukunft in dem so penibel wie möglich erneuerten Gebäude noch einen Anflug von Gesinnungsänderung erkennen können?

Die in der Vergangenheit am meisten geübte Haltung war, Zeugnisse der nationalsozialistischen Architektur der natürlichen Alterung zu überlassen. Doch was vielleicht wie Verachtung hätte wirken können, war auch nur eine Spielart der Verlegenheit. Diese Unentschiedenheit steht nun im Gegensatz zu der so gern eingeforderten „Aufarbeitung" der nationalsozialistischen Vergangenheit. Dadurch wird noch verstärkt, was der fragwürdige Begriff schon von sich aus sagt, daß nämlich diese Art der Bewältigung weitgehend als ein reflektierender – und schließlich damit von der Erklärung zur Auflösung und zum Verschwinden führender – Vorgang verstanden werden muß. Er scheint nur Besinnung zu kennen, aber keine vorantreibende Kraft. Wenn der Nationalsozialismus eines Tages „aufgearbeitet" sein wird, so die sich bietende Schlußfolgerung, wird es ihn auch als erinnernde Mahnung nicht mehr geben. Doch als ein Ereignis, das „aufzuarbeiten" nie gelingen kann, bleibt er vor allem in seiner Architektur bewußt, dem gewichtigsten Zeugnis seiner Herrschaft. Ihr sollte endlich die lange herausgezögerte Auseinandersetzung zuteil werden.

Die Bestimmung Nürnbergs ist es nun, der Focus aller Versäumnisse zu sein. Da in keiner anderen deutschen Stadt die architektonische Hinterlassenschaft des Nationalsozialismus so gegenwärtig ist wie hier, trägt sie nicht nur die materielle Last des Erbes, sondern auch die der Verpflichtung, mit ihm auf exemplarische Weise umzugehen. Es muß ihr zugestanden werden, sich damit überfordert zu fühlen, doch wäre es von Anfang an auch möglich gewesen, die besondere Situation als eine Herausforderung zu begreifen. Damit hätte eine Befreiung von der Stigmatisierung beginnen können, unter der die Stadt leidet, sie hätte statt des bisher passiven Bekenntnisses ein aktives entwickeln können. Viel ist bisher nicht geschehen. Eine peinlich mißlungene Tonbildschau im „Goldenen Saal" der Zeppelintribüne wurde bald durch eine verantwortungsvolle Dauerausstellung ersetzt. Einige Abbrüche und Sprengungen geschahen notgedrungen oder folgten reinen Nutzerwägungen. Der spektakuläre Vorstoß, den Torso der Kongreßhalle kommerziellen Zwecken zuzuführen, verschreckte zu Recht, denn er machte auf die gedanklichen Leerstellen aufmerksam, die Kaufleute nun mit Läden, Restaurants und dem sonst üblichen auszufül-

Das Böse will nicht begriffen, sondern bekämpft werden.
C. G. Jung

len hofften. Der umgehend abgelehnte Plan war reichlich vordergründig, aber nach einer so langen Zeit des öffentlichen Nichtbehandelns auch in Maßen verständlich. Entschuldigend für die ideelle Wüste auf dem weiten Feld des ehemaligen Reichsparteitagsgeländes könnte dessen Größe sein. Tatsächlich mißt es ein Vielfaches der Nürnberger Altstadt – eine Dimension, die wahrhaft lähmend wirken muß, so lange man sie nur als reine Fläche empfindet und nicht als Gedankenebene. Ist das einmal festgestellt, dann zählt nicht mehr die Menge der Quadratmeter, sondern nur noch die Überlegung, in welcher Form die Herausforderung angenommen werden kann. Damit muß die Einsicht verbunden sein, daß die Fläche für die übliche Art der Gedenkinszenierung viel zu ausgedehnt ist. Künstlerische Gestaltungsversuche, die auch in Nürnberg ansatzweise unternommen worden sind, haben deshalb nur zu Ergebnissen geführt, die in sich wohl richtig sind, angesichts der Größenverhältnisse jedoch versagen müssen. Auch wenn sie aus den Bedingungen des Ortes heraus entwickelt worden sind, stellen sie trotzdem zu individuelle Projektionen dar.

Diese Beobachtung verweist darauf, wie sehr es zu einer Konvention geworden ist, die Gestaltung moralischer Anliegen einzig und allein den Bereichen der freien Kunst zu überantworten. Ein Monument der Erinnerung hat somit automatisch einen bildhauerischen Charakter zu haben. Über dieser Lösung, die angesichts der Rätselformen moderner Kunst ziemlich unverbindlich ausfallen kann, sind andere Möglichkeiten aus dem Blick geraten. Überträgt man das auf die Nürnberger Situation und bedenkt zugleich, wie sehr es dabei um eine architektonische Erblast geht, dann muß das Fazit heißen, hier eine stadtbaukünstlerische Lösung anzustreben. Nur so können Dimension und Charakter der Aufgabe in Übereinstimmung gebracht werden.

Dieser Vorschlag kann banal anmuten, und ihm ließe sich unterstellen, daß er zwar die äußere, aber nicht die innere Größe berücksichtige. Zu sehr sei Städtebau heute zu einem rechnerischen Planspiel abgesunken, als daß er noch eine gestaltgebende Kraft besäße. Außerdem verbände sich hier Nutzanwendung mit einer ethischen Aufgabe. Mit Vorsatz ist jedoch von einer stadtbaukünstlerischen, nicht allein städtebaulichen Lösung gesprochen worden. Dieser Unterschied ist wesentlich, weil er eine Dimension jenseits pragmatischer Zweckerfüllung benennen möchte. In Fortführung der für München skizzierten Idee besteht auch jetzt wieder die Vorstellung, eine moderne Gestaltung so vital gegen die Zeugnisse der Vergangenheit zu stellen, daß diese bewußt erkennbar bleiben, jene aber aus dem Kontrast eine besondere Stärke gewinnt. Die Aufgabe wäre verfehlt, wenn sich das Bebauungskonzept der alten Planung anpassen, sie gleichsam büßerisch vereinnahmen würde. Gerade das Gegenteil müßte erfolgen, der alten Struktur durch eine neue bewußt widersprochen werden. Diese Konfrontation würde schmerzvoll sein, weil sie die Unterschiede von Gestern und Heute, die inzwischen nivelliert und an getrennten Orten verhandelt worden sind, ganz unmittelbar zusammenführen würde. Die jetzt so deprimierend wirkende, da einfach „liegengelassene", Zeppelintribüne wäre in ihrem Unwert, aber auch ihrer Denkmalhaftigkeit ganz anders zu erfassen, wenn eine moderne Architektur verletzend und brüsk in ihre Stufenfluten einbrechen und diese zum Teil beiseitesprengen würde. Tiefe Schneisen könnten die Gewaltsamkeit der Kongreßhalle aufreißen, aber auch deren Gigantomanie erst richtig einsehbar machen. Die lähmende Erscheinung der „Großen Straße" wäre gestört, wenn neue Wege sie rücksichtslos und ohne rechtwinkligen Bezug kreuzen würden, ihre unmenschliche Dimension jedoch, die heute immer noch zu einem ablenkenden Staunen anregt, ließe sich erst durch den neuen Maßstab deutlich erkennen. Zudem wäre sie inmitten des neuen Stadtteils ständig und nicht nur als sonntägliches Ausflugsziel anwesend.

Die hier entwickelten Vorstellungen sind wohl erst durch die Kunstform des „Dekonstruktivismus" möglich geworden. Wenn in diesem der Sinn erblickt werden kann, durch Zertrümmerung neue Zusammenhänge und bisher ungewöhnliche Einsichten zu gewinnen, dann ist er vielleicht in besonderer Weise dazu geeignet, neben der Brüchigkeit alles Gegenwärtigen auch die zersprengende Last des nachwirkend Vergangenen deutlich zu machen. Sicher scheint zu sein, daß er am überzeugendsten dann ist, wenn er sich nicht frei, sondern im Gegensatz zu etwas Vorhandenem äußert. Somit könnten „dekonstruktivistische" Ideen und Verwirklichungen sehr gut – oder auch zum ersten Mal – dazu geeignet sein, die Auseinandersetzung mit einer geschichtlichen Belastung spannungsvoll in Form zu setzen. Wofür hier somit zusammenfassend plädiert wird, ist die gestalthafte Verbindung von modernem Lebensanspruch und unausweichlich bleibender Erinnerung. Das „bewohnte Denkmal" ist vielleicht als Idee zu ungewöhnlich und in sich auch zu widersprüchlich, als daß es ohne weiteres vorstellbar wäre, in Form der Nürnberger Altstadt ist jedoch – wenngleich unter ganz anderer Prämisse und deutlich harmoniebestimmt – eine Vorläuferschaft gegeben.

Sicherlich würden die oben skizzierten, deutlich von Gegensätzlichkeit geprägten Ideen auch auf das gesamte Konzept einwirken, also nicht nur da zum Ausdruck kommen, wo der Konflikt unmittelbar gegeben ist. Reibungen und „knirschende" Übergänge wären insgesamt kennzeichnend. Für die Stadtgestaltung ergibt sich damit ganz generell ein neues, nicht unbedingt harmonisches Vorstellungsbild, das aber wahrhaftiger als das bisher tradierte sein könnte.

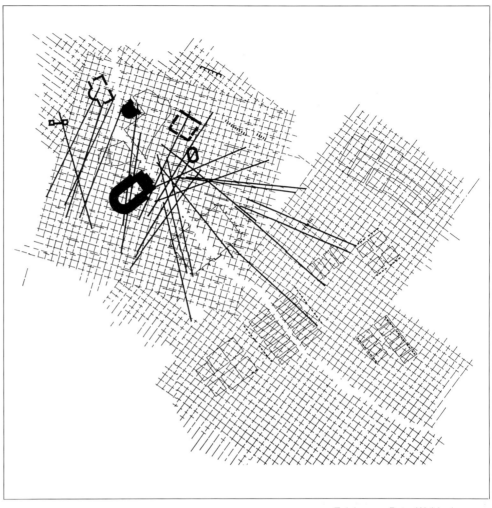

Zeichnung: Peter Weidenhammer

Because of its wealth of illustrations this book could be accused of representing its menacing subject matter with an unwarranted lustre. In actual fact the ideological fascination which National Socialism possessed has been dealt with in a very protracted manner.

In the meantime some authors, mainly American, have nevertheless adopted this subject. In Germany, the evident stupefaction in the face of the authority and rigidity of the National Socialist ideology has paralysed not only the serious reconciliation but also the relationship with the evidence which remains. Exaggerated exercises in reflection have hindered the unconstrained formation of ideas until now.

In view of the size of the Nuremberg Reichsparteitagsgelaende it is proposed to develop an urban improvement plan for the site with an ideology in contrast to that of National Socialism. The reconciliation is to have leanings towards assertion, towards the denigration of history but not towards its destruction. The remaining structures must be maintained but should not be preserved in any pretentious manner. The aim is that of an urban layout in the manner of "Dekonstruktivismus" in which up to date vitality will be able to combine with the reminder of the encumberance of its position.

Lorenz Ritter, Burg und Marktplatz in Nürnberg, Radierung nach einem Gemälde von Wilhelm Ritter, 1893, Stadtgeschichtliche Museen Nürnberg

Kaiserort und Führerstadt

Als Folge des Zweiten Weltkriegs verbreitete sich aus begreiflichem politischen Ressentiment die Meinung, die bis dahin errichteten Denkmäler des ‚Dritten Reiches' abzubrechen. Eine intensivierte Auseinandersetzung mit der Vergangenheit verstärkte jedoch die Einsicht, daß Geschichte eine Kontinuität darstellt, zu deren Begreifen nicht willkürlich Passagen herausgebrochen werden können. Wollte man Historie nur nach ethischen Maßstäben bewerten, nach solchen der Humanität wie der Tyrannei, müßte der größere Teil unserer kulturgeschichtlichen Baudokumentationen von Nebukadnezar über Nero und Napoleon Bonaparte bis Adolf Hitler liquidiert werden. In letzter Konsequenz könnte dies bedeuten, daß dann selbst Konzentrationslager als Zeugnisse des nationalsozialistischen Regimes verschwunden wären. Die Auseinandersetzung mit einem abzulehnenden ideologischen Sinngehalt erfordert die unmittelbare Begegnung. Dies gilt besonders für den Nationalsozialismus und seine zum politischen Bekenntnis erhobene Bauästhetik. Architektur als Weltanschauung bedeutete nicht nur imperialen Machtanspruch des ‚Dritten Reiches', sondern zum Mythos erhobenes Dogma. Als Spiegelung des Führerwillens sollte das ganze Volk geblendet und für die hochfliegenden imperialen Ziele demagogisch mitgerissen werden.

Monumentalität und Kulturgeschichte

Monumentale Baugesinnung war im kulturgeschichtlichen Ablauf frühzeitig als Synonym der Macht verstanden worden. Politischer und sakraler Anspruch hielten sich die Waage und führten unausweichlich zur ritualisierten Aussage. Erkennbar wird dies bereits in den wuchtig gefügten Megalithdenkmälern der Jungsteinzeit (Neolithikum), sublimierter in den Pyramiden der Ägypter, den Kolossalbauten der Babylonier, Assyrer, Perser und Hethiter. Schon als Prolegomena einer abendländischen Kultur sind im 2. Jahrtausend v. Chr. im ägäischen Raum die Zeugnisse der insularen kretisch-minoischen und der festländischen mykenischen Kultur zu verstehen: auf der einen Seite weitläufige Palastanlagen wie Knossos, auf der anderen die heroischen Burganlagen der protodorischen Mykener vor der homerischen Szenerie des Trojanischen Krieges. Die maßstäbliche Disziplin des griechischen Säulentempels wird in hellenistischer Zeit übergipfelt von der Hybris der Sieben Weltwunder, deren Überdimensionierung bereits moderne Züge vorwegnimmt, die letztlich im Pariser Eiffelturm und in amerikanischen Wolkenkratzern, wie dem World Trade Center in New York oder im Sears Tower in Chicago, gipfeln.

Die abendländische Grundlage für eine extrem monumentale Bauweise wurde von der bautechnisch hochentwickelten Kunst der Römer in ihren Straßen- und Brückenbauten, in ihren Arenen und Theatern, in gewaltigen Thermenbauten und expansiven Stadtanlagen, mehrgeschossigen Aquädukten sowie Triumphbogen geschaffen. Der Begriff Kolossalarchitektur entspringt dem gewaltigen Kolosseum in Rom, dessen Baumasse nur mühsam von mehreren Säulenordnungen gebändigt wird. In der frühchristlichen Zeit des Vormittelalters werden römische Bauten gelegentlich in ihrer ideologischen Ausrichtung umorientiert; als Musterbeispiel kann die Metamorphose der Porta Nigra in Trier zur Simeonskirche gelten. Die seit Augustus unverkennbare imperiale Tendenz der römischen Kunst, wie sie sich besonders auf dem Forum Romanum manifestierte, übertrug sich seit Konstantin, der das Christentum zur unbestrittenen Staatsreligion erhob, auf das oströmische Byzanz, um dann wieder nach Europa bis ins Hochmittelalter zurückzustrahlen. Die Durchdrin-

Die imperiale Tradition Nürnbergs und deren Bedeutung für das Reichsparteitagsgelände

gung von regnum und sacerdotium, Kaiser und Kirche, bestimmte fortan die imperiale Note und die ausgeprägte Ritualisierung des mittelalterlichen Weltbildes als „Gottesstaat" (civitas dei). Evident wird diese spezifisch sakrale Auffassung an Großbauten, wie der gekuppelten Hagia Sophia in Konstantinopel, an Palastkapellen wie San Vitale in Ravenna des Theoderich (und seines Nachfolgers Justinian mit Kaiserin Theodora). Diese Tradition setzt sich fort im westeuropäischen Reich der Karolinger und der Palastkirche Karls des Großen in Aachen, die zusammen mit einer axial geordneten Pfalzanlage über römischen Fundamenten entstand. Der mittelalterliche Kaisergedanke hat für die Staatsmystik Adolf Hitlers manche Vorgabe geleistet, man denke etwa an den als „Anti-Cluny" konzipierten Kaiserdom in Speyer oder an die als Politikum verstandene Bauästhetik der Stauferpfalzen von Sizilien bis Nürnberg. Auf kirchlicher Seite erwuchsen bauliche Machtballungen wie die gewaltige Kreuzfahrerburg Krak des Chevaliers in Syrien oder der Papstpalast in Avignon. Zu Beginn der Frühneuzeit, den wir mit der Epoche Karls IV. ansetzen können, regen sich erste moderne Bestrebungen. Sie verdichten sich im Quatrocento des 15. Jahrhunderts mit den sternförmigen Planstädten der italienischen Frührenaissance (Filarete), berühren sich mit nordeuropäischen Vorstellungen in der Planresidenz des Kardinals Enea Silvio Piccolomini, späterer Papst Pius II., in Pienza und erleben ihren rationalen Höhepunkt in Albrecht Dürers Befestigungslehre (1527), wo sein Idealstadtplan ebenso die Schachbrettstadt der Barockzeit, wie den sozialen Wohnungsbau der Moderne vorwegnimmt.

Ausgesprochen absolutistische Dominanz verraten der Neubau des Petersdomes in Rom, schon vorgeahnt in Brunelleschis „dröhnender" Domkuppel in Florenz, aggressiv im gegenreformatorischen Sinn erweitert durch die zangenartig ausgreifenden, die Masse der Gläubigen einfangenden Kolonnaden Lorenzo Berninis, oder die kastellartige königliche Trutzburg der spanischen Habsburger Escorial bei Madrid. Ein ähnlicher Machtanspruch der „ecclesia militans" verkörpert sich im Barock in der Jesuitenanlage St. Michael in München, in den großräumigen Stiftsanlagen Österreichs, in der Gigantomanie von Versailles und, gemildert, in der Schönbornschen Residenzanlage Balthasar Neumanns in Würzburg. Schon damals galt die These „Bauen bedeutet Politik".

Als eine vorweggenommene Variante für die Architektur des ‚Dritten Reiches', wenn auch unter völlig verschiedenem weltanschaulichen Vorzeichen, kann der Begriff der „visionären Architektur" gesehen werden. Es spannt sich im kirchlichen Bereich von der phantastisch entrückt wirkenden Ansicht Jerusalems bis zum „Fränkischen Jerusalem" Rothenburg o.d.Tauber, vom Klosterberg Mont Saint Michel über kirchliche „Stadtkronen" wie dem Bamberger Domberg, dem Hradschin in Prag, dem „Gralstempel" der Stiftskirche in Limburg a.d. Lahn und den vieltürmigen Kathedralen in Laon und im flämischen Tournai. Auch das Nachmittelalter kennt visionäre Architekturschöpfungen. Excellent wohl in der pittoresken Dachlandschaft des Renaissanceschlosses Chambord (Franz I.) im Loiregebiet, oder in der auf Felsen errichteten Anlage von Schloß Frain (Vranov) Fischers von Erlach bei Znaim (Südmähren). Viele Exempel lieferte der Bereich der Wallfahrtskirchen, allen voran die Kappel Georg Dientzenhofers bei Waldsassen mit drei minarettartig schlanken Türmen als Dreifaltigkeitssymbol oder das Käppele Balthasar Neumanns oberhalb von Würzburg. Auch die Romantik des 19. Jahrhunderts kennt visionäre Architektur, sei es Schinkels phantastische Domkirche am Wasser, das Schloß Neuschwanstein Ludwigs II. oder Claude Debussys Tonschöpfung „La cathédrale engloûtie".

Die imperiale Tradition Nürnbergs

In keiner anderen deutschen Stadt war die imperiale Tradition ausgeprägter als in Nürnberg. Die Geschichtsmächtigkeit der Doppelburg fand im Hoch- und Spätmittelalter ihre Entsprechung in der Doppelstadt St. Sebald und St. Lorenz. Direkte Voraussetzung für die Stadtgründung um 1040 (Sigena-Urkunde) war die Installation des Bistums Bamberg durch Kaiser Heinrich II. und seine Gemahlin Kunigunde. Nachdem der befürchtete Weltuntergang um 1000 ausgeblieben war, erlebte dieses „Fränkische Rom" eine erstaunliche Blütezeit, die nicht ohne Verschleuderung von Reichsgut zustande gekommen war. Dem sollte die Nürnberger Burggründung durch den Salierkaiser Heinrich III. entgegenwirken, die ihren Höhepunkt unter den Staufern, vor allem Friedrich Barbarossa (1152-1190) erlebte. Mittelpunkt der Stauferpfalz wurde die kaiserliche Doppelkapelle. Schon in der Außenfront des „Heidenturms" kam es zu einem imperialen Figuralprogramm, wie es im 13. Jahrhundert der letzte Stauferkaiser Friedrich II.

noch einmal am Brückentor von Capua demonstrierte. Imperialer Glanz erfüllt noch heute die räumlich wohl schönste Doppelkapelle Deutschlands im Innern der Nürnberger Burg. Der Chorbogen, unter dem als Weltenrichter verstandenen Gottvater, erhielt seinen kostbaren Nimbus durch Edelsteine im Gewände, die später ausgebrochen wurden. Der bevorzugte Sitz des Kaisers befand sich auf der Westempore, deren Tradition bis zur Kaiserempore Karls des Großen im Aachener Oktogon und bis zum Reichskloster Corvey zurückgreift. In Nürnberg lassen sich Kaiseremporen so häufig wie in keiner anderen deutschen Reichsstadt nachweisen, nämlich in der 1696 abgebrannten romanischen Schottenklosterkirche (Sitz des königlichen Bauhofs) und im sogenannten Engelschor der bürgerlichen Stadtpfarrkirche St. Sebaldus, der ungeachtet des päpstlichen Interdikts 1236 - 1273 aufwuchs. Fehlt auch hier das Pendant des Weltenrichters wie in der Oberkapelle der Burg, so überrascht die Sonderform des pfalzartigen Triforiums, dessen Vorläufer in der Nürnberger Stauferpfalz gelegen haben dürfte.

Eine Kaiserempore kennt auch die um 1350 an der Stelle der ehemaligen Synagoge des abgerissenen Judenghettos errichtete viersäulige Halle der Frauenkirche, deren Vorbild typologisch in der Oberkapelle der Nürnberger Burgkapelle zu suchen ist, und die nach ihrer Funktion gleichzeitig eine fränkische „Sainte Chapelle" darstellt. Die Bezeichnung „Engelschor", die schon St. Sebald kennt, ist auf die Laudes (Engelschöre) zurückzuführen, die zu Ehren des Kaisers gesungen wurden. Vergessen wir nicht, daß die Frauenkirche unmittelbar vom Luxemburger Karl IV. initiiert wurde, der dort 1356 die Reichskleinodien auf dem wappengeschmückten Altan als neuernannter Deutscher Kaiser wies. In der gleichzeitigen „Goldenen Bulle" verfügte er, daß die neugewählten deutschen Herrscher ihren ersten Reichstag jeweils in Nürnberg zu halten hätten. Daran erinnert auch die Huldigung der Kurfürsten vor Karl IV. im „Männleinlaufen", thematisch erweitert in der überaus kostbaren figurengeschmückten „Turmpyramide" des Schönen Brunnens (heute Eisengußkopie des 20. Jahrhunderts), desen Planung als akzentuierendes Freidenkmal im Platzraum des Hauptmarktes noch zu Lebzeiten Karls IV., also vor 1378, erfolgt war.

Kein anderer deutscher Kaiser hat in Nürnberg so viele Zeichen seiner Huld hinterlassen wie Karl IV. (1347 - 1378). Seine Regierungszeit war die baufreudigste Epoche im tausendjährigen Geschichtsablauf der Kaiserstadt. Wichtige Vorleistungen haben vorausgehende deutsche Herrscher erbracht. Der Große Freiheitsbrief Friedrichs II. (1212 - 1250) von 1219 bereitete Nürnberg den Weg zur Reichsstadt, die fortan auch für die politischen Planungen der deutschen Kaiser rasch an Bedeutung gewinnen sollte. Schon Heinrich VII. (1307 - 1313) äußerte spontan den Wunsch, die beiden bis dahin getrennt ummauerten Stadthälften von St. Sebald und St. Lorenz „sollten ein ding werden", ein Anliegen, das sich bald, um 1325, durch die Überbrückung der sumpfigen Pegnitzniederung verwirklichte. Sein Nachfolger, der Wittelsbacher Ludwig der Bayer (1314 - 1347), der die Stadt so oft wie kein anderer Kaiser besuchte, verschaffte Nürnberg die Reliquien des heiligen Deocarus, die er von Kloster Herrieden nach Nürnberg überführen lies. Damit hatte die Reichsstadt nicht nur ihren dritten Stadtheiligen, sondern zugleich einen „Reichsheiligen" als äußere Aufwertung gewonnen, eine Würde, die aus der ursprüglichen Funktion des Abtes Deocarus als Beichtvater Karls des Großen herrührte.

Die Zeit vor den Luxemburgern, also die zweite Hälfte des 13. und die erste Hälfte des 14. Jahrhunderts, wurde zur Voraussetzung für Nünbergs Aufstieg von Karl IV. bis zur Dürerzeit. Kaiserliche Nähe verrät sich im noch staufisch geformten Königskopfadler am Eckhaus Winklerstraße/Weinmarkt, bürgerliches Machtstreben im Alten Rathaus der neuen Gesamtstadt. Man spürt den wachsenden Reichtum und das zunehmende Machtbewußtsein der patrizischen Geschlechter, die häufig schon als Handels- und Montanherrn fungierten. In diesem Zusammenhang schwindet die Bedeutung des kaiserlichen Reichsschultheißen, dessen Amt damals veräußert wurde (vgl. Relief der „Norimberga und Brabantia" im alten Rathaussaal).

„Via Imperialis"

Am bedeutungsvollsten für Nürnberg sollte unter der Ägide Karls IV. die Errichtung der Fassade der St. Lorenzkirche werden. Sie fällt vollkommen aus dem Rahmen der bisherigen Nürnberger Kunsttradition durch ihren ungewöhnlich prunkvollen Ausbau mit kathedralhaftem Portalprogramm, einer der schönsten europäischen Kirchenrosetten, und einem reich durchbrochenen, an Goldschmiedearbeit erinnernden Schmuckgiebel. Diese Schauseite gibt der seit dem späten 13. Jahrundert errichteten zweiten

Stadtkirche das Flair eines „Bürgerdoms". Kaum vorstellbar, daß die Nürnberger, gleichzeitig mit anderen interessanten Bauunternehmungen, dieses ambitiöse Projekt aus eigenen Mitteln bestritten hätten. Die beiden auffällig seitlich des Hauptportals angebrachten Wappen, der doppeltgeschwänzte böhmische Löwe Karls IV. und der schlesische Adler seiner Gemahlin Anna von Schweidnitz, legen die Vermutung einer kaiserlichen Stiftung nahe, zumal das Ehepaar auch in Prag und Karlstein mehrfach als Initiatoren aufgetreten waren. Mit hoher Wahrscheinlichkeit lag hier, ähnlich wie bei der königlichen Prachtstraße in Prag vom Pulverturm zum Hradschin, ein imperiales Konzept zugrunde. Die eigentliche via imperialis spannte sich in bogenförmigem Schwung vom inneren Stadttor des Weißen Turms zur Kirche, analog der älteren Kaiserstraße in Speyer, die sich vom Altpörtel zum Kaiserdom erstreckte. Im Innern der Lorenzkirche befindet sich heute noch die letzte Nürnberger Kaiserempore, auf der sich ursprünglich eine Verehrungsstätte des hl. Michael, des Kaiserpatrons, befand. Die Verbindung von Königssitz und Rosette ist uns bereits von der Palastkapelle Sainte Chapelle in Paris bekannt; Karl IV., der dort am französischen Königshof erzogen wurde, kannte diese Einrichtung. Die Rosette selbst dürfte in der Prager Dombauhütte Peter Parlers entworfen worden sein, der vom Reichsstadtbaumeister in Schwäbisch Gmünd zum Reichsbaumeister in Prag avanciert war. Die Kaisertradition setzt sich im Innern von St. Lorenz fort in der gleichzeitig mit der Fassade entstandenen steinplastischen Dreikönigsgruppe, dem Ehenheimschen Epitaph mit der Darstellung Heinrichs und Kunigundes (um 1440) und der Darstellung des Christkönig mit den Reichskleinodien auf dem Rotmarmorepitaph für den reichen Tuchhändler Kunz Horn. Die heutige Karolinenstraße war das Mittelstück der via imperialis, die am Spittlertor begann. Hier erfolgte die Schlüsselübergabe an die Kaiser als Stadtherren, gleichgültig, ob sie aus Richtung Frankfurt/Main – Aachen oder Wien – Regensburg kamen. In jedem Fall wurden sie zuerst der Stadtbefestigung ansichtig, die neben dem Wappenschmuck der Tore als Rechtsdenkmal die Sonderstellung Nürnbergs als Reichsstadt auswies. Der von Patriziern geleitete Kaiserzug winkelte dann am Nassauerhaus gegenüber von St. Lorenz um in Richtung Hauptmarkt, überquerte die Fleischbrücke über die Pegnitz, tangierte den Hauptmarkt mit Frauenkirche und Schönem Brunnen und verharrte am Alten Rathaus, wo der Kaiser auf einer Tribüne den Eid und die Huldigung der Bürger entgegennahm. Auf dem Hauptmarkt erfolgte auch die Weisung der Reichskleinodien. Dann bewegte sich der Zug vorbei am spätgotischen Chor der Stadtkirche St. Sebaldus, in deren Peterschor 1361 Thronfolger Wenzel getauft worden war, erfuhr noch einmal eine Zäsur etwa in Höhe des auffällig aus der westlichen Häuserzeile hervortretenden Oyrlschen Hauses unweit der jeweils für den Kaiser errichteten Ehrenpforte, um dann auf der Reichsveste seinen glanzvollen Abschluß zu erleben. An die Bedeutung des Kaisers für das spätmittelalterliche Nürnberg erinnert auch der Brauch des Kaiserfensters in der Chormitte der Frauen-, der Lorenz- und der Sebalduskirche.

Stadt der Reichstage – Stadt der Reichsparteitage

Aus dem geschilderten Ablauf der via imperialis ergibt sich unschwer, daß sie sich weitgehend mit den Aufmarschrouten an den Reichsparteitagen deckte. Dies wird besonders deutlich am Hauptmarkt, der gezielt in „Adolf-Hitler-Platz" umbenannt wurde, also der Stelle, wo nicht nur Karl IV. die repräsentative Anlage bestimmt hatte, sondern auch jene Reichsinsignien gezeigt wurden, die 1424 Karls IV. Sohn Sigismund „für ewige Zeiten" von Burg Karlstein nach Nürnberg überführt hatte – eine Formulierung, die wie eine Vorwegnahme des Ewigkeitsanspruches des ‚Dritten Reiches' berührt. So wurden alle „reichischen Elemente" mobilisiert, um den Reichsparteitagen neuen imperialen Glanz – diesmal im Sinn einer angestrebten Weltherrschaft – zu verleihen. Von daher gesehen, ist auch die Nürnberger Altstadt als bevorzugtes Ziel der Luftangriffe im letzten Weltkrieg zu verstehen, auch wenn dies keine Rechtfertigung für die gnadenlose Zerstörung einer der schönsten Kulturstätten des Abendlandes sein kann. Es grenzt an ein Wunder, daß aus diesem „Deutschen Pompeji" noch einmal eine unverwechselbare Stadtpersönlichkeit erwachsen konnte. Die nationalsozialistische These vom Weg der Stadt der Reichstage zur ‚Stadt der Reichsparteitage' ist nicht uneingeschränkt zu vertreten. Es kann kein Zweifel sein, daß die Parteitage bis 1933, also bis zur Machtergreifung rein parteiprogrammatisch organisiert waren. Erst mit der 1936 amtlich erfolgten Erhebung zur ‚Stadt der Reichsparteitage' kam es zu einer Konjunktion zwischen Reichsstadt und neuem Parteigelände.

Das Projekt des Reichsparteitagsgeländes liegt auf der

Linie vieler „Nationaldenkmäler", die im 19. Jahrhundert seit den Tagen der napoleonischen Kriege und der Romantik in Deutschland entstanden waren. die ausgesprochen patriotisch-nationalistische Tendenz, die sich gefördert von Preußen wie Bayern, im deutschen Bereich rasch ausbreitete, vornehmlich unter dem Gesichtspunkt der Gegnerschaft zum Erzfeind Frankreich, fand ihren Niederschlag in zahlreichen Nationaldenkmälern. Aus der langen Reihe seien als symptomatisch genannt: Gillys Denkmal für Friedrich den Großen 1796, das Völkerschlachtdenkmal bei Leipzig (1913 fertiggestellt), die von Ludwig I. von Bayern initiierten Bauten der philhellenischen Walhalla Leo von Klenzes (1830 - 1842, im Stil eines romantischen Klassizismus) und der Befreiungshalle bei Kelheim (1863), das Hermannsdenkmal im Teutoburger Wald (1875), das Niederwalddenkmal Wilhelms I. oberhalb von Rüdesheim (1888), das Barbarossadenkmal auf dem Kyffhäuser (1890), die seit 1898 weit verbreiteten Bismarcktürme und schließlich das Tannenbergdenkmal für General von Hindenburg (1924 - 1927). All diesen Denkmälern war neben der nationalen Zuspitzung einer ausgeprägt heldisch verherrlichtes Monumentalgefühl zu eigen.

Nürnberg und das Reichsparteitagsgelände

Das Parteitagsgelände hat seine Wurzeln im Bereich des Luitpoldhain. Er war 1906 Ort der Bayerischen Landesausstellung. Eine festliche Wirkung wurde durch die Errichtung eines Leuchtturms sowie eines Wasserturms im Jugendstil herbeigeführt, reizvolle Bauten, die später dem Beginn des Parteitagsgeländes weichen mußten. Gleichsam als Erbe wurde die von Fritz Mayer errichtete Gedächtnishalle übernommen und als mystischer Rahmen für die Gefallenenehrung wie für die spätere Standartenweihe verwendet. In unmittelbarer Nachbarschaft wuchs das gigantische Projekt der Kongreßhalle empor, das zur teilweisen Zuschüttung des Dutzendteiches führte und in seinem überdimensionalen Ausbau das Erbe römischen Cäsarentums erreichte. Als Schöpfer zeichnete der Nürnberger Architekt Prof. Ludwig Ruff verantwortlich. Noch ohne zusammenfassendes Konzept wurden weitere Großprojekte in Angriff genommen und teilweise noch während des Zweiten Weltkriegs fortgeführt. Besonderes Gewicht wurde hierbei auf das Zeppelinfeld gelegt, dessen gewaltige Ausmaße durch eine abschließende Pfeilergalerie zusammengefaßt wurden, die nach dem Untergang des ‚Dritten Reiches' vorschnell gesprengt wurde. Besonderes Interesse verdient als eine der wenigen erhaltenen Raumschöpfungen des Nationalsozialismus der ‚goldene Saal' im Tribünengebäude. Dort versammelten sich vornehmlich die Ehrengäste, um dann über immer enger werdende Treppenanlagen die hochgelegene Ehrentribüne zu erreichen. Das Betreten dieser Treppenanlage gehört zu den Schlüsselerlebnissen der Baukunst des ‚Dritten Reiches' im Zeichen eines absoluten Führerkultes. Durch einen verhältnismäßig dunklen Schacht gelangt man in einem raffiniert kalkulierten Raumcrescendo schließlich zur Führerkanzel, die wie aus gleißendem Licht auftaucht und zu deren Füßen sich ein gewaltiger Aufmarsch als grandioses Massenspektakel darbietet, letztlich eine Degradierung zur organisierten Anonymität. Am Tag des Arbeitsdienstes wurden im entscheidenden Augenblick die „goldenen Spaten" präsentiert und ihre Wirkung durch das einfallende Sonnenlicht überaus effektvoll gesteigert. Angesichts dieses Treppenerlebnisses denkt man zurück an die rituelle Bedeutung der Treppenanlagen im alten Knossos, in denen sich priesterherrschaftliches und mystisches Ritual durchdrangen. In das mit großem Geschick inszenierte optische Programm wurde schließlich auch die Reichs- und Kaiserstadt Nürnberg mit einbezogen. Sie bildete mit der Burg, insbesondere beim Blick von der großen, zwei Kilometer langen Aufmarschstraße den Zielpunkt, der wie ein überhöhtes Fanal die Gesamtanlage des Reichsparteitagsgeländes abschloß. Bewegte sich der Zug vom Parteitagsgelände zur Altstadt, so begleitete zunehmend das Stadtbild symbolhaft die Parteifeier. Allerdings hat dabei die Erinnerung an die Kaiserbesuche im Mittelalter und bis zum Ende der Reichsfreiheit 1806 kaum mehr eine ausschlaggebende Rolle gespielt. Vielmehr wurde sie überstrahlt durch die Glorifizierung des 19. Jahrhunderts, insbesondere durch die Musikschöpfungen eines Richard Wagner („Meistersinger") und der heroischen Musik eines Ludwig van Beethoven. Ein zielbewußt gelenktes Nationalgefühl bediente sich unter Auswertung aller Möglichkeiten der Vergangenheit, um die Gegenwart als Tor für eine glorreiche Zukunft zu verklären.

Ein interessanter Gesichtspunkt taucht in den Aufzeichnungen des für das Reichsparteitagsgelände Hauptverantwortlichen, Albert Speer, auf. Angesichts eines demolierten Straßenbahndepots, das den Neuplanungen des

Parteitagsgeländes weichen mußte, entsteht in ihm die Vorstellung eines in weiter Ferne liegenden Zustandes der jetzt aufwachsenden Parteitagsbauten: Der ruinöse Habitus, den sie in Jahrhunderten aufweisen könnten und der schon jetzt einkalkuliert werden sollte, indem man diese Bauten so gestaltet, daß sie auch als Ruinen noch die beabsichtigte Faszination ausstrahlen. Diese Vorstellung soll er Adolf Hitler vorgetragen haben. Während im gesamten Parteiapparat solche ruinenphilosophischen Überlegungen angesichts des Ewigkeitsanspruchs sicher als Blasphemie abgelehnt worden wären, soll sie der Führer überraschenderweise weitgehend akzeptiert haben. Er wäre damals offenbar so sicher in der Vorstellung der Dauerhaftigkeit des ‚Tausendjährigen Reiches' gewesen, daß er selbst eine so späte denkbare Metamorphose seiner Schöpfung für ein besonderes Signum historischer Bedeutung gehalten hätte, vergleichbar dem heutigen imposanten Zustand römischer Ruinen.

Das Mammutprojekt des Reichsparteitagsgeländes bleibt durch den Ausgang des letzten Weltkrieges als riesenhafter Torso liegen, der selbst heute noch als Kulisse der Gewalt bedrohlich genug erscheint. Während der Bauplanung tritt immer deutlicher ein megalomaner Zug in Erscheinung, der sich im Maßstabslosen verliert. Hatte einstmals das alte Stadion von Otto Ernst Schweizer aus den zwanziger Jahren als Ansatzpunkt der Parteitagsplanungen gedient und war es dann in Verbindung gesetzt worden mit der Ehrenhalle des Luitpoldhains, der dort vollzogenen Gefallenenehrung und mystifizierenden Standartenweihe in der erweiterten Arena, so wurden nun gigantische Neuplanungen ins Werk gesetzt: Dies gilt vor allem für das für 400 000 Menschen bestimmte Deutsche Stadion, das damit die größte römische Anlage seiner Art, den Circus Maximus in Rom, der für 150 000 bis 200 000 Personen bestimmt war, weit übertraf. Nur noch der Silbersee als ehemalige Baugrube erinnert an das riesenhafte Projekt. Ähnliches galt für das sogenannte Märzfeld, ursprünglich unterteilt mit 24 Türmen, das für Wehrmachtsübungen bestimmt war und an Ausmaß beispielsweise die persischen Palastanlagen des Darius und Xerxes in Persepolis flächenmäßig weit in den Schatten stellte. Es mutet wie eine Ironie der Geschichte an, daß das einzige Projekt, das in diesem Zusammenhang vollendet wurde, in Form des neuen Tiergartens existiert, der als Ersatz der alten Anlage von Hitler und der Partei genehmigt und finanziert wurde. Sonst verblieb lediglich die ehemaligen SS-Kaserne im Vorfeld der Kongreßhalle.

Zweifellos stellt das Reichsparteitagsgelände ein Monumentalzeugnis im Sinne des Denkmalschutzes dar. Es geht nicht um die Erhaltung einer politisch eingefärbten Bauästhetik, sondern um das letztlich als Apotropaion – also gleichsam als Abwehrgeste – zu verstehende Geschichtsschicksal, das sich in Nürnberg in europäischer Dimension vollzogen hat.

Irrespective of any ethical verdict an analysis of the National Socialist architectural aesthetics with respect to historical continuity seems indispensable. In doing so the question of their conservation is put into a new perspective. Since antiquity, especially since Roman times, imperial representative architecture has always aimed at monumental expression. The heritage of colossal architecture has lived on through the middle ages from Byzantium to Aachen and Avignon. Later periods introduced new dimensions. The enormous St. Peter's Cathedral in Rome as well as the monasteries and churches of the counter-reformation or the gigantic palaces of Paris and Vienna may serve as appropriate examples. These projects have certainly exerted some influence on the architectural ideas of the Third Reich, yet only in an indirect manner. It seems obvious, however, to derive stronger impulses from Nuremberg's imperial past, since no other German city has such an affluence of imperial evidence. Nevertheless, no stringent connection can be established between the past and the Third Reich. Only after Nuremberg had been declared City of the Party Rallies ("Stadt der Reichsparteitage") symbolic links were aspired to occasionally. But until the outbreak of World War II these connections were increasingly superseded by the presentation of the power of the Third Reich. A spiritual bridge linking the imperial city with the City of the Party Rallies cannot be constructed with respect to the new hypertrophic projects of National Socialism. At best, they can only be seen as a perversion of the imperial tradition.

Bürgerliche Errungenschaften 1906–1930

Das Gelände der Bayerischen Jubiläums-Landesausstellung 1906 von Nordwesten

Die gezeichnete Darstellung aus der Vogelperspektive zeigt das gesamte Areal der Jubiläumsschau. Den südöstlichen Abschluß, oben, markierte ein Leuchtturm am Ufer des Dutzendteichs. Am linken Bildrand der Haupteingang. Nach einem Fußweg durch die Allee gelangte der Besucher zur ovalen Mitte der Anlage, die ein Wasserbecken mit Brunnen schmückte. Industrie, Kunst und Gewerbe präsentierten sich in mehreren Ausstellungsgebäuden. In der rechten Bildhälfte dominiert die große Maschinenhalle.

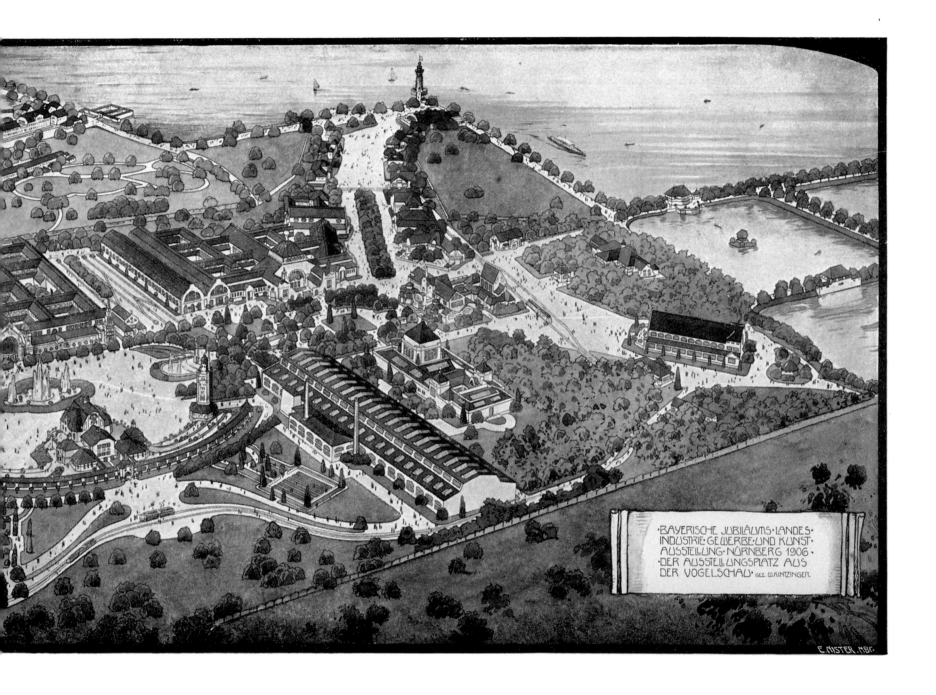

This is a bird's-eye drawing of the grounds of the state trade exhibition of 1906. Its southeastern end is indicated above by a lighthouse on the bank of the Dutzendteich Pond. The main entrance is on the left edge. After walking along a path through the avenue, the visitor reached the oval center of the grounds, where fountains ornamented a pool. Industry, art and business presented themselves in several exhibition buildings. The large machine hall dominates the right half of the picture.

Kunsthalle der Landesausstellung 1906 gegen Südwesten

Die Aufnahme zeigt den Platz vor der Eingangsseite der Kunsthalle der Jubiläums-Landesausstellung 1906. Rechts daneben ist die Maschinenhalle zu sehen. Ähnliche Formen und Konstruktionen prägen auch andere Industriehallen jener Zeit. Die Maschinenhalle war der einzige Bau, der nach dem Ende der Ausstellung erhalten blieb.

The picture shows the area in front of the entrance side of the art gallery which had been built for the state trade exhibition in 1906. Next to it, on the right, is the machine hall. Other industrial buildings of the time display similar forms and constructions. The machine hall was the only building which remained standing after the trade exhibition closed.

Gefallenendenkmal gegen Osten, um 1930

Das von Fritz Mayer zwischen 1928 und 1930 im Auftrag des Stadtrats geschaffene Denkmal zu Ehren der nahezu 10 000 Nürnberger Gefallenen des Ersten Weltkriegs steht in der östlichen Hälfte des Luitpoldhains. Ein von zwei Pylonenreihen gesäumter steinerner Vorplatz liegt vor einer Arkadenhalle. Das Denkmal wurde am 20. Juli 1930 eingeweiht. Schon ein Jahr vorher hatten die Nationalsozialisten das von ihnen sehr geschätzte Bauwerk in ihre Parteitagsfeiern mit einbezogen.

A picture of the War Memorial taken from the west in 1930. Fritz Mayer, under contract by the city, created the War Memorial between 1928 and 1930. It was erected in honor of 10,000 of Nuremberg's citizens who lost their lives in World War I and stands in the eastern half of the Luitpoldhain. The stone forecourt, bordered by two rows of columns, opens into an arcade. The War Memorial was dedicated on Juli 20, 1930. The National Socialists had already included this construction, which they highly esteemed, in their party celebrations the previous year.

Das Innere der Maschinenhalle, um 1930

Nach dem Ende der Landesausstellung und der Umgestaltung des Geländes zum Park wurde die Maschinenhalle als „Festhalle" bezeichnet. 1928 schrieb die Stadt für alle deutschen Architekten einen Architekturwettbewerb für eine Stadthalle aus. Die eingereichten Entwürfe wurden mit einer großen Ausstellung in der Halle im Luitpoldhain der Öffentlichkeit vorgestellt.

The inside of the machine hall, about 1930. After the state trade exhibition grounds had been converted into a park, the machine hall was referred to as the "festival hall". In 1929 the city announced a contest in which all German architects were invited to submit plans for a municipal hall. The entries were shown to the public in a large exhibition in the Luitpoldhain.

Luftbild des Tiergartens gegen Südosten, 1921

Am 11. Mai 1912 wurde der Nürnberger Tiergarten eingeweiht. Der Park lag auf der südwestlichen Teilfläche der Jubiläums-Landesausstellung von 1906. Am unteren Bildrand ist noch die zur Festhalle umgewidmete Maschinenhalle zu erkennen. Gegenüber, jenseits der Bayernstraße, der Haupteingang zur parkähnlichen Anlage des Zoos. Die vier „Nummernweiher" schlossen das Areal ab. Die etwa gleich großen Teiche blieben verschiedenen Tierarten vorbehalten: Fischweiher mit herausragender Affeninsel, Robben und Seelöwen, Schwimmvögel. Am oberen Bildrand folgen der große (links) und kleine Dutzendteich.

The aerial photograph of the zoological garden was taken in 1921. The Nuremberg Zoo was opened on May 11, 1912. It was spread out on the southwestern part of the grounds which had been used for the state trade exhibition in 1906. The festival hall, formerly the machine hall, is on the lower edge of the picture. Opposite, on the other side of the Bayernstraße, is the main entrance to the park like grounds of the zoo. The "Nummernweiher", four small ponds nearly all the same size, circumscribed the area. The large and small Dutzendteich Ponds are on the upper edge of the picture.

Haupteingang des Tiergartens, um 1930

Der Zoo war über den Eingang an der Bayernstraße zugänglich. Kassenhäuschen (links) und Verwaltungsgebäude (rechts) standen neben dem Hauptportal, das zwei Bronzefiguren von Philipp Kittler zierten. Den Plänen des Reichsparteitagsgeländes stand die Anlage im Wege. Bis 1939 wurde sie vollständig beseitigt. An dieser Stelle sollte der Vorplatz zu der neuen Kongreßhalle und dem Kulturbau entstehen sowie die Große Straße ihren Anfang nehmen. Der Nürnberger Tiergarten bekam 1939 am drei Kilometer entfernt gelegenen Schmausenbuck ein neues Domizil.

The zoo was accessible through the main entrance (here about 1930) in the Bayernstraße. Two bronze statues by Philipp Kittler ornamented the main entrance. Ticket offices stood on the left and administration buildings on the right. This construction, however, was a hindrance for the planners of the Reichsparteitagsgelaende and by 1939 it had been completely demolished. The forecourt of the new Congress Hall and the Culture Building were to be developed on this site and the Great Road was to commence here. In 1939, Nuremberg's zoo obtained a new home three kilometers away next to the Schmausenbuck.

Haupttribüne des Stadions, 1928

Die Arena entstand nach einem Entwurf des Architekten Otto Ernst Schweizer – seit 1925 in Diensten der Stadt Nürnberg – zwischen 1926 und 1928. Das Stadion zählt zu den hervorragendsten Zeugnissen öffentlichen Bauens in jener Zeit. Große Teile des Bauwerks bestehen aus sichtbar gelassenem Beton. Auf den Tribünen fanden insgesamt knapp 37000 Zuschauer Platz. Die überdachte Haupttribüne wies allein 2600 Sitzplätze auf. Für den gelungenen Entwurf der Gesamtanlage erhielt der Stadtgartendirektor Alfred Hensel anläßlich der IX. Olympischen Spiele in Amsterdam in einem Wettbewerb für künstlerische Werke eine Goldmedaille verliehen.

The main stand of the stadium is shown in 1928. The arena was under construction from 1926 to 1928. Otto Ernst Schweizer, an architect who had worked for the city of Nuremberg since 1925, was responsible for the plans. The stadium is considered an outstanding example of public building of its time. Large sections of the construction consist of raw concrete. The stands accommodated 37,000 spectators. The roofed-over main stand alone provided seating for 2,600. Nuremberg's garden director Alfred Hensel designed the whole lay-out. His excellent plans won him a gold medal in an art contest sponsored by the ninth Olympic Games in Amsterdam.

Eingangsfront der Haupttribüne, 1928

Stadionbad, 1928

Das Schwimmbecken liegt in der Achse, die zur Längsrichtung der Haupttribüne im Hintergrund um 45 Grad gebrochen ist. Bad und Stadion waren Teil einer beispielhaften Kombination mit Volkspark, Spielwiesen und Sportstätten.

The swimming pool stood on an axis which veered off the long side of the main stand at a 45° angle. Swimming pool and stadium were only a part of this exemplary installation which also offered a public park, meadows and playing-fields.

Badeanstalt am Dutzendteich von Südwesten, Datierung ungewiß

Nürnbergs erstes öffentliches Freibad entstand 1876 an der Nordseite des Dutzendteichs. Im Hintergrund ist ein Schlot der Spaethschen Maschinenfabrik zu sehen. Innerhalb der Holzhäuser konnten die Schwimmer in vier Becken ihrem Vergnügen nachgehen. Noch zu Beginn dieses Jahrhunderts waren dabei Frauen und Männer streng voneinander getrennt.

Nuremberg's first public outdoor swimming pool was built in 1876 on the northern side of the Dutzendteich Pond. A smokestack from the Spaeth machine factory can be seen in the background. Inside the wooden huts, the swimmers could enjoy themselves in four pools. Men and women were still not permitted to swim together at the beginning of this century.

Dutzendteich gegen Südwesten, 1930

Der Dutzendteich mit seinen Parkanlagen stellte für die Bürger der Stadt Nürnberg eine großzügige Erholungslandschaft dar. Spaziergänger steuerten gerne den Leuchtturm an, der anläßlich der Jubiläums-Landesausstellung errichtet worden war. Die Nationalsozialisten beseitigten wenige Jahre später mit dem Turm auch die ruhige Idylle und setzten an die gleiche Stelle den bedrückenden Koloß der neuen Kongreßhalle.

The Dutzendteich Pond, photographed here towards the southwest in 1930, with its park grounds composed a large recreational area for Nuremberg's citizens. Strollers liked to walk toward the lighthouse which had been built for the state trade exhibition. A few years later the National Socialists destroyed the peaceful idyll by removing the lighthouse and erecting the oppressive, colossal new Congress Hall on the same site.

Bauen als Vorgriff auf den Sieg

Die Bürokratie an der Heimatfront blieb nicht untätig. Auch mitten im Zweiten Weltkrieg war die Arbeit am Reichsparteitagsgelände, der lange Zeit größten Baustelle im Deutschen Reich, keineswegs beendet. Zwar standen die Kräne und Maschinen seit dem Herbst 1939 meist still; zwar waren die Fachkräfte längst mit anderen Aufgaben an vielen Orten im besetzten Europa betraut, doch nach Nürnberg wurden weiter Granitblöcke in großen Mengen geliefert, das Material wurde akribisch verwaltet, die Baustellen mußten gesichert – und stets die Hoffnung auf ein immer noch versprochenes Ende des Mammutunternehmens aufrecht erhalten werden. Schließlich sollte die Fortsetzung der Bauten im Frieden sofort wieder möglich sein, gerade so, als ob der tosende Krieg für die nationalsozialistischen Herrenmenschen nur ein kleines Intermezzo auf dem Weg zur Weltherrschaft darstellte. Manches der Nürnberger Projekte war in den wenigen Jahren des NS-Regimes schon fertiggestellt, vieles allerdings war im Rohbau steckengeblieben oder allenfalls auf Modellen zu erkennen. Dennoch: Das Konzept stand – wenn auch überwiegend nur auf dem Papier der Planzeichner.

„Am sinnfälligsten und großartigsten (…) wird dem Beschauer im Reichsparteitagsgelände ein Bild vermittelt von der Größe des Geschehens, das sich alljährlich in den glanzvollen Tagen des Reichsparteitages dort abspielt. Die gigantische Größe und einzigartige Formgebung der Bauten und Anlagen, die als Künder nationalsozialistischen Gestaltungswillens schon vollendet oder noch im Entstehen sind, legen beredtes Zeugnis ab von dem Wollen und Handeln der nationalsozialistischen Bewegung und sind großartige Zeugen des Baustiles des Dritten Reiches."[1] So steht es in der Einleitung einer verbindlichen Handreichung für Fremdenführer über das Reichsparteitagsgelände aus den dreißiger Jahren.

Mitte 1942 stellte ein Exposé des „Zweckverbandes Reichsparteitag Nürnberg" (ZRN) zum Stand der Dinge nüchtern fest, daß das Gelände „als ganzes eine Gestalt vermissen lasse".[2] Eher beiläufig ist die Bemerkung eingeflochten. Die klare Aussage, die offene Kritik an dem architektonischen Konzept der Renommierstätte nationalsozialistischer Selbstdarstellung mögen nur wenige Verwaltungsmitarbeiter gelesen haben. Folgenlos blieb sie ohnedies. Das nicht für die Öffentlichkeit bestimmte Urteil faßte jedoch prägnant zusammen, was nicht erst knapp zehn Jahre nach dem ersten Reichsparteitag der NSDAP im ‚Dritten Reich' offenkundig war: Das in Nürnberg großspurig angelegte Milliarden-Projekt[3] Reichsparteitagsgelände bestand aus einem mühsamen, jede klare Linie vermissenden Konglomerat von Aufmarschflächen, Appell- und Exerzierplätzen, riesigen Veranstaltungsräumen, Wettkampfarenen, Straßen und Lagerstätten. Aus ideologischen und pragmatischen Gründen bauten die Architekten auf Vorhandenem auf. Infrastruktur und Stadttopographie setzten der Anlage mit ihren Neubauten (zunächst) Grenzen, auch gestalterische. Ein Gesamtkonzept für das Reichsparteitagsgelände mußte – an dem einmal auserwählten Ort – zwangsläufig von den Vorgaben ausgehen, konnte sie allenfalls kaschieren. Architektur aus der inkriminierten ‚Systemzeit' wurde – wenn „verwertbar" – ohne Furcht übernommen, manchmal nur geringfügig verändert.

Das Reichsparteitagsgelände – der große Wurf also? Das Aushängeschild nationalsozialistischer Baukunst? In der Retrospektive erscheint vieles als Stückwerk. Gleichwohl stellen die Relikte der Nürnberger NS-Bauten ein dramatisches Beispiel für das dar, was – auch und vor allem andernorts – hätte noch entstehen sollen. Die Torsi sind erschütternde, aber auch entlarvende Beispiele der Stein gewordenen NS-Ideologie. Die Kulissen der Gewalt lassen

Zur Geschichte des Reichsparteitagsgeländes

1 Führer. Die Bauten auf dem Reichsparteitagsgelände in der Stadt der Reichsparteitage, o.J., Stadtarchiv Nürnberg (SAN) C 32/336
2 Exposé „Grundsätzliches zu den Planungsarbeiten", ca. 1942, SAN C 32/236
3 Im Finanzministerium gingen die Experten 1938 von rund einer Milliarde Mark als wahrscheinlicher Bausumme aus, auch wenn die offiziellen Zahlen damals noch darunter lagen, vgl. Bundesarchiv Koblenz (BA) R 2/11901

noch heute die aberwitzigen, unmenschlichen Dimensionen erahnen. Das Reichsparteitagsgelände spielte eine wichtige Vorreiterrolle für ähnliche Programme zur baulichen Neu- und Umgestaltung zahlreicher deutscher Städte.[4] Doch zunächst führten der Zufall und der Zeitdruck beim Aufbau der „Freilichtbühne" für die alljährlichen „Adolf-Hitler-Festspiele" in Nürnberg Regie. Eine Reihe von willkürlichen Gegebenheiten stand Pate für die Entwicklung einer Stadtlandschaft zum Reichsparteitagsgelände.

I.

Es sollte ein Zeichen des gutens Willen sein, das der bayerische Staat da nach Nürnberg schickte. Am Anfang des 20. Jahrhunderts lebten in der nordbayerischen Metropole etwa 300 000 Menschen. Die Stadt an der Pegnitz hatte sich über Jahrzehnte hinweg zu einem wichtigen Industrieort entwickelt. Doch von der einstigen Bedeutung als Freier Reichsstadt konnte keine Rede mehr sein. Am 15. September 1806 hatte die Gemeinde – mit nicht mehr als 25 000 Einwohnern am Ende aller früheren Herrlichkeit – ihre Selbständigkeit verloren: Die Stadt und ihre Umlande wurden dem Königreich Bayern einverleibt. Hundert Jahre später wollte die königliche Regierung einen Beitrag zur „Versöhnung"[5] leisten: Nürnberg bekam den Zuschlag für die Bayerische Jubiläums-Landesausstellung 1906. Der Einigungsgedanke sollte sich widerspiegeln und zugleich der Stadt die Reminiszenz erwiesen werden, die in den hundert Jahren ihrer Zugehörigkeit zum Königreich Bayern einen rasanten Aufstieg genommen hatte. Schon zweimal – 1882 und 1896 – hatten ähnliche, vom Bayerischen Gewerbemuseum gestalterisch betreute Landesausstellungen in Nürnberg stattgefunden, die den wirtschaftlichen Aufschwung und das „Selbstbewußtsein der Stadt"[6], signalisierten. Doch diesmal waren Industrie und Wirtschaft in einer Phase der Depression ganz und gar nicht begeistert von dem Ansinnen, sich erneut an einer solchen Schau zu beteiligen. Gleichwohl: Der Pflicht konnten sie nicht entgehen – auch wenn die Herren schon ziemlich ausstellungsmüde waren. Ähnliche Landesschauen in Düsseldorf (1902) und Dresden (1906) waren gerade erst absolviert. Nur der Gedanke an das besondere Jubiläum veranlaßte wichtige Firmen, doch nicht abzusagen.
Uneinigkeit herrschte auch bei der Wahl des Ausstellungsplatzes. Der Judenbühl am Maxfeld – Ort des Geschehens 1882 und 1896 – schien für die Größe des repräsentativen Vorhabens zu klein. Der Magistrat erkor einen am südwestlichen Rand der Stadt gelegenen Hain, ein „armseliges Föhrenwäldchen auf Sanddünen"[7], das schon seit langem für den Ausbau zum zweiten Stadtpark vorgesehen war und zudem keine räumlichen Grenzen setzte. Die Kosten wurden zunächst auf 3,5 Millionen Mark veranschlagt. Am Ende verschlang das Unternehmen jedoch fünf Millionen Mark.[8] „Unter dem Protektorate Seiner Königl. Hoheit des Prinzregenten Luitpold v. Bayern"[9] öffnete die Schau im Frühjahr 1906 ihre Pforten. Von Mai bis Oktober pilgerten 2,5 Millionen Gäste durch die weite Anlage zwischen Wodanplatz und Dutzendteich, wo sich in mehreren Hallen und Pavillons Industrie, Gewerbe und Kunst präsentierten. Daß die Leistungsschau hinter vielen Erwartungen zurückblieb, mag die Bürger weniger berührt haben. Sie hatten nach dem Ende der Ausstellung und dem Abbau der meisten Gebäude einen respektablen Park mit großzügigen Grünflächen samt Brunnenanlage gewonnen. Der Prinzregent fungierte als Namensgeber: Das Jubiläumsjahr gebar den Luitpoldhain.

Zwei Straßenbahnlinien erschlossen die Erholungslandschaft. Was einmal weit außerhalb des Stadtgebiets gelegen war, wurde von der wachsenden Kommune zunehmend erfaßt. Die Entfernungen schwanden. Nicht nur am Sonntag lud die großzügige Anlage zum Spaziergang ein. Die Freifläche zwischen Bäumen und Wasserspiel entwickelte sich zu einem beliebten Versammlungsort. Die Arbeiterbewegung traf sich mit ihren verschiedenen Organisationen mehrfach auf dem Areal. So feierten im Jahr 1922 etwa 60 000 Menschen den 1. Mai im Luitpoldhain. Und beim Deutschen Jugendtag am 11. August 1923 trafen sich dort die Sportler.[10] Demokratische Organisationen hatten den Luitpoldhain schnell für friedliche Ziele „erobert". Bei den Verfassungsfeiern belegten Tausende den demokratischen Geist, von dem die Stadt in der Weimarer Republik bestimmt war. Die SPD und 50 000 Arbeiter, die rings um den Dutzendteich einen Feuerkreis bildeten, legten am 12. August 1923 „ein aufsehenerregendes Treuebekenntnis zur Weimarer Verfassung ab"[11]. Der Sozialdemokrat Erich Ollenhauer, nach 1952 Vorsitzender seiner Partei, hielt damals im Luitpoldhain die Festrede.
Als die Stadtoberen daran dachten, den Gefallenen des Ersten Weltkriegs ein Denkmal zu setzen, kam die Sprache bald auf den Luitpoldhain. Schon 1921 hatte sich unter Vorsitz des liberalen Oberbürgermeisters Dr. Hermann

---

4 Vgl. Jost Dülffer/Jochen Thies/Josef Henke: Hitlers Städte. Baupolitik im Dritten Reich, Köln/Wien 1978
5 Hartmut Heller: Der Nürnberger Dutzendteich. Reichsstädtische, bayerische und deutsche Vergangenheit, Nürnberg 1983, S. 59
6 Jutta Tschoeke: Bayerische Jubiläums-Landes-Ausstellung Nürnberg 1906, in: Peter Behrens und Nürnberg: Geschmackswandel in Deutschland; Historismus, Jugendstil und die Anfänge der Industrieform, bearb. von Peter-Klaus Schuster, München 1980, S. 248 ff.
7 Heller, a.a.O., S. 59
8 Vgl. Wolfgang Ruppert: Vom König eine Prämie – Landesausstellungen, in: Hermann Glaser/Wolfgang Ruppert/Norbert Neudecker (Hg.): Industriekultur in Nürnberg. Eine deutsche Stadt im Maschinenzeitalter, München 1980, S. 93
9 Vgl. Offizielles Tagesprogramm für den 18. Juli 1906, in: Heller, a.a.O., S. 62
10 Vgl. Judith Pakh (bearb.): Revolution und Konterrevolution. Von der Novemberrevolution bis zur Errichtung der Diktatur 1918–1933. Das rote Nürnberg. Dokumente zur Geschichte der Arbeiterbewegung Band IV, hrsg. von der Verwaltungsstelle der Industriegewerkschaft Metall, Kösching 1985, passim
11 Heller, a.a.O., S. 65

Luppe[12] ein Denkmalausschuß konstituiert. Nach einem Entwurf des Architekten Fritz Mayer entstand zwischen 1928 und 1930 an der nordöstlichen Seite des Parks eine Säulenhalle mit einem steinernen Vorplatz, den links und rechts zwei Pylonenreihen säumten. Die Kosten konnten zum großen Teil durch Spenden aufgebracht werden. Am 20. Juli 1930 weihte die Stadt das Denkmal ein. Selbst nationale Kreise versagten Luppe nicht ihre Anerkennung, der sich besonders für das Gefallenendenkmal stark gemacht hatte. Sowohl der monumentale Stil als auch die Zweckbestimmung des Gebäudes gefiel den Nationalsozialisten. So kam ihnen der Bau mehr als zupaß. Schon 1929, als das Werk noch gar nicht vollendet war, bezogen sie es während des damaligen Reichsparteitags mit ein und machten es fortan sogar zu einem herausgehobenen Bestandteil ihres Totenkults.

Im Süden und Südosten des Luitpoldhains schloß sich ein Areal an, das den Nürnbergern als Nahziel für kleine Ausflüge vertraut war: der Dutzendteich mit seinem ihn umgebenden Grün.[13] Das Gewässer war in seiner Jahrhunderte langen Geschichte unter anderem mit seinen Hammerwerken Motor der Nürnberger Wirtschaft, Eislaufplatz, Fischreservoir, Badeanstalt und Sportstätte gewesen. Nur ein schmaler Damm teilte den See in den Großen und Kleinen Dutzendteich. Zwischen dem Weiher und dem Luitpoldhain entstand in der ersten Dekade dieses Jahrhunderts eine Einrichtung, die sich alsbald zum Publikumsliebling vieler Nürnberger entwickeln sollte: der Tiergarten. Nach Jahren der Vorbereitung öffnete er am 11. Mai 1912 zum ersten Mal seine Pforten.[14] Ein lang gehegter Bürgerwunsch ging damit in Erfüllung. Schon 1913 besuchten über 800 000 Menschen die neue Anlage. Die Idee, in Nürnberg einen Tiergarten zu schaffen, war unmittelbar nach der Landesausstellung im September 1906 aufgekommen und hatte bald großen Zuspruch bei der Bevölkerung gefunden. Die Stadt stellte rund 24 Hektar Grund zur Verfügung. Ein „Vorbereitender Ausschuß" mit Oberbürgermeister Dr. Ritter von Schuh als Ehrenvorsitzendem plante die Anlage. 800 000 Mark sollte der Zoo kosten. In einer beispiellosen Aktion wurde die Finanzierung innerhalb eines Jahres gesichert. Bis 1911 zeichneten Kommerzien- und Geheimräte, Kaufleute und Rechtsanwälte sowie zahlreiche Institutionen Anteile der neuen „Tiergarten Nürnberg A.-G." in Höhe von 600 000 Mark. Jenseits des Dutzendteichs lag eine große Freifläche, deren Namensgebung so lange auch noch nicht zurücklag. In den Pioniertagen der Fliegerei war Graf Zeppelin am 27. August 1909 mit dem dritten seiner Luftschiffe dort gelandet. Neben der Zeppelinwiese entstanden Kleingärten. In einer respektablen kommunalen Großtat baute die Stadt unweit davon ein Stadion, das jedoch weit mehr war als nur eine reine Wettkampfstätte. Ein sozialpolitisches Programm fortschrittlichster Prägung fand hier seinen Ausdruck.

Erstmals sprach Oberbürgermeister Hermann Luppe in der Ratssitzung vom 10. Juni 1921 von der Initiative zur Errichtung einer Sportarena. Den Stadtoberen schwebten neuzeitliche Erholungsräume für alle Bürger vor, eine Kombination aus Volkspark, Spielwiesen für jedermann, Trainings- und Wettkampfort für Leistungssportler. In einer Schrift von 1929 heißt es programmatisch zu dem Konzept: „Alle Interessenten an öffentlichem Grün sollten deren Nutznießer werden – der nach des Tages und der Woche Arbeit Erholungsuchende und dann der Kleingärtner, der seinen Dauerkleingarten in dem beruhigenden Gefühl bewirtschaften sollte, daß sein Pachtland nicht eines Tages dem Verkehr oder der Bebauung zum Opfer fällt. Ferner sollten jung und alt zur Pflege der Leibesübungen genügend Flächen für Ball-, Tennis- und Laufspiele, ferner für Turnen, Schwimmen, Luft- und Sonnenbaden zur Verfügung gestellt werden. Und nicht zuletzt sollte den Sporttreibenden durch Schaffung eines Stadions Gelegenheit gegeben werden im Turnen, im Fußball und anderen Ballspielen, im Schwimmen, im Tennis ihre Kräfte zu messen."[15] Dem Unternehmen maßen die Politiker eine große „sozialhygienische" Bedeutung bei.

Der städtische Landschaftsarchitekt Alfred Hensel (1880–1969), 1922 nach Nürnberg berufen, erhielt im Mai 1923 den Auftrag für den Gesamtentwurf des Areals. Dazu gehörten unter anderem eine Spiel- und Festwiese, Fußballübungsplätze, ein Freibad und die Hauptkampfbahn. Die Ausführung der Hochbauten – etwa auch des Stadionbads mit Sprungturm oder des dortigen Cafés – oblag erst ab 1926 Oberbaurat Otto Ernst Schweizer (1890–1965). Der Architekt war seit 1925 in Diensten der Stadt. Er gehörte damals zu den führenden Baumeistern Deutschlands. Seine Stärke war die konsequente Einhaltung der Grundsätze des Dessauer Bauhauses. Das Nürnberger Stadion wies 34 000 Stehplätze und 2600 überdachte Sitzplätze auf. Die Ästhetik der Arena in ihrer kompromiß-

12 Zur Person Luppes vgl. Hermann Hanschel: Oberbürgermeister Luppe. Kommunalpolitik in der Weimarer Republik (Nürnberger Forschungen, Band 21), Nürnberg 1977
13 Vgl. Heller a.a.O.
14 Zur Geschichte des Nürnberger Tiergartens vgl. Peter Mühling: Der Alte Nürnberger Tiergarten 1912–1939. Eine Chronik, Nürnberg 1987.
15 Alfred Hensel (Hg.): Das Nürnberger Stadion im Sport- und Volkspark auf dem Zeppelinfeld, o.O. 1929, SAN E 10 NL Hensel 19

losen Geradlinigkeit war beispielhaft für Europa. Zwischen 1923 und 1929 waren 12 100 Arbeitskräfte mit der Umsetzung des Entwurfs der Gesamtanlage beschäftigt.

Im Zusammenhang mit den IX. Olympischen Spielen in Amsterdam war 1928 ein Wettbewerb für künstlerische Werke, „die sich auf Sport- und Leibesübungen beziehen"[16], ausgeschrieben worden. Das am 10. Juni 1928 eingeweihte Nürnberger Stadion stieß dabei auf einhellige Anerkennung der Jury. Dem Leiter des Stadtgartenamts, Alfred Hensel, wurde persönlich der erste Preis zugesprochen. In Anlehnung an das olympische Vorbild erhielt er eine Goldmedaille für die überzeugenden Anlagen in der Gruppe „Architektur/Städtebaukundige Arbeiten".[17]

Weiter im Süden dominierte ein Waldgebiet mit einer „dürftigen Föhrenwaldbestockung"[18]. Der sich von Süd nach Nord durchschlängelnde Langwasserbach, der später im Dutzendteich verschwand, gab dem Areal seinen Namen: Langwasser. Seit 1926 versuchte ein Generalbebauungsplan die innerstädtischen Strukturen neu zu gestalten. Das „Knoblauchsland" im Norden der Stadt wurde als bäuerliches Gebiet nicht angetastet, im Westen war die Gemeinde bereits an ihre Grenze zur Nachbarstadt Fürth gestoßen. Das Areal im Südosten erschien als Bauland ideal. Vor dem ersten Weltkrieg hatte das Militär das Langwassergebiet noch als Schießplatz genutzt. Der vom kargen Sandboden geprägte Randwinkel des Lorenzer Reichswaldes galt als unschön und wertlos. 1932 faßte deshalb der Stadtrat ins Auge, die städtebauliche Erschließung des Geländes am Langwasserbach der Gemeinnützigen Wohnungsbaugesellschaft der Stadt Nürnberg (WBG) zu übertragen. Die Eigentümerin, die Bayerische Staatsforstverwaltung, räumte dem Unternehmen 1934 das Bodenankaufsrecht ein. Ein Jahr später aber ging es schon nicht mehr um die Errichtung der einmal geplanten Arbeitersiedlung. Größeres war jetzt vorgesehen. Die Nationalsozialisten benötigten das Gelände als Aufmarschflächen und Lagerstätten für ihre Reichsparteitage.

II.

Zehn Mal veranstaltete die NSDAP in den zwanziger und dreißiger Jahren Reichsparteitage. Sie wollte mit ihnen Aufsehen erregen, Macht demonstrieren, die Massen auf den ‚Führer' und seine Lehre einschwören. Es ging um Schauspiele mit pseudo-sakralem Anstrich, um „Gottesdienste" zur Ehre des „politischen Messias" Adolf Hitler.

Zwischen 1933 und 1938 fanden die größten Propagandafeste im nationalsozialistischen Feierjahr alljährlich im Spätsommer in Nürnberg statt.[19] Im ‚Dritten Reich' trugen die Zusammenkünfte eigene Namen. Sie hießen ‚Parteitag des Sieges' (1933), ‚Parteitag der Einheit und Stärke' (1934), ‚Parteitag der Freiheit' (1935), ‚Parteitag der Ehre' (1936), ‚Parteitag der Arbeit' (1937) und ‚Parteitag Großdeutschlands' (1938). Nur um diese ritualisierten Spektakel mit Hunderttausenden von Menschen in Szene setzen zu können, ließ sich Hitler eine Spielstätte schaffen: das ‚Gigantenforum' in Nürnberg.

Bevor ein übergreifender Entwurf vorlag, mußten sich die Nationalsozialisten als Plattform für ihre Veranstaltungen mit dem zufrieden geben, was vorhanden war. Ihre ersten Parteitage hatte die junge nationalsozialistische Gruppierung 1923 in München und 1926 in Weimar abgehalten. Für das Treffen 1927 (vom 19. bis 21. August) fiel die Wahl der Parteiführung das erste Mal auf Nürnberg. Eine Reihe von Überlegungen spielte dabei eine Rolle.

Da war einmal die günstige geographische und verkehrstechnische Lage der Stadt: inmitten des Reiches gelegen, gut mit dem Verkehrsmittel Reichsbahn zu erreichen. Für die geplanten Massenversammlungen stand mit dem Luitpoldhain eine geeignete, stadtnahe Freifläche zur Verfügung. Auch die ehemalige Maschinenhalle der Landesausstellung – inzwischen zur Festhalle umgewidmet – war in diesem Zusammenhang als Unterkunftsmöglichkeit von Vorteil. Wichtig war aber auch, daß am 5. März 1927 das für Hitler in Bayern bestehende Redeverbot aufgehoben worden war. Nürnberg wäre damals sofort als Tagungsort ausgeschieden, wenn der Parteichef weiter den Auflagen der Staatsmacht unterworfen gewesen wäre.

Im übrigen verband die NSDAP mit der fränkischen Stadt gute Erinnerungen. Beim „Deutschen Tag"[20] 1923 hatte es die Partei geschickt verstanden, die Sedansfeier der nationalistisch-völkischen Gruppen zu dominieren. Von besonderer Bedeutung war bei der Standortwahl 1927 die innerparteiliche Struktur der NSDAP in Nürnberg und Franken. Mit dem antisemitischen Hetzer Julius Streicher als Gauleiter an der Spitze, standen im fränkischen Umland zahlreiche gut organisierte und vor allem Hitler ergebene Parteigenossen bereit. „Die Unterlagen des Reichsschatzmeisters wiesen das fränkische Umland als *das* nationalsozialistische Zentrum im Reich aus."[21] Gleichwohl war Nürnberg eine Arbeiterstadt und galt nach wie vor als „rote

---

16 Ebd.
17 Die Gestaltung der Einzelobjekte stand in Amsterdam nicht zur Debatte. Über die Urheberschaft der Bauwerke schien schon Ende der zwanziger Jahre in der Öffentlichkeit Verwirrung geherrscht zu haben. Zwischen Hensel und Schweizer soll es deshalb sogar zum Streit gekommen sein. Nicht zuletzt aus Ärger darüber, daß er 1928 nicht zum Zuge kam, als der Posten des Hochbaureferenten zu besetzen war, kehrte Schweizer 1930 der Stadt wieder den Rücken.
18 Nürnberg Langwasser. Stadtteil im Grünen. Herausgegeben von der Wbg Gemeinnützigen Wohnungsbaugesellschaft der Stadt Nürnberg mbH, Nürnberg o.J. (nach 1985), S. 4
19 Vgl. Siegfried Zelnhefer: Die Reichsparteitage der NSDAP. Geschichte, Struktur und Bedeutung der größten Propagandafeste im nationalsozialistischen Feierjahr (Nürnberger Werkstücke zur Stadt- und Landesgeschichte, Band 46) Nürnberg 1991
20 Zur Erinnerung an die Schlacht von Sedan 1870 veranstalteten Republikgegner und militärische Kreise alljährlich am 1. September einen „Deutschen Tag".
21 Rainer Hambrecht: Der Aufstieg der NSDAP in Mittel- und Oberfranken (1925–1933) (Nürnberger Werkstücke zur Stadt- und Landesgeschichte, Band 17), Nürnberg 1976, S. 110

Hochburg". Unterschwellig wird der republikanisch-demokratische Geist, der unter Oberbürgermeister Luppe in der nordbayerischen Metropole herrschte, die braunen Bataillone besonders gereizt haben, ihren dumpfen Marschtritt hier zu proben.

Der wichtigste Grund für die Wahl Nürnbergs ist in der Haltung der Polizeidirektion zu sehen. Die städtische Polizei war mit Wirkung vom 1. November 1923 verstaatlicht worden. Ziel der bayerischen Regierung war es, „der ‚roten' Nürnberger Stadtverwaltung die wichtige Polizeiexekutive aus der Hand zu schlagen und eine ‚regierungstreue' Polizei zu errichten, die zuverlässig die Münchner Befehle ausführte."[22] Mit Polizeidirektor Heinrich Gareis war dafür der richtige Mann gefunden worden. Die Nürnberger Ordnungsmacht erwies sich als eine ausgesprochen nationale Polizeibehörde, was nicht zuletzt von den Nationalsozialisten mit großer Befriedigung zur Kenntnis genommen wurde. Der wohlwollenden staatlichen Polizei ist es deshalb insbesondere zuzuschreiben, daß die Stadt an der Pegnitz 1927 erstmals einen Parteitag der NSDAP erlebte.

Daß darüber hinaus mit Nürnbergs geschichtsträchtiger Vergangenheit geworben, Kulisse und Nimbus der Stadt in den Dienst der NSDAP gestellt werden konnte, stand noch nicht im Vordergrund. Diese vermeintliche Traditionslinie „von der Stadt der Reichstage zur Stadt der Reichsparteitage"[23], wie dann 1937 eine Ausstellung im Germanischen Nationalmuseum heißen sollte, wurde erst im ‚Dritten Reich' weidlich ausgeschmückt. 1927 war es noch primär um eine pragmatische Standortentscheidung gegangen. Den Marktwert der Butzenscheibenidylle und der verwinkelten Gassen in der ehemaligen Freien Reichsstadt rückten die NS-Propagandisten erst später in den Mittelpunkt.

Kurzum: Die Nationalsozialisten erachteten die Stadt und den Luitpoldhain für ihre Zwecke als günstig. Etwa 30 000 Teilnehmer hatten sich für die Zusammenkunft 1927 angemeldet. Die Menschen mußten untergebracht werden und sie sollten vor dem ‚Führer' antreten. Mit ganz konkreten Vorstellungen beantragte die NSDAP-Ortsgruppe am 18. Juni 1927 in einem Schreiben an den Stadtrat Nutzungsgenehmigungen für die Überlassung der Festhalle als Schlafplatz für die Parteitagsteilnehmer sowie „der beiden Spielwiesen nebst Terrasse im Luitpoldhain zur Abhaltung einer Fahnenweihe am Sonntag, den 21. August 1927 vormittags zwischen 7 und 9 Uhr"[24]. Für 150 Mark Zins pro Tag und einer Bürgschaft von 500 Mark, die bei der städtischen Sparkasse zu hinterlegen war, genehmigte der Grundstücksausschuß der Kommune am 30. Juni 1927 die Vermietung der Freifläche.

Tatsächlich füllten am Sonntagmorgen des 21. August über 8000 SA-Leute das Areal rund um den kleinen Teich. Auf der terrassenartigen, dreistufigen Rasentreppe an der Westseite der Grünanlage vollzog Hitler bemüht feierlich mit der ‚Blutfahne'[25] die „Weihe" von zwölf neuen Standarten. Nach dieser Zeremonie, die sich später Jahr für Jahr wiederholen sollte, verließen die SA-Kolonnen den Luitpoldhain, um auf einem „Festmarsch" durch die Stadt zu ziehen. Den Höhepunkt markierte ein Defilee vorbei an Adolf Hitler, der die Parade vor historischer Kulisse am Hauptmarkt im Herzen der Altstadt im offenen Wagen stehend abnahm.

Ihren nächsten Reichsparteitag hielt die NSDAP 1929 erneut in Nürnberg ab. Ohne Diskussion – wie selbstverständlich – fiel die Wahl auf die Stadt. Schon in diesem Jahr schien kein anderer Austragungsort mehr ernsthaft in Frage gekommen zu sein. Neue Gegebenheiten wurden gleich mitgenutzt. Im gerade ein Jahr zuvor prämierten städtischen Stadion wurde ein abendliches Konzert mit anschließendem Feuerwerk veranstaltet. Die junge Partei suchte stets angestrengt nach eigener Tradition und war über jede Konstante in der Entwicklung froh, die die Möglichkeit zur Identitätsfindung schuf. So trat die SA wieder im Luitpoldhain zu ihrem Appell an. Zum sonntäglichen Abschluß der inzwischen viertägigen Zusammenkunft versammelten sich dort etwa 25 000 Mann. Die NS-Presse sprach von 60 000 Teilnehmern. Das Zeremoniell der Totenehrung erfuhr diesmal eine besondere Note. Das von der Stadt errichtete Denkmal für die Gefallenen des Weltkriegs war äußerlich vollendet, doch es fehlte noch die innere Ausschmückung. Deshalb war das Bauwerk auch noch nicht offiziell eingeweiht und die NS-‚Bewegung' bekam keine Erlaubnis, in der Halle eine Gefallenenehrung vorzunehmen. Allerdings hatte Oberbürgermeister Luppe keine Einwände, daß auf dem Rasen vor dem Vorplatz ein großer Sarkophag aufgestellt wurde, auf dessen Kopfende ein Stahlhelm ruhte. Zahlreiche Kränze mit Hakenkreuzemblemen umgaben die Szenerie. Hitler-Jugend und verschiedene Fahnenabordnungen schlossen das Bild ab. Die Nazis seien „fest entschlossen, genau wie die Gefallenen, sich dem Willen der Feinde nicht zu fügen und sich

22 Utho Grieser: Der Fall Benno Martin: Eine Studie zur Struktur des Dritten Reiches in der „Stadt der Reichsparteitage" (Nürnberger Werkstücke zur Stadt- und Landesgeschichte, Band 13) Nürnberg 1974, S. 1
23 Vgl. den Katalog: Nürnberg, die deutsche Stadt. Von der Stadt der Reichstage zur Stadt der Reichsparteitage. Herausgegeben vom Amt Schrifttumspflege in Verbindung mit der Stadt Nürnberg und dem Germanischen Nationalmuseum, Nürnberg 1937
24 SAN C 7/775
25 Die ‚Blutfahne' führten die Nationalsozialisten bei ihrem gescheiterten Putsch am 9. November 1923 in München mit. Da sie angeblich das Blut der dabei umgekommenen Putschisten, der ‚Märtyrer der Bewegung', trug, erlangte sie in der Partei schnell eine besondere mystische Bedeutung. Hitler vollzog mit dem Erinnerungsstück den Akt der „Standartenweihe".

dem Verknechtungswillen entgegenzusetzen", tönte Ritter von Epp.[26]. Damit stellte der General die NSDAP-Angehörigen den Soldaten des Krieges gleich. Ein neuerlicher Versuch, die Partei zu erhöhen, aufzuwerten und Legitimation aus der Vergangenheit zu beziehen. Nach der Totenehrung, die mehr der inneren Aufrüstung der eigenen Anhänger galt, als der Ehrfurchtsbezeugung vor den Opfern des Krieges, erfolgte im Luitpoldhain die nun schon obligatorische „Standartenweihe" durch Adolf Hitler. 36 Parteiinsignien „segnete" diesmal der NS-Führer. Der Feierort hatte sich damit bereits zum zweiten Mal bewährt. 1930 und 1931 hatte der Stadtrat weitere NS-Parteitage in Nürnberg vereitelt, indem die gewünschten Tagungsstätten nicht zur Verfügung gestellt wurden. Die ablehnende Haltung war das Ergebnis von heftigen Zusammenstößen der Nationalsozialisten mit der Linken, insbesondere den Kommunisten, während des Parteitages 1929. Bei den Ausschreitungen kamen zwei Menschen ums Leben.

Vom Luitpoldhain, im Jahr 1927 aus rein pragmatischen Gründen erwählt, rückten die Nationalsozialisten nie wieder ab. Die Grünanlage war *das* ursprüngliche Kernstück des Reichsparteitagsgeländes. Dieser Park, geschaffen zur individuellen Erholung der Bürger, bekam mit der Besetzung durch die Kampfgruppen und dem ausgelebten NS-Kult samt Hitler-Verehrung, Fahnenweihe sowie Totenehrung frühzeitig einen besonderen Stellenwert im ständig wiederholten braunen Ritual. So konnte auch nie der Gedanke aufkommen, dieses Gelände von den Reichsparteitagsfeiern abzukoppeln. Es war ein unverzichtbarer, parteigeschichtlich bedeutsamer Veranstaltungsort.

Mithin gab der Luitpoldhain nur vier Jahre später die Richtung für die Erweiterung zum Reichsparteitagsgelände vor: Es konnte nur im Anschluß daran, unmittelbar im Süden und Südosten entstehen. Sonst schränkte überwiegend Wohnbebauung das mögliche Expansionsbemühen von vorneherein ein. Zwar lagen auf dem künftigen NS-Bauplatz bereits Einrichtungen wie etwa der Tiergarten, doch sollte dies die braunen Machthaber nicht hindern, ans gigantische Werk zu gehen.

Zunächst machte die Machtübergabe an Hitler am 30. Januar 1933 den Weg frei für weitere Reichsparteitage. Wie andernorts sorgte die Gleichschaltung von oben dafür, daß bald mit Willy Liebel[27] ein nationalsozialistischer Oberbürgermeister an der Spitze der Stadt stand. Hermann Luppe und Bürgermeister Martin Treu (SPD) wurden am 13. März verhaftet. Der gleichgeschaltete Stadtrat wählte am 27. April Liebel zum neuen Stadtoberhaupt. Dr. Walter Eickemeyer, seit 1920 berufsmäßiger Stadtrat in Nürnberg und Finanzexperte, wurde einstimmig zum 2. Bürgermeister gewählt.[28] Nach dem immer größeren Druck auf andere Parteien schieden nach und nach alle Gruppen unter Zwang aus dem Stadtrat aus. Am 30. August 1933 saßen ausschließlich Vertreter der NSDAP im Rathaus: In Nürnberg bestimmten nur noch die Nationalsozialisten das Geschehen. Als in diesem Jahr erstmals wieder der Gedanke an einen Reichsparteitag aufkam, bemühten sich die örtlichen NS-Größen eilfertig darum, den „Zuschlag" zu erhalten. Ernste Zweifel gab es nicht mehr, daß nur noch Nürnberg als die einzige Stadt für die Austragung der NS-Parteitage in Frage kommen konnte. Die „Nürnberger Zeitung" teilte ihren Lesern jedenfalls am 18. Juli 1933 mit: „Wie wir hören, soll nunmehr alljährlich der Reichsparteitag in Nürnberg stattfinden." Die Meldung war mehr als ein belangloses Gerücht. Die Stadt an der Pegnitz bekam nun einen braunen Stempel aufgedrückt, dessen Abdruck bis heute nicht ausradiert ist.

III.

Die Entscheidung fiel kurzfristig. Erst wenige Wochen vor dem vorgesehenen Termin für den ‚Parteitag des Sieges' vom 31. August bis 3. September gingen die Beteiligten an die konkrete Konzeption des ersten Reichsparteitages im ‚Dritten Reich'. Um die letzten Vorbereitungen zu treffen, kam in der Nacht zum 22. Juli 1933 eine Abordnung Nürnberger NS-Politiker und Beamter der Stadtverwaltung mit Hitler zu einem Gespräch in Bayreuth zusammen. Ein nur zwei Tage später von Stadtgartendirektor Alfred Hensel angefertigter Vermerk „Betreff: Schaffung eines Aufmarschplatzes für die kommenden Parteitage der NSDAP im Luitpoldhain"[29] faßte die wesentlichen Ergebnisse der Sitzung mit dem ‚Führer' und die daraus folgenden Maßnahmen zusammen. Zunächst ließ Hitler keinen Zweifel, was er mit Nürnberg im ‚Dritten Reich' vorhatte. Die Stadt müsse sich nämlich sofort entscheiden, „ob sie für die nächsten etwa 100 Jahre den Parteitag mit einigen hunderttausend Teilnehmern alle zwei Jahre in ihrer Stadt haben will, oder ob sie diesen für die Geschäftswelt Nürnbergs außerordentlichen Vorteil daran scheitern läßt, daß sie eine Anzahl von alten Bäumen im Luitpoldhain erhalten will."[30]

---

26 Staatsarchiv München (StAM), Pol. Dir. München 6815

27 Willy Liebel, 1897 geboren, stammte aus einer alteingesessenen Nürnberger Bürgerfamilie. Seit Mitte der zwanziger Jahre führte Liebel die väterliche Buchdruckerei. Früh schloß er sich antidemokratisch-vaterländischen Gruppierungen an. 1925 wurde Liebel Mitglied der NSDAP und machte rasch kommunalpolitische Karriere als NS-Stadtrat. In der Nacht zum 20. April 1945 nahm er sich im „Endkampf" um Nürnberg selbst das Leben.

28 Eickemeyer war seit 1920 als Referent in der Nürnberger Stadtverwaltung tätig. Zunächst Mitglied der liberalen Partei Luppes, der Deutschen Demokratischen Partei (DDP), näherte sich Eickemeyer schon in Weimarer Zeit den Nationalsozialisten an.

29 SAN C 7/886

30 Ebd.; Die Entscheidung drängte, weil sich angeblich Stuttgart um eine Verlegung in ihre Stadt „ernstlich" bemüht habe. Doch sei es der „persönliche Wunsch des Führers, den Luitpoldhain als ständigen Sitz des Parteitages zu sehen". Mehr als taktische Finesse, um den Forderungen Nachdruck zu verleihen, dürfte Hitlers Hinweis auf das Interesse Stuttgarts nicht gewesen sein.

In der Stadt waren bereits erste Überlegungen für einen Umbau des Luitpoldhains angestellt worden. Die von Alfred Hensel und dem NSDAP-Stadtrat Georg Gradl nach Bayreuth mitgebrachten Pläne prüfte Hitler und trug darin „eigenhändig die ungefähren Abmaße des Aufmarschplatzes"[31] ein. Nach den zum Teil detaillierten Wünschen des Reichskanzlers wurde der „zwischen Terrasse, Wasserbecken und Gefallenendenkmal gelegene Platz im Luitpoldhain einschließlich der zwei Spielwiesen als Aufmarschgelände für den voraussichtlich am 1. und 2. September ds. Jahres stattfindenden Parteitag der NSDAP hergerichtet"[32].

Entsprechend der „Anordnung" des NSDAP-Chefs mußte der Platz für die Aufstellung von „180 000 SA- und SS-Männern" vorbereitet werden, „die Sicht störende" Alleebäume, Pflanzanlagen und das Wasserbecken waren zu entfernen, es galt ein Podium für die Redner und 119 Standartenträger, Tribünen für 1500 Presseleute sowie statt der zu beseitigenden Allee auf beiden Seiten des Gefallenendenkmals Ränge für Zuschauer zu schaffen. Mit diesen Aufgaben wurde die Stadt Nürnberg, insonderheit das neu geschaffene Parteitagsreferat[33] und das Stadtgartenamt beauftragt. Oberbürgermeister Willy Liebel beeilte sich, per Direktorialverfügung am 25. Juli den formellen Auftrag zu erteilen und erste Mittel in Höhe von 50 000 Mark freizugeben. Ein Auftakt nur für ein sich daraus entwickelndes Bauprogramm unvorstellbaren Ausmaßes. Schon jetzt war klar, daß die Baumaßnahmen letztlich unter der Oberaufsicht Hitlers standen, daß ohne Genehmigung des Parteichefs in Nürnberg kein Gebäude, keine Fläche für das Reichsparteitagsgelände gestaltet werden sollte: „Der Herr Reichskanzler beabsichtigt, sich persönlich von der Durchführung der von ihm gegebenen Weisungen zu überzeugen und gegebenenfalls an Ort und Stelle weitere Anordnungen zu treffen."[34] Und wenig später heißt es in dem Dokument erneut: „Den während der Arbeiten etwa gegebenen Weisungen des Führers ist Rechnung zu tragen."[35] Der Grundstein war gelegt. In seiner Eröffnungsrede zum ‚Parteitag des Sieges' 1933 machte Hitler noch einmal deutlich, daß er der Stadt Nürnberg im ‚Dritten Reich' eine besondere Rolle zugedacht hatte: „Ich habe beschlossen zu bestimmen, daß unsere Parteitage jetzt und für immer in dieser Stadt stattfinden", verkündete der Diktator. Der Begriff ‚Stadt der Reichsparteitage' war mit diesem ‚Führer'-Wort kreiert.[36]

Noch bei den ersten Nürnberger Parteitagen der NSDAP 1927 und 1929 hatte ausschließlich die Partei die Festfolge vorbereitet, sich um das Arrangement gekümmert. Die Stadt trat damals lediglich als Vermieter, als Dienstleistungsbetrieb auf, der Schulen, Festhalle und Freiflächen gegen Geld zur Verfügung stellte. Die Rolle der Kommune sollte sich nun bei den Vorbereitungen der künftigen Parteitage grundlegend ändern. Dies zeigte sich bereits deutlich vor dem ‚Parteitag des Sieges'. Einerseits hing dies mit den gestiegenen Ansprüchen und Erwartungen der NSDAP-Leitung, andererseits mit der erhöhten Bereitschaft der gleichgeschalteten Verwaltungsspitze zur Mitwirkung zusammen. Die Reichsparteitage entwickelten sich so nicht nur zu den größten Feiern der Partei, sondern auch zu einem Prestige-Objekt für die Stadt Nürnberg unter nationalsozialistischer Herrschaft.

Angesichts des auf die „Ewigkeit" ausgerichteten NS-Staates mußte das Forum für die Parteifeiern eine andere äußere Form als die bisherige bekommen. 1933 waren die Organisatoren noch mit schnell zusammengezimmerten Tribünen im Luitpoldhain den Anforderungen gerecht geworden. Doch den Beteiligten lag es schon in diesem Jahr am Herzen, daß weitere Parteitage auf keinen Fall einen ähnlich provisorischen Charakter mit „Bretter-Bühnen" tragen durften. Das ‚Tausendjährige Reich' konnte schwerlich auf hölzernen Füßen stehen. Ein Plan lag aber im Jahr 1933 noch nicht auf dem Tisch, welche architektonische Lösung den Nürnberger Festtagen den adäquaten Rahmen verschaffen könnte. Von einem Gesamtkonzept war schon gar nicht die Rede.[37] Allerdings hatte Hitler während der Bayreuther Besprechung deutlich gemacht, daß er zumindest im Luitpoldhain nach dem Parteitag einen Um- und Erweiterungsbau erwartete: „Für die Parteitage ab 1935 ist den Wünschen des Führers entsprechend eine durchgreifende Änderung des Luitpoldhaines notwendig. Das Projekt ist gemäß der Skizze des Führers in Angriff genommen."[38]

IV.

Die für die Zwecke der NS-Parteitage vorgenommene Umgestaltung des Luitpoldhains stand am Anfang des Reichsparteitagsgeländes. Alle anderen Bauten wurden erst nach und nach an das Vorhandene gefügt. Nicht zuletzt deshalb, weil 1933 weder die innere Form der Reichsparteitage bis in die letzten Details feststand noch

---

31 Ebd.
32 Ebd.
33 Oberbürgermeister Liebel erließ am 24. Juli 1933 eine Anordnung, wonach „beim Stadtrat eine Zentralstelle geschaffen (wird), von der alle mit dem Parteitag in Zusammenhang stehenden Anträge, Anfragen usw. behandelt werden.", SAN C 7/883. Diese Zentralstelle wurde dem Referat IX (Schule und Bildungswesen; Feste und Feiern) unter der Leitung von Hans Dürr angegliedert.
34 Ebd.
35 Ebd.
36 Mit einem förmlichen Erlaß des Reichsinnenministeriums vom 7. Juli 1936 war der Begriff der ‚Stadt der Reichsparteitage' gleichsam „amtlich" und mußte fortan auch auf offiziellen Schriftstücken geführt werden, vgl. Hans Hubert Hofmann: Im ‚Dritten Reich', in: Gerhard Pfeiffer (Hg.): Nürnberg – Geschichte einer europäischen Stadt, München 1971, S. 456
37 Angeblich hatte Hitler schon vor 1933 den Architekten Paul Ludwig Troost – Schöpfer des Hauses der Kunst und Neugestalter des Königlichen Platzes in München – beauftragt, nach seinen Anweisungen Pläne für das Nürnberger Parteitagsgelände zu entwickeln, vgl. dazu Jochen Thies: Architekt der Weltherrschaft. Die „Endziele" Hitlers, Königstein/Ts. 1980, S. 79. Diese Annahme hat Matthias Schmidt in: Albert Speer: Das Ende eines Mythos. Aufdeckung einer Geschichts-fälschung, München 1983, S. 55, widerlegt. Der Autor stützt sich dabei auf Aussagen der Witwe Troosts, Gerdy Troost. Sie teilte mit, daß zwischen Hitler und ihrem Mann nie Gespräche wegen des Reichsparteitagsgeländes geführt worden seien.
38 Niederschrift vom 24. Juli 1933, SAN C 7/886

39 Eine fundierte Baugeschichte des gesamten Nürnberger Reichsparteitagsgeländes liegt bislang nicht vor, obwohl die Bestände des Zweckverbandes Reichsparteitag Nürnberg im Stadtarchiv Nürnberg dazu reichlich Material liefern. Insbesondere die Gründungsphase des Unternehmens in den Jahren 1933 bis 1935 ist nur unvollständig dokumentiert. Einzeluntersuchungen liegen neuerdings vor: Enno Dressler: Die Kongreßhalle auf dem ehemaligen Reichsparteitagsgelände in Nürnberg, Würzburg 1988, unveröff. Magisterarbeit (masch.). Einen wichtigen Beitrag stellt die noch unveröffentlichte Hamburger Dissertation dar von Yasmin Doosry: „Wohlauf, laßt uns eine Stadt und einen Turm bauen . . .". Studien zum Reichsparteitagsgelände in Nürnberg, Hamburg 1991 (masch.). Die Kunsthistorikerin analysiert darin vor allem Luitpoldarena, Luitpoldhalle und Deutsches Stadion als Fallbeispiele für den Entwurfsvorgang und die Bauweise des Reichsparteitagsgeländes.
40 Alfred Hensel: Gestaltung und Bauausführung der Luitpoldarena in Nürnberg, in: Zentralblatt der Bauverwaltung, vereint mit der Zeitschrift für Bauwesen, Berlin Jg. 54, 1934, Heft 51, S. 795
41 Ebd.
42 Ebd.
43 Vgl. Julius Schulte-Frohlinde: Die Ehrentribüne in der Luitpold-Arena Nürnberg, in: Zentralblatt der Bauverwaltung, verein. mit Zeitschrift für Bauwesen, Berlin, Jg. 54, 1934, Heft 34, S. 473 f.
44 Niederschrift vom 4. Mai 1934, BA R 2/18722
45 Ebd.
46 Willy Liebel in seiner Rede aus Anlaß der Grundsteinlegung für den Kongreßbau am 11. September 1935, in: Der Parteitag der Freiheit vom 10. bis 16. September 1935. Offizieller Bericht über den Verlauf des Reichsparteitages mit sämtlichen Reden, München 1935, S. 42

die damit korrelierende äußere Gestalt der Feierorte. In einem Prozeß entwickelten die Spitzen der NSDAP sowohl neue Inszenierungen für zusätzliche Akteure als auch die angemessene Architektur dafür. Veranstaltungsinhalte und Veranstaltungsorte gehörten in der Konzeption zusammen. Solange bestimmte Feiern nicht existierten, waren auch entsprechende Foren nicht notwendig. Dabei entstanden die Bauten unter großem zeitlichen Druck, der die Konstrukteure zu einer – zumindest für die Größe der Nürnberger Vorhaben – ungewöhnlichen Verfahrensweise nötigte: Plan- und Bauphase liefen nahezu parallel.[39]

„Als im Sommer 1933 der Führer und Reichskanzler Adolf Hitler für alle Zeiten Nürnberg zur Stadt der Reichsparteitage der NSDAP erklärt hatte, setzten sofort die ersten Arbeiten ein, die heute dem Aufmarsch- und Kongreßgelände im Luitpoldhain und dem Zeppelinfeld ihr Gepräge geben. Die Wahl des Führers fiel bekanntlich auf Nürnberg, weil der Luitpoldhain, die Stätte früherer Reichsparteitage, mit seinen vorhandenen Bauten einen außerordentlich wertvollen Rahmen bot, und die Erdterrassen, von denen er früher zur SA gesprochen, in historischer Treue erhalten und in die Neuanlage eingebaut werden konnten."[40] In einem Beitrag für das „Zentralblatt der Bauverwaltung" räumte Stadtgartendirektor Alfred Hensel ein, daß die Luitpoldarena 1933 „aus Mangel an Zeit nur behelfsmäßig hergerichtet worden war"[41]. Ulmenalleen, Eichengruppen mußten fallen, auch Springbrunnen und Wasserturm – Relikte der Landesausstellung – standen im Wege. Schon während des Umbaus zum ersten Parteitag im ‚Dritten Reich' sei jedoch „plan- und modellmäßig" festgelegt worden, „nach welcher Richtung sich die künftige Gestaltung entwickeln sollte. Für diesen Aufbau gab der Führer persönlich die großen Richtlinien, indem er die Raumgliederung der auf seinen Wunsch ‚Luitpoldarena' genannten Fläche bestimmte, die einzelnen Bauten und deren Zweckbestimmung festlegte und während der Ausführung der Arbeiten noch (…) Weisungen gab."[42]

Im Frühjahr 1934 war ein wesentlicher Fortschritt zum Ausbau der Luitpoldarena erreicht. Die Holztribünen sollten bis zum Herbst durch feste Baukörper ersetzt werden. Erdwälle wählten die Gestalter für die Sitztribünen links und rechts vom Ehrenmal. Die große, leicht gerundete Ehrentribüne gegenüber dem Kriegerdenkmal wurde in Eisenbeton ausgeführt und mit Muschelkalk verkleidet. „Der Gedanke, die Presseplätze rechts und links von der Ehrentribüne anzuordnen, stammt ebenso wie der gesamte Entwurf der großen Anlage vom städtischen Gartenbaudirektor Hensel in Nürnberg und ist ohne Zweifel außerordentlich glücklich", heißt es 1934 in einem Beitrag von Julius Schulte-Frohlinde im „Zentralblatt der Bauverwaltung".[43] Der Baurat war erst in diesem Jahr von Nürnberg nach Berlin gewechselt. Für die Luitpoldarena erarbeitete er selbst einige Details wie Aufgänge zur Mitteltribüne, Empfangshalle, Umformerstationen sowie Räume zur Lagerung von Bänken.

Hitler war mit den Vorschlägen der Stadt einverstanden. Nach einer Unterredung „mit dem Führer wegen der Ausgestaltung der Luitpoldarena" am 25. April 1934 im Klubzimmer des Hotels Deutscher Hof konnten die Unterzeichnenden Julius Streicher, Walter Eickemeyer und Hochbaureferent Walter Brugmann festhalten: „Die Gesamtanlage der Tribüne, ihre formale Durchbildung und insbesondere auch die Anlage des großen Empfangsraumes sowie des Durchganges finden die Billigung des Führers und sollen entsprechend den Plänen des Hochbauamtes ausgeführt werden."[44] Neben einigen Ergänzungen im Detail wurde weiter fixiert: „Die Frage etwaigen plastischen Schmuckes entschied der Führer dahin, daß mit Ausnahme der zwei Adler kein weiterer plastischer Steinschmuck angebracht werden soll, auch nicht an der Rednertribüne. Derartige schmückende Zutaten seien späteren Zeiten überlassen."[45] Der Münchner Bildhauer Kurt Schmidt-Ehmen bekam den Auftrag zur Herstellung zweier Adler in rund vierfacher menschlicher Größe, die später die beiden Flügeltürme der Haupttribüne bekrönten.

Die Umgestaltung der Luitpoldarena war im Gange. Doch die Parteioberen sahen erhebliche Defizite. Wie Oberbürgermeister Willy Liebel im Rückblick berichtete, habe sich schon beim ‚Parteitag des Sieges' 1933 gezeigt, daß die „Luitpoldhalle für die Abhaltung des Großen Parteikongresses auf die Dauer nicht geeignet war. (…) Schon damals wurde deshalb der Plan erwogen, eine hauptsächlich für die Abhaltung der Parteikongresse bestimmte, riesige Stadthalle in Nürnberg zu errichten und das geplante monumentale Bauwerk entsprechend einzugliedern in die im Aufmarschgelände für die Reichsparteitage in Aussicht genommenen Anlagen".[46] Im November 1933 hatte Hitler die Notwendigkeit eines „monumentalen Versammlungsraumes" in Nürnberg ausdrücklich unterstrichen. Die Stadtoberen mußten auch nicht lange suchen, bis sie den Nürnberger Professor Ludwig Ruff als geeigneten Architekten für die Aufgabe gefunden hatten. Die Stadt hatte bereits 1929 einen Wettbewerb für eine Stadthalle ausgelobt. Als Bauplatz war damals der Cramer-Klett-Park nahe der Altstadt ausersehen. Ruff beteiligte sich nicht an dieser allgemeinen Ausschreibung. Allerdings schlug er am 9. Februar 1931 in der „Nürnberger Zeitung" für das Projekt die dann für den Kongreßbau gewählte Lage am Dutzendteich vor. Ruffs damaliger Entwurf entsprach seinem 1933/34 entwickelten Plan allerdings in keiner Weise.[47]

Seit 1933 beschäftigte sich der Professor an der Staatsschule für Angewandte Kunst in Nürnberg mit Entwürfen. Am 29. März 1934 bekam er von Oberbürgermeister Liebel den Auftrag, ein Vorprojekt für die Kongreßhalle zu entwickeln.[48] Mit den Plänen im Gepäck fuhren der Architekt, Streicher und Bürgermeister Eickemeyer nach Berlin, um dem ‚Führer' das Vorhaben zu präsentieren. Am 1. Juni 1934 legten sie im Bismarckzimmer der Reichskanzlei die Entwürfe vor. „Ich konnte sofort Zeichen der Anerkennung und Zustimmung in seinem (Hitlers, d. Verf.) Gesicht feststellen", notierte Bürgermeister Eickemeyer.[49] Über eine Stunde lang prüfte Hitler die Pläne, wobei er „nicht in einem einzigen Punkt Beanstandungen erhoben oder Änderungsanregungen gegeben"[50] hatte. Für die Nürnberger Gesandten war dies entscheidend. Hatten sie doch nun den Freibrief in der Tasche, weswegen sie in die Reichshauptstadt gereist waren. Eickemeyer faßte den Kern zusammen: „Nach diesem Ergebnis ist somit die Stadtverwaltung Nürnberg durch den Führer ermächtigt, das Ruff'sche Projekt der Kongreßhalle, unter Verzicht auf jede Ausschreibung, durch Professor Ruff weiter bearbeiten zu lassen."[51] Ludwig Ruff starb am 15. August 1934. Das Projekt setzte unter ausdrücklicher Billigung des ‚Führers' Ruffs Sohn Franz fort, ebenfalls Architekt. Formell schloß die Stadt am 5. November 1934 mit dem von ihm weitergeführten „Atelier Professor Ludwig Ruff" einen Vertrag darüber ab.[52]

1933 kam beim ‚Parteitag des Sieges' erstmals eine Gruppe zu Ehren, die bis dahin bei den Massenzusammenkünften keine Rolle gespielt hatte: die Politischen Leiter, im Parteijargon auch Amtswalter genannt. Die Parteiführung konnte nicht mehr länger an dem wachsenden Heer[53] der kleineren und mittleren Parteifunktionäre vorübergehen. Sie galt es, im neuen Staat zu formieren und zu stärken. Schließlich hatte der Parteimittelbau neue Aufgaben zu erfüllen, wie der ‚Führer' 1933 verkündete: „Die Nationalsozialistische Partei ist der Staat geworden, und ihre Führer sind heute vor der Geschichte verantwortliche Leiter des Deutschen Reiches. Damit erhält die Partei der Opposition von einst nunmehr die Aufgabe der Erziehung des deutschen Menschen zum Bürger dieses neuen Staates. (...) Sie (die Amtswalter, d. Verf.) sind als Träger der politischen Organisation verpflichtet, jene Führer-Hierarchie zu bilden, die wie ein Fels unerschütterlich im Getriebe des Lebens unseres Volkes steht. Es ist ihre Pflicht, dafür zu sorgen, daß jeder Deutsche, gleich welchen Stammes und welcher Herkunft er sein mag, durch diese weltanschauliche Schule, deren Repräsentanten Sie sind, hindurchgeführt wird."[54] So sprach der Diktator in einer vormittäglichen Massenversammlung am 2. September 1933 zu rund 130 000 angetretenen Parteigenossen auf der Zeppelinwiese. Als Appellplatz für das Parteiheer war der Luitpoldhain nicht in Frage gekommen. Dieser Ort blieb – aus „Tradition" – der SA vorbehalten. Deshalb nahm die NSDAP beim Parteitag 1933 für den Aufmarsch der Politischen Leiter von einem weiteren Areal Besitz, der Zeppelinwiese. Diese Freifläche bot genügend Platz für die Massen. Noch wenige Jahre zuvor hatte an gleicher Stelle die Arbeiterbewegung ihre großen Sportfeste gefeiert. Der Reichsjugendtag fand 1929 auch auf dieser Wiese statt. Jetzt tummelten sich dort die Uniformierten im braunen Ornat, die die Linke in der Weimarer Republik stets aufs heftigste bekämpft hatte. Auch die Hitler-Jugend bekam zum Parteitag 1933 „ihr" festes Forum zugewiesen, als sich die jugendlichen Abordnungen aus dem gesamten Reich erstmals zum eigenen Appell im städtischen Stadion versammelten.

Damit waren 1933/1934 wichtige Vorentscheidungen getroffen. Feierorte (Luitpoldarena, Zeppelinwiese, städtisches Stadion) standen bereits nur noch bestimmten Gliederungen (SA, SS, Politische Leiter, HJ) zu. Die Umwandlung des Luitpoldhains zur Luitpoldarena war an die Verwaltung der Stadt übertragen, der Auftrag für den Neubau einer Kongreßhalle einem namhaften Nürnberger Architekten erteilt. Das Gelände, auf dem die Nationalsozialisten fortan ihre Reichsparteitage feierten, bestand aus einer Ansammlung von freistehenden Bauten, die keine Beziehung zueinander aufwiesen. Von einer Gesamtkonzeption war nichts zu erkennen.

---

47 Vgl. Enno Dressler, a.a.O., S. 19
48 Ebd.
49 Eickemeyer-Niederschrift über die Vorlage des Entwurfs zur Kongreßhalle Nürnberg vor dem Führer in der Reichskanzlei vom 2. Juni 1934, SAN C 32/340
50 Ebd.
51 Ebd.
52 Vgl. Enno Dressler, a.a.O., S. 20
53 Noch 1932 hatte die NSDAP rund 2,3 Millionen Mitglieder. Ein Jahr darauf stieg die Ziffer auf 3,5 Millionen, vgl. Hans-Ulrich Thamer: Verführung und Gewalt. Deutschland 1933–1945, Berlin 1986, S. 181
54 Der Führer an die Amtswalter der NSDAP, in: Nürnberg 1933. Der erste Reichstag der geeinten deutschen Nation, Berlin 1933, S. 78 f.

Bei den Gesprächen um die Bauten für die Reichsparteitage zwischen ‚Führer', Parteifunktionären und der Stadtverwaltung war im Laufe des Jahres 1934 auch immer häufiger ein 29jähriger Architekt beteiligt: Albert Speer. Im Jahr zuvor hatte sich der junge Mann in der NS-Führungsetage erste Meriten verdient, als er am 1. Mai bei der von Joseph Goebbels am Tempelhofer Feld inszenierten Feier für die nötigen Kulissen sorgte. Innerhalb kurzer Zeit gelang es dem Senkrechtstarter, die Sympathien Hitlers zu erwerben. Am 21. Januar 1934 starb der von Hitler verehrte Architekt Paul Ludwig Troost. Noch am selben Abend sagte Walther Funk, damals Staatssekretär bei Propagandaminister Goebbels, Speer auf den Kopf zu, was wohl viele andere im Hofstaat Hitlers auch dachten: „Ich gratuliere, jetzt sind Sie der Erste."[55] Goebbels beauftragte „Pg. Albert Speer", inzwischen auch „Unterabteilungsleiter für architektonische und künstlerische Ausgestaltung von Großkundgebungen der Reichspropagandaleitung", im Januar 1934 „mit der Leitung der technischen und künstlerischen Bauten zum diesjährigen Parteitag"[56]. Nicht zu Unrecht bezeichnete sich der Architekt später selbst als „Chefdekorateur"[57] des ‚Dritten Reichs'.

Nach dem Parteitag 1933 verlangte Hitler eine Verbesserung der Situation auf der Zeppelinwiese. Die provisorischen Holztribünen entsprachen in keiner Weise dem repräsentativen Charakter der Staatsfeiern. Anfang 1934 beauftragte der ‚Führer' seinen neuen Lieblingsarchitekten Speer, eine Steintribüne zu erstellen.[58] Im Laufe des Jahres erhob Hitler neue Forderungen. Er verlangte ein eigenes Areal für Schaumanöver der Wehrmacht (das spätere Märzfeld) und eine Halle speziell für die Kulturtagungen während der Parteitage.[59] Noch hofften die Stadtväter, daß weitere Bauten für die Parteitage an verschiedenen anderen Stellen im Stadtgebiet entstehen könnten und die Gebäude über die NS-Kundgebungen hinaus der Stadt auch für eigene Veranstaltungen zur Verfügung stünden. Der Gedanke mußte schnell ad acta gelegt werden. Das künftige „Gigantenforum" sollte als „Weihestätte der Bewegung" ausschließlich den Parteitagen vorbehalten bleiben. Der monumentale Charakter sollte eine Denkmal-Funktion erfüllen. Eine andere Nutzung hätte dem ideologischen Konzept zutiefst widersprochen.

Im Herbst 1934 bekam Albert Speer den Auftrag, einen Gesamtplan für das Reichsparteitagsgelände zu entwickeln. Damit wurde ihm „die damals größte künstlerische Bauaufgabe des neuen Reiches" übertragen, wie Speer-Freund Rudolf Wolters 1943 notierte.[60] Schon im Oktober 1934 lagen die ersten Skizzen vor.[61]

Die erste Phase der Arbeiten am Gelände ging zu Ende. 1933/1934 war nicht nur Hitlers Entscheidung für Nürnberg als ‚Stadt der Reichsparteitage' und den Standort des Reichsparteitagsgeländes gefallen. Die Auftraggeber hatten auch mit dem begonnenen Ausbau der Luitpoldarena, der Architektenwahl bei der Kongreßhalle und dem neu eingeführten Veranstaltungsplatz Zeppelinfeld entscheidende Grundlagen geschaffen, die Speer in seinem Gesamtkonzept berücksichtigen mußte. Nach einer Zeit der politischen Konsolidierung des ‚Dritten Reichs' stand nun auch die zweite Phase des Nürnberger Bauprogramms unter anderen Vorzeichen.

V.

Es dauerte nicht lange, bis in der Verwaltung die ersten Hilferufe laut wurden. Die zweifelhafte Ehre, zur ‚Stadt der Reichsparteitage' erkoren worden zu sein, hatte ihren Preis. Schon die Arbeiten an der Luitpoldarena hatten die Nationalsozialisten ohne Rücksicht auf die Finanzierung in Auftrag gegeben. Stillschweigend wurde die Last der Stadt Nürnberg überlassen. So verschlangen etwa 1933 die baulichen Vorbereitungen für den Parteitag 1 127 600 Mark.[62] Dabei sollte ein Großteil der Summe vom Reich und der Partei bezahlt werden. Doch zunächst mußte die Kommune die Vorleistungen erbringen, ohne sicher sein zu können, daß tatsächlich bestimmte Einzelposten später von Dritten übernommen werden.[63]

Am 29. Januar 1934 statteten Willy Liebel und der Nürnberger Polizeipräsident Hanns Günther von Obernitz dem Staatssekretär im Reichsfinanzministerium Fritz Reinhardt einen Besuch ab. Im Protokoll der Visite heißt es: „Oberbürgermeister Liebel bat um Gewährung eines Zuschusses für die von der Stadt Nürnberg zu finanzierenden Daueranlagen und Verkehrsverbesserungen und für den Bau der nach dem Wunsch des Führers zu errichtenden Kongreßhalle. Oberbürgermeister Liebel führte hierzu aus, dass der Bau der Kongreßhalle nach vorläufiger Schätzung rund 8 bis 9 Millionen RM erfordern werde und dass der Bedarf der Stadt Nürnberg für die ausserdem von ihr in diesem und im folgenden Jahre auszuführenden Arbeiten vorläufig auf annähernd 4 Millionen RM zu schätzen sei, wobei auf die noch in diesem Jahre und zwar möglichst vor

---

55 Zit. nach Matthias Schmidt, a.a.O., S. 58
56 Mitteilung des stellvertretenden Reichspropagandaleiters Hugo Fischer an Oberbürgermeister Liebel vom 31. Januar 1934, SAN C 7/913
57 Albert Speer: Erinnerungen, Frankfurt a. M./Berlin/Wien 1979, S. 69
58 Ebd., S. 67
59 Vgl. K. Arndt: Baustelle Reichsparteitagsgelände 1938/39, Göttingen 1973, S. 18
60 Zit. nach Schmidt, a.a.O., S. 56
61 Vgl. Pläne, Bayerisches Hauptstaatsarchiv (BayHStA), „Speer-Pläne" Nr. 72, 83, 85, 86
62 Vgl. Finanzierungsplan v. 12. August 1933, SAN C 7/887
63 Die größten Summen bezogen sich auf die Errichtung von Holztribünen im Luitpoldhain (für 505 700 Reichsmark), auf der Zeppelinwiese (147 000 Reichsmark) und dem Adolf-Hitler-Platz (40 000 Reichsmark). In den Gesamtbetrag gingen jedoch auch die Aufwendungen für Massenquartiere der Teilnehmer ein, vgl. Finanzierungsplan vom 12. August 1933, SAN C 7/887

Abhaltung der Reichsparteitage vorzunehmenden Arbeiten ein Betrag von etwa 1,8 bis 1,9 Millionen RM entfalle. Abgesehen von der Unmöglichkeit, heute Darlehen in dieser Höhe zu angemessenen Bedingungen zu erhalten, stehe eine Zerrüttung der Finanzen und die Überschuldung der Stadt Nürnberg zu befürchten, wenn für diese Zwecke nicht verlorene Zuschüsse gewährt werden könnten."[64] Der Staatssekretär versprach ein unverzinsliches Darlehen in Höhe von 4 Millionen Reichsmark (RM) aus der Spende zur Förderung der nationalen Arbeit, das nach einigen Jahren niedergeschlagen werden sollte. Zunächst sollten 1,8 Millionen RM zur Verfügung stehen. Der Rest von 2,2 Millionen RM wurde als „Teilbetrag für den Bau der Kongreßhalle in Nürnberg bereitgestellt unter der Bedingung, dass die Stadt Nürnberg das für die Halle erforderliche Gelände kostenlos zur Verfügung stellt und die Nationalsozialistische Deutsche Arbeiterpartei sich verpflichtet, die Restfinanzierung dieser Halle zu übernehmen."[65] 1934 dachte selbst der zuständige Staatssekretär noch, die NSDAP würde selbst erheblich zum Entstehen des Parteitagsgeländes beitragen. Immerhin war der Stadt eine Grundfinanzierung versprochen. Doch es erwies sich bald, daß dies erst der Anfang von einem ungleich höheren Mittelbedarf sein würde. Bereits in der Besprechung mit dem ‚Führer' wegen der Ausgestaltung der Luitpoldarena am 25. April 1934 machte Finanzreferent Dr. Eickemeyer deutlich, daß mit der zugesicherten Summe von 1,8 Millionen Reichsmark „weder für die Vollendung der bisherigen Arbeiten noch für die Fortsetzung der Ausbauarbeiten zum Reichsparteitag 1936 (z. B. Ersetzung der 1934 noch bleibenden Holztribünen durch Massivtribünen) nicht auszukommen"[66] sei. Die konkrete Finanzierungsproblematik schien Hitler nicht weiter zu interessieren. Statt dessen schwärmte er von der Luitpoldarena als einer „ganz großen und einzigartigen Bauanlage"[67]. Immerhin erklärte er, die Stadt möge sich doch wegen der Finanzierung an das Reichsfinanzministerium wenden. Dabei stellte er „seine persönliche Vermittlung für den Fall in Aussicht, daß sich in den Verhandlungen mit dem Reichsfinanzministerium Schwierigkeiten ergeben sollten".[68] Keine Spur von Anweisung, kein Hinweis auf eine klare Lösung. So wie das Unternehmen Reichsparteitagsgelände zu Beginn eher von den Zufälligkeiten vorhandener Anlagen bestimmt war, so unüberlegt und wenig zielgerichtet erwies sich auch das Verhalten des „Bauherrn" Hitler. Eine wichtige Bemerkung erlaubte sich allerdings bei dieser Unterredung der Duzfreund des ‚Führers', der selbsternannte ‚Frankenführer' Julius Streicher. Ausdrücklich hielt die Niederschrift fest: „Herr Gauleiter Streicher erklärte zur Finanzierungsfrage, daß die Anlagen zum Reichsparteitag nicht eine Angelegenheit der Stadt Nürnberg, sondern des deutschen Volkes sei und daß er es für unzulässig halte, daß sich die Stadt Nürnberg weiter dafür verschulde. Man könne der Stadt Nürnberg unter keinen Umständen zumuten, die Lasten für diese dem deutschen Volke gehörigen Anlagen auf die Schulter der eigenen wirtschaftlich schwachen Stadtbevölkerung zu nehmen."[69]

Als Speers erstes Gesamtkonzept vorlag, war die Stadtverwaltung schließlich „mit höchster Sorge erfüllt"[70], wie Liebel später im Rückblick berichtete. Nach seiner Überzeugung sollte die Realisierung der Bauaufgaben auf „breitere Schultern"[71] gelegt werden. Die Nürnberger Kommunalpolitiker schlugen deshalb Ende 1934 Hitler vor, eine bessere Basis und neue Zuständigkeiten für das Projekt Reichsparteitagsgelände herzustellen. Am 14. Dezember 1934 schickte die Stadtverwaltung dem Chef der Reichskanzlei, Philipp Bouhler, den förmlichen Antrag, „als Träger für die Schaffung der Reichsparteitagsanlagen eine Körperschaft des öffentlichen Rechts zu bilden, deren Gesellschafter die NSDAP, das Reich, das Land Bayern und die Stadt Nürnberg sein sollten."[72] Der Vorschlag rief keinen Widerspruch hervor. Am 30. März 1935 wurde das tags zuvor von der Reichsregierung beschlossene Gesetz über den „Zweckverband Reichsparteitag Nürnberg" im Reichsgesetzblatt Nr. 37 veröffentlicht.

In Paragraph 1 des knappen Gesetzestextes heißt es: „Mitglieder des Zweckverbandes Reichsparteitag Nürnberg sind die Nationalsozialistische Deutsche Arbeiterpartei, das Deutsche Reich, das Land Bayern und die Stadt Nürnberg."[73] Damit hatte Liebel die Schaffung einer handlungsfähigen Rechtspersönlichkeit erreicht. Zudem waren jetzt Reich und Land mit eingebunden, ihre „förderliche Mitwirkung"[74], wie es Liebel formulierte, gesichert. Sie hatten das Projekt mitzufinanzieren oder, wie vor allem Bayern, große Grundstücke bereitzustellen. Darüber hinaus war der neue Zweckverband von Steuern und Gebühren befreit. Und: Die Geschäftsabläufe des Unternehmens wurden gestrafft. Die Mitglieder der Einrichtung entsandten Verwaltungsräte, daneben konnten Sachverständige zugezogen werden. Zum Leiter des Zweckverbandes

---

64 Protokoll vom 1. Februar 1934, BA R 2/18722
65 Ebd.
66 Protokoll vom 4. Mai 1934, BA R 2/18722
67 Ebd.
68 Ebd.
69 Ebd.
70 Willy Liebel: Der „Zweckverband Reichsparteitag Nürnberg". Körperschaft des öffentlichen Rechts, in: Deutsches Recht. Zentralorgan des Bundes Nationalsozialistischer Juristen, 5. Jg. 1935, Heft 17/18, S. 448
71 Liebel, a.a.O., S. 449
72 Ebd.
73 Ebd.
74 Ebd.

bestimmte der ‚Führer' den Reichsminister für Kirchenangelegenheiten Hanns Kerrl.[75] Da der ZRN-Leiter jedoch nicht in Nürnberg die Alltagsarbeit erledigen konnte, setzte er – wie auch von Liebel gewünscht – den Oberbürgermeister als Geschäftsführer ein. Der ZRN war fortan für Finanzierung, Unterhalt und Betrieb des Reichsparteitagsgeländes zuständig sowie für die meisten bleibenden Einrichtungen, die in der Stadt für die Zwecke der Reichsparteitage entstanden.

Entsprechend der allgemeinen Vorgaben setzte sich das Gremium in seiner ersten Sitzung am 6. April 1935 so zusammen: Als Verwaltungsräte wirkten für die NSDAP Reichsschatzmeister Franz Xaver Schwarz, für das Reich Staatssekretär Fritz Reinhardt, für das Land Ministerpräsident Ludwig Siebert und für die Stadt Oberbürgermeister Liebel. Als beteiligte Sachverständige nahmen teil: Gauleiter Julius Streicher, der stellvertretende Führer der Deutschen Arbeitsfront sowie der NSDAP-Reichsorganisationsleitung und Reichsparteitag-Manager Rudolf Schmeer, der Generalinspektor für das deutsche Straßenwesen Fritz Todt sowie die Architekten Albert Speer und Franz Ruff. Dazu kamen Fachleute aus der Stadtverwaltung.

Bis 1938 fanden acht Sitzungen des Verwaltungsrates statt. Das Interesse der ordentlich bestellten Verwaltungsräte ließ rasch nach. Meist schickten sie Vertreter zu den Gesprächen oder die entsprechenden Institutionen waren überhaupt nicht präsent. Gleichzeitig wuchs die Zahl der städtischen Mitarbeiter in dem Kreis. An der Sitzung am 4. November 1936 nahmen allein neun Vertreter aus der Nürnberger Verwaltungsspitze teil. Daneben sind im Protokoll nur fünf Repräsentanten der ZRN-Mitglieder sowie die Architekten Speer und Ruff notiert. Dies war kein einmaliger Fall. Die städtischen Dienststellen wurden immer stärker in den Bauprozeß einbezogen, insonderheit die Ämter des Baureferates. Formal lag die Betreuung des Reichsparteitagsgeländes beim Zweckverband. Tatsächlich war die Stadt jedoch weitaus stärker involviert als dies das Gesetz vorsah. In der dritten Sitzung des ZRN am 5. Dezember 1935 sprach Liebel von einer „nicht unerhebliche(n) Belastung der Stadtverwaltung"[76]. Den Angaben des Oberbürgermeisters zufolge waren 56 Beschäftigte voll und 121 teilweise mit Arbeiten des Zweckverbandes betraut.

Eine gewichtige Rolle in dem Gremium spielte Albert Speer. Er fungierte als Quasi-Sprachrohr des ‚Führer'-Willens. Schon in der zweiten Verwaltungsratssitzung am 11. Juli 1935 wurde der Architekt „in seiner Eigenschaft als Vertreter des Bauherrn und als Vertrauensmann des Führers und Reichskanzlers"[77] vorgestellt. Zwischen Speer und den Nürnberger Ämtern entwickelte sich eine enge Zusammenarbeit. Die Architekten und Ingenieure in Diensten der Stadt wirkten als verlängerter Arm von Speer. Bei den offiziellen Besucherrundgängen über das Gelände hatten die Fremdenführer zu berichten: „Die gesamte künstlerische Plangestaltung für dieses riesenhafte Werk hat der Führer und Reichskanzler dem Generalbauinspektor Professor Albert Speer übertragen, der Entwurf und Bauleitung in Gemeinschaft mit der Stadt der Reichsparteitage (Stadtbaurat Prof. Brugmann) durchführt."[78]

Letztlich sollte mit dem ZRN-Gesetz vor allem eines sichergestellt werden: die Finanzierung der megalomanischen Bauten zwischen Wodanplatz und Stadtgrenze. Doch ein konkreter Verteilungsschlüssel wurde nicht festgelegt. Ein vom Reichsinnenministerium vorgelegter Entwurf sah vor, daß die Kosten „durch Beiträge zu gleichen Teilen aufgebracht"[79] werden. Das Finanzministerium opponierte heftig dagegen. Die Experten fürchteten, daß „das Reich in einem Maße mit Ausgaben belastet wird, die bei der Finanzlage des Reiches nur getragen werden könnten, wenn vordringliche staatspolitische Aufgaben zurückgestellt würden. Ich halte es daher für unerläßlich, (…) die Frage zu klären, wie in den einzelnen Jahren die Mitglieder des Zweckverbandes mit Ausgaben belastet werden und wie die dafür notwendigen Mittel aufgebracht werden sollen."[80] Die Frage des Finanzministers blieb unbeantwortet. Lapidar heißt es statt dessen in Paragraph 7 des erlassenen Gesetzes: „Die Kosten des Zweckverbandes werden durch Spenden und Beiträge erbracht."[81] Die späteren Debatten in den Verwaltungsratssitzungen zeigten, daß jedes ZRN-Mitglied die Ausgaben auf die anderen Partner abwälzen wollte. Auch als mit dem ZRN eine neue institutionelle Basis und gleichsam eine Exekutivbehörde geschaffen war, blieb unklar, woher welche Mittel fließen sollten. Und der Bedarf war groß, wie sich bald zeigte.

VI.

Während der Gründungsphase des ZRN 1934/1935 war bei der Gestaltung des Geländes nicht viel geschehen. Diese als „Vakuum"[82] empfundene Zeitspanne sollte schleunigst beendet werden und möglichst nicht mehr vorkom-

---

75 Nach Speer, a.a.O., S. 80, folgte Hitler mit der Berufung „einer skurrilen Eingebung". Es entbehrt nicht einer gewissen Ironie, wenn Hitler ausgerechnet den Reichsminister, der für Kirchenfragen zuständig ist, die Verantwortung für jene Bauten überträgt, die den Nationalsozialisten als ihre Altäre und pseudoreligiösen Kultstätten dienen sollten.
76 Vgl. Protokoll, SAN C 32/7
77 Protokoll, SAN C 32/5
78 Führer, a.a.O.
79 Vermerk v. 22. Juni 1938, BA R 2/11901
80 Ebd.
81 Liebel, a.a.O., S. 449 ff.
82 Protokoll der ZRN-Verwaltungsratssitzung vom 11. Juli 1935, SAN C 32/5

men. Jetzt, ab Sommer 1935, begann die intensivste Bauphase, wobei jeweils zu den Parteitagen im September die Arbeit ruhte und bis zu diesem Eckdatum aber auch nach Möglichkeit eine neue vorzeigbare Etappe erreicht sein sollte.

Speers Gesamtkonzept war ständigen Veränderungen unterworfen. Bis zur letzten Fassung entstanden mehrere Varianten. Neue Wünsche des ‚Führers' mußten eingearbeitet werden. Die Stationen lassen sich in verschiedenen Plänen nachvollziehen.[83]

In der ersten Fassung vom Oktober 1934 blieb der Tiergarten unberührt. Daneben plazierte der Architekt die neue Kongreßhalle, mit der offenen Seite nach Süden zeigend. Das Zeppelinfeld ist – im Vergleich zur späteren Realisation – mit einer mehr als doppelt so großen Fläche vorgesehen. Die Haupttribüne liegt an der südöstlichen Langseite der rechteckigen Anlage.

Bereits in der nächste Phase vom Dezember 1934 änderte sich die Anordnung entscheidend. Die Kongreßhalle reicht nicht mehr ganz so weit in den Dutzendteich hinein und ist um 90 Grad gedreht: Der Eingang weist erstmals nach Osten. Anstelle des jetzt verschwundenen Tiergartens entsteht ein Platz zwischen Kongreßhalle und Kulturbau. Von dort nimmt die Große Straße ihren Anfang. Sie verbindet den Bereich Luitpoldarena/Kulturbau/Kongreßhalle mit dem südlich gelegenen Zeppelinfeld und dem alten städtischen Stadion. Das Zeppelinfeld ist auf weniger als die Hälfte der vorherigen Ausdehnung verkleinert. Die Haupttribüne liegt nicht mehr im Süden, sondern im Osten des Gevierts. Die Große Straße endet auf einem rechteckigen „Großen Aufmarschfeld", das sich als neuer Bau des Reichsparteitagsgeländes darstellt. Hinter diesem Platz, dem späteren Märzfeld, schließen sich im Halbkreis die Lager der Reichswehr, der SS und der HJ sowie weiter im Süden die Zeltstädte für SA und Reichsarbeitsdienst an. Deutlich sind zwei Zonen unterschieden: Zum einen der Bereich mit Monumentalbauten, Aufmarschflächen und Versammlungsräumen, zum anderen die Lager.

Im Februar 1935 erhält die Große Straße auf der gesamten Länge Stufenböschungen. Das Zeppelinfeld nimmt jetzt fast die Form eines Quadrats an. Im Süden des Märzfeldes wird ein „Lagerbahnhof" situiert. Er trennt die nun beiderseits des Märzfeldes gelegenen Lager von HJ und Reichsarbeitsdienst von den anderen Gliederungen im Süden. Alle Unterkünfte sind in Rechtecken angeordnet.

Im Gesamtplan vom Oktober 1935 werden die Sportanlagen in unmittelbarer Nachbarschaft zum städtischen Stadion zugunsten des wieder leicht vergrößerten Zeppelinfeldes verkleinert. Alle Lager sind südlich des Lagerbahnhofs in einer einzigen Stadt plaziert. SA- und HJ-Lager sind streng geordnet, durch ein Achsenkreuz mit Straßen gegliedert, Kommandotürme stehen im Mittelpunkt.

Nur einen Monat später, im November 1935, erfährt der Gesamtplan neue Modifikationen. Am südwestlichen Ufer des Dutzendteiches taucht ein Schwimmstadion mit langgestreckten Zuschauertribünen auf. Es steht in unmittelbarem Zusammenhang mit dem Deutschen Stadion, das südlich des Dutzendteichs in hufeisenförmiger Gestalt sich mit seiner offenen Seite zur Großen Straße hin öffnet und darüber hinaus zum Zeppelinfeld weist. Die Verbindung zum Aufmarschfeld der Politischen Leiter erfolgt über eine Straße, die im Winkel von etwa 80 Grad von der Großen Straße wegführt. Diese Straße schließt am Märzfeld ab, dessen vier Tribünenseiten nun durch Türme unterbrochen werden.[84]

Ende 1937, im Dezember, wird das Schwimmstadion verkleinert an die Westseite des Dutzendteichs verlegt. Dafür ist das verbreiterte Deutsche Stadion nach Norden nahe an den Dutzendteich herangerückt. Zahl und Anordnung der Lager jenseits des Märzfeldes haben sich erneut verändert. Erstmals erscheint auf einem Gesamtplan ein Lager für die Politischen Leiter. Es liegt östlich der Regensburger Straße. Die langgezogene Anlage reicht mit der nördlichen Seite fast bis zur KdF-Stadt am Valznerweiher. Nach einem Plan vom April 1941 ist die Luitpoldhalle zugunsten eines Parkplatzes verschwunden. Statt eines Schwimmstadions an der westlichen Seite des Dutzendteichs sieht der Architekt ein Gasthaus vor. Die Zufahrt von der Großen Straße zum Zeppelinfeld liegt in einer Linie mit der Längsachse der Sportstätte (und stößt somit nicht mehr in die Mitte der westlichen Tribünenseite des Zeppelinfeldes, sondern endet an der südwestlichen Ecke recht beziehungslos). An den beiden Schmalseiten des Märzfeldes sind große Aufstellungsplätze für die Wehrmacht vorgesehen. Die nachfolgende Lagerstadt südlich davon wird vollkommen neu gestaltet.

Neben der Veränderung des Areals in den großen Zügen legt Speer auch Wert auf Modifikationen im Detail. So beschäftigen ihn besonders der Platz und seine Gebäude zwischen Kulturbau und Kongreßhalle. Einmal liegen alle

83 Ein umfangreicher Bestand an Plänen liegt im Bayerischen Hauptstaatsarchiv München, vor allem Speer-Pläne 83, 85, 86, 87, 150, 151, 496, 517, 518
84 Das bei der Pariser Weltausstellung 1937 gezeigte Modell des Nürnberger Reichsparteitagsgeländes muß nach der Entstehung dieses Gesamtplans und vor dem nachfolgenden vom Dezember 1937 entstanden sein.

Komplexe auf einem Plateau, dann ist nur die Kongreßhalle leicht erhöht postiert. Der Kulturbau selbst erfährt mehrfach eine Überarbeitung seiner äußeren Form wie auch die benachbarte Ausstellungshalle, die eigens für die Präsentation der Modelle zum Reichsparteitagsgelände vorgesehen war.

Als erstes Areal wurde die Luitpoldarena fertiggestellt.[85] Sie gehört gemeinsam mit dem Umbau der Luitpoldhalle zu den wenigen vollendeten und damit auch von den Nationalsozialisten benutzten Komplexen des Reichsparteitagsgeländes. Nach der behelfsmäßigen Eillösung für den Parteitag 1933 und dem Ausbau 1934 folgten in den nachfolgenden Jahren noch Ergänzungen: im Frühjahr/Sommer 1935 wurde die Ehrentribüne weiter ausgebaut, die ‚Straße des Führers' mit Granitplatten gepflastert, die Holztribüne an der Nord- und Südseite durch Erdwälle ersetzt. Dafür mußte das Straßenbahndepot im Luitpoldhain weichen. Das Bauprogramm 1936 sah unter anderem vor: Ausbau der Rasenstraße hinter dem Gefallenendenkmal („Ludwig-Ruff-Straße") mit Tunnels für Fußgänger. Nach jedem Parteitag lagen Änderungswünsche der Benutzer, vor allem der SA vor. Zugänge wurden verändert, die Zahl der Toiletten erhöht, neue Versorgungsleitungen gelegt. Die Arbeiten hielten an. 1937 zogen die Verantwortlichen einen Schlußstrich. Liebel erklärte beim Empfang für den ‚Führer' zum Reichsparteitag am 6. September 1937, daß die Luitpoldarena bekanntlich schon „zum Reichsparteitag des Sieges fertiggestellt worden"[86] sei. Im übrigen richteten die Verantwortlichen des ZRN ihr Augenmerk mehr darauf, das Reichsparteitagsgelände insgesamt, den „heiligen Hain der Deutschen mit seinen weihevollen Bauten"[87] (Liebel), voranzubringen.

Im Eiltempo entstand das Zeppelinfeld. Im Frühjahr 1935 begonnen, stand bereits im Herbst des Jahres die Haupttribüne, allerdings noch ohne Säulenhalle. Bis zum ‚Parteitag der Ehre' im Jahr darauf war auch dieser Komplex weitgehend vollendet. Diese Tribünenanlage stellt den einzigen Bau von Albert Speer auf dem Reichsparteitagsgelände dar, der vollendet worden ist.

Bei den jährlichen Staatsfesten ließ Hitler die Gelegenheit nicht verstreichen, vor einem Massenpublikum jeweils das Signal für den Beginn eines neuen Bauwerks zu geben. Die Grundsteinlegungen hatten bereits einen eigenen propagandistischen Stellenwert im Feiergeschehen. Konnte doch stets auf die hohe Bedeutung hingewiesen werden, die das Regime den Nürnberger NS-Bauten beimaß. So erklärte Hitler beim Gründungsakt für die Kongreßhalle am 11. September 1935: „An diesem heutigen Tage setzen wir dieser neuen Welt des Deutschen Volkes den Grundstein ihres ersten großen Denkmals. Eine Halle soll sich erheben, die bestimmt ist, die Auslese des nationalsozialistischen Reiches für Jahrhunderte alljährlich in ihren Mauern zu versammeln. Wenn aber die Bewegung jemals schweigen sollte, dann wird noch nach Jahrhunderten dieser Zeuge hier reden. Inmitten eines heiligen Haines uralter Eichen werden dann die Menschen diesen ersten Riesen unter den Bauten des Dritten Reiches in ehrfürchtigem Staunen bewundern."[88]

So schnell ging es indes beim Wachstum der Giganten nicht voran. Ehe die Arbeiten beginnen konnten, erfuhren die ursprünglichen Pläne von Ludwig Ruff erhebliche Veränderungen. Vier verschiedene Projekte sind dabei nachgewiesen. Entscheidendes Kriterium des Wandels: Das Vorhaben wuchs von Plan zu Plan. Die Ausmaße wurden in den einzelnen Phasen immer wieder aufgestockt. Zunächst sollte die Kongreßhalle 203 Meter lang, 180 Meter tief und rund 44 Meter hoch werden. Zuletzt sah das Konzept eine Länge von 275, eine Tiefe von 265 und eine Höhe von über 60 Metern vor.[89]

Den Auftakt der Arbeiten setzte am 31. Oktober 1935 ein Pionierbataillon der Wehrmacht, als es den Leuchtturm der Landesausstellung am Dutzendteich sprengte.[90] Nach umfangreichen Grundierungsarbeiten und Bodenverdichtung (mit 21 840 Pfählen) auf dem schlammigen Untergrund des Weihergeländes waren bis Ende 1937 die Fundamente weitgehend fertiggestellt, bis Frühjahr 1939 die Werksteinfassade für den gesamten Rundbau bis zur Fensterbank des zweiten Obergeschosses vollendet. Mit Beginn des Zweiten Weltkrieges sank die Zahl der Belegschaft an der Baustelle innerhalb kürzester Zeit wegen der zahlreichen Einberufungen zur Wehrmacht von 1400 auf 40. In den folgenden Jahren wurde im wesentlichen nur noch der Rohbau gesichert.

1936 begannen die Vorbereitungen für die Baustelle am Märzfeld. Von 24 Türmen war 1939 bereits die Hälfte im Bau. Auch die Grundsteinlegung für das Deutsche Stadion, verbunden mit der Eröffnung der ersten ‚Nationalsozialistischen Kampfspiele' geriet am 9. September 1937 zum großen öffentlichen Schauspiel während des Parteitags. Im November beauftragte das städtische Hoch-

---

85 Vgl. dazu Doosry, a.a.O., S. 225 ff.
86 Der Parteitag der Arbeit vom 6.–13. September 1937. Offizieller Bericht über den Verlauf des Reichsparteitages mit sämtlichen Kongreßreden, München 1938, Seite 14
87 Ebd.
88 Hitler am 11. September 1935, Off. Ber. 1935, S. 46
89 Vgl. zur Hypertrophie des Baugedankens Enno Dressler, a.a.O., S. 21 ff.
90 Vgl. zur Baugeschichte Enno Dressler, a.a.O., S. 38 ff.
91 Innerhalb des Gesamtprojekts Reichsparteitagsgelände liegen für das Deutsche Stadion am meisten Unterlagen vor, vgl. Doosry, a.a.O., S. 296 ff.

bauamt die ersten Mitarbeiter mit den Vorarbeiten nach den Plänen von Albert Speer. Bis 1943 sollte das Bauwerk mit Vorhof und „Standartenhalle" vollendet sein. Zwar entstanden bis Mitte der vierziger Jahre zahlreiche Entwurfspläne[91], doch kam das Vorhaben über den Erdaushub nicht hinaus. Doch wie auch die Kongreßhalle wuchs das Stadion in seiner Dimension, insbesondere durch die Ausdehnung der Längsachse, zusehends. 1936 sollten noch 150 000 Zuschauer Platz finden, zuletzt ist von über 400 000 die Rede. Allein die Maße der Rasenfläche von rund 380 mal 150 Metern hätten alle bis dahin gekannten Größenordnungen von Sportstätten gesprengt. Als Hitler von Speer darauf hingewiesen wurde, daß dies nicht olympischen Normen entspräche, soll der ‚Führer' geantwortet haben: „Ganz unwichtig. 1940 finden die Olympischen Spiele noch einmal in Tokio statt. Aber danach werden sie für alle Zeiten in Deutschland stattfinden, in diesem Stadion. Und wie das Sportfeld zu bemessen sein wird, das bestimmen dann wir."[92] Fehlende Planunterlagen und der Mangel an Arbeitskräften verhinderten zunächst einen raschen Baubeginn. Der Zweite Weltkrieg stoppte dieses wie auch die anderen gigantomanischen NS-Werke in Nürnberg. Doch noch zwischen 1940 und 1942 beschäftigte die Arbeitsgemeinschaft der Baufirmen für das Deutsche Stadion bis zu tausend Kriegsgefangene für Erdarbeiten.[93]

VII.

Das nationalsozialistische Regime taumelte in das Unternehmen Reichsparteitagsgelände von der ersten Stunde an ohne klare Linie, ohne realistisches Konzept. Die Entwicklung des repräsentativen Vorzeigeobjekts für die ‚Volksgenossen', aber auch für das Ausland, war bestimmt von Zufällen, Ad-hoc-Entscheidungen, unüberlegten Veränderungen und unkalkulierbaren ‚Führer'-Wünschen. Die Arbeit an der Stätte spektakulärer Inszenierungen ein Spiel für Traumtänzer, die nur die phantastischen Ideen des Hasardeurs Hitler in die Tat umsetzten?

Rolle und Einfluß des ‚Führers' sowie seiner Helfershelfer beim Bau des Reichsparteitagsgeländes sind nicht eindeutig zu klären. Gewiß hatte zunächst der Diktator die Ideen. Hitler wünschte den Ausbau der Luitpoldarena, wollte adäquate Foren für seine Politischen Leiter, ein riesiges Stadion für die NS-Kampfspiele, die einmal an die Stelle der Olympischen Spiele treten sollten, oder einen Gefechtsübungsplatz in Gestalt des Märzfeldes für die Wehrmacht. Mithin ging das Bauprogramm von ihm aus. Daß Hitler zu Beginn des ‚Dritten Reiches' das Reichsparteitagsgelände besonders am Herzen lag, ist unschwer auszumachen. Hier in Nürnberg hatte die Partei bereits respektable Propagandaerfolge in der Weimarer Republik gefeiert, an die es anzuknüpfen galt. Der Aufbruch ins ‚Dritte Reich' sollte sich auch im unübersehbaren Bauwillen dokumentieren. Mit der Übertrumpfung anderer Bauwerke durch die Monumentalität der NS-Bauten konnte sich das Regime selbst darstellen.

Den Fortgang der Arbeiten beobachtete der ‚Führer' mit großem Interesse. Immer wieder kam der „Baumeister des Dritten Reiches" zu Besprechungen nach Nürnberg, beugte sich mit den eigentlichen Architekten über die Pläne, studierte Modelle.[94] Die Bilder ließen sich vortrefflich in den Gazetten verwerten. Das stärkte den ‚Führer-Mythos', der von der Auffassung der Menschen mitbestimmt wurde, daß sich Hitler angeblich um alles selbst kümmere. Diese gezielt erzeugte Vorstellung hatte jedoch mit der Wirklichkeit nicht viel zu tun. Anfangs mag Hitler die große Richtung angedeutet haben, doch hielt er sich später eher zurück. Die Luitpoldarena ging im Kern auf einen Entwurf der Stadt, besonders von Stadtgartendirektor Alfred Hensel zurück. Der Kongreßhalle liegt ein altes Vorhaben der Kommune zugrunde, für das der Nürnberger Architekt Ludwig Ruff bereits Ende der 20er Jahre Überlegungen angestellt hatte. Das Gesamtkonzept mit der Gestaltung von Zeppelinfeld, Deutschem Stadion und Märzfeld entwickelte Albert Speer. Hitler mag bei der Planung für die Kongreßhalle auf die ständige Vergrößerung des Objekts gedrungen und die Nutzung ausschließlich für Zwecke der NSDAP bestimmt haben. Doch sonst akzeptierte er meist die Vorschläge, die ihm das städtische Hochbauamt, Ruff, Brugmann oder Speer unterbreiteten. Speer verweist mehrfach darauf, daß Hitler seinen Entwürfen stets zugestimmt habe.[95] Der Diktator reagierte statt selbst zu handeln, wie es die Propaganda glauben machen wollte. Seine eigenen Versuche zum ‚großen Wurf' blieben im Ansatz stecken, beschränkten sich auf dilettantische Versuche wie etwa auf Skizzen für den ‚Kulturbau' oder für einen Turm am Märzfeld.[96] Gleichwohl wurde in den Sitzungen des ZRN-Verwaltungsrates als letzte Genehmigungsinstanz immer wieder Hitler angeführt. Dies ist oft jedoch nicht mehr als ein formaler Akt. Besonders Speer berief sich gerne auf den

92 Zit. nach Speer, a.a.O., S. 84
93 Vgl. Doosry, a.a.O., S. 298 ff.
94 Hitler besuchte die Baustellen immer wieder, etwa am 18. Juli 1933, 20./21. August 1934, 4. Oktober 1934, 6./7. Juni 1935, 17./18. Juni 1935 usw., vgl. Chronik der Stadt Nürnberg, SAN G 1
95 Vgl. Speer, a.a.O., S. 67 ff.
96 Skizzen abgedruckt bei Arndt, a.a.O., S. 19 f.

Willen des ‚Führers'. Solche Hinweise zeugten weniger vom Respekt gegenüber dem obersten Bauherrn als vielmehr von der besonderen Bedeutung des „Lieblingsarchitekten", der sich seiner Position sehr wohl bewußt war und dies den anderen Beteiligten auch zu verstehen gab. Der Einfluß Speers, der beteiligten Nürnberger Architekten sowie der zahlreichen Fachleute im städtischen Hochbauamt auf Gestalt und Ausführung der Bauten am Reichsparteitagsgelände war vermutlich ungleich größer als die Rolle Hitlers, wie sie vor allem durch die NS-Propaganda vermittelt wurde.

Wie hoch der Einfluß Hitlers auch eingeschätzt werden mag: Das Ende des Projekts war von Anfang an offen. Der gesteckte Zeitrahmen war irreal, Ressourcen fehlten ebenso wie eine solide Finanzierung. Im Frühjahr 1935 verkündete Albert Speer, daß die Parteitagsbauten in einem Zeitraum zwischen acht und zehn Jahren vollendet sein würden.[97] Beim Eröffnungsempfang der Stadt Nürnberg zum ‚Parteitag der Ehre' am 8. September 1936 verhieß Hitler, daß „in sechs Jahren das gesamte Riesenwerk als weitaus größte Anlage, die zur Zeit in der Welt gebaut wird, seine Vollendung feiern kann".[98] In der dritten ZRN-Verwaltungsratssitzung am 5. Dezember 1935 hatte des ‚Führers' Architekt intern den Fertigstellungstermin bereits hinausgeschoben: Bis zum zehnten Parteitag nach der ‚Machtübernahme', also 1943, sollte die Gestaltung abgeschlossen sein. Nach Kriegsbeginn wurden die Arbeiten im Herbst 1939 eingestellt. Nachdem sie auf ‚Führerbefehl' nach dem Waffenstillstand mit Frankreich im Juni 1940 vorübergehend wieder aufgenommen worden waren, kam der endgültige Stopp im Winter 1942/43. Mit der Wiederaufnahme der Arbeiten verlangte Hitler als neuen Schlußtermin das Jahr 1950.

Der Bedarf an Baumaterial erwies sich als schier unlösbares Problem. Die Steinbrüche kamen nicht mehr nach mit der Lieferung von Muschelkalk, Travertin, Jurawerkstein, Granit in allen Schattierungen. Die Nachfrage allein aus Nürnberg für das Reichsparteitagsgelände überstieg rasch die Förderkapazitäten. Vordergründig ging es um die Herstellung einer Fassadenarchitektur als bombastischer Kulisse für die inszenierten NS-Feiern. Doch hinter dem Bauwillen verbarg sich eine auf die Welteroberung angelegte Ideologie, die längst ihre Ziele jenseits der Grenzpfähle des ‚Großdeutschen Reiches' sah. Die Warnungen vor der Endlichkeit der greifbaren Ressourcen, wurden von den Phantasten in den Wind geschlagen. Für die Fassade der Kongreßhalle lieferten mehr als 80 Brüche aus fast allen deutschen Granitgebieten helle und rötliche Sorten.[99] Am 12. Juli 1938 konfrontierte Oberbaurat Heinrich Wallraff die ZRN-Verwaltungsräte mit folgendem Umstand: Für das Deutsche Stadion war ein Bedarf von 350 000 Kubikmetern rotgrauem Granit aus Meißen errechnet worden. 40 Prozent davon hätten ab 1942 zur Verarbeitung in Nürnberg bereit stehen sollen. Tatsächlich verfügten die sechs Meißner Steinbrüche aber lediglich über eine Jahresleistung von insgesamt 3000 Kubikmeter, die allenfalls auf 6000 Kubikmeter steigerbar wäre.[100] Ohne eine gezielte Plünderung ausländischer Vorräte wäre das megalomanische Werk nie in gewünschter Weise zu vollenden gewesen.

Die Stadt Nürnberg machte als erste Institution die Erfahrung, wie schnell die Kosten bereits bei dem noch überschaubaren Bauvorhaben Luitpoldarena explodierten. Nach den Versuchen, zunächst über die übliche Kreditaufnahme und dann mit Unterstützung des Finanzministeriums die Großprojekte aus eigener Kraft zu tragen, mußte die Verwaltung schon 1934 kapitulieren. Das Volumen überstieg zu diesem Zeitpunkt die Kraft einer 400 000 Einwohner großen Stadt. Doch auch der Zweckverband bekam die Kosten keineswegs in den Griff. Die Einrichtung bot lediglich das formale Dach, unter dem die völlig offene Finanzierung verborgen war.

Für den Bau der Kongreßhalle waren am 29. Januar 1934 vom Finanzministerium gerade 2,2 Millionen Reichsmark bewilligt worden.[101] Bei der Vorlage des Ruff'schen Entwurfs am 1. Juni 1934 in der Reichskanzlei war die Summe bereits auf zehn Millionen Mark geschätzt worden. Hitler wandte ein, daß 15 oder 20 Millionen Mark wohl wahrscheinlicher seien.[102] Ende Juni 1935 teilte Franz Ruff dem Zweckverband mit, die Kosten für die Kongreßhalle werden wohl auf 50 bis 60 Millionen Reichsmark wachsen. Auch diese Vermutung erfüllte sich nicht. Bis zum 31. August 1940 schlugen die Ausgaben für den Rundbau am Dutzendteich mit 66 539 877,38 Reichsmark zu Buche. Nach einem berichtigten Haushaltsansatz waren zu diesem Zeitpunkt 70 548 056,10 Reichsmark an Ausgaben vorgesehen.[103] Und eine Vollendung des monumentalen Bauwerks war noch lange nicht in Sicht.

Nach dem Stand vom August 1940 hatte der ZRN für einzelne Bauten folgende Summen ausgegeben[104]:

---

97 Sitzung des ZRN v. 6. April 1935, SAN C 32/4
98 Der Parteitag der Ehre vom 8. bis 14. September 1936. Offizieller Bericht über den Verlauf des Reichsparteitages mit sämtlichen Kongreßreden, München 1936, S. 21
99 Vgl. Dressler, S. 35
100 Vgl. Niederschrift der Sitzung v. 12. Juli 1938, SAN C 32/20
101 Niederschrift vom 1. Februar 1934, BA R 2/18722
102 Niederschrift vom 2. Juni 1934, SAN C 32/340
103 Zahlen aus der Zwischenrechnung über den außerordentlichen Haushalt nach dem Stand vom 31. August 1940, Vorlage zur 9. Sitzung des ZRN-Verwaltungsrates, SAN C 32/21
104 Alle Angaben nach Zwischenrechnung vom 31. August 1940, SAN C 32/21

8 612 214 RM (Luitpoldarena), 20 428 575 RM (Zeppelinfeld), 32 992 923 RM (Deutsches Stadion), 35 241 682 RM (Märzfeld), 16 739 971 RM (Große Straße). Für das SA-Lager wurden knapp sieben Millionen Reichsmark aufgewendet, für das SS-Lager rund 3,5 Millionen Reichsmark. Insgesamt sollten nach dem „berichtigten Haushaltssoll" 282 479 155 Mark in die Kassen des Zweckverbandes geflossen sein. Tatsächlich waren bei der Einrichtung erst knapp 242 Millionen Reichsmark eingegangen, wovon ein großer Teil schon wieder ausgegeben war. Albert Speer bezifferte in seinen Erinnerungen den Finanzbedarf auf 700 bis 800 Millionen Reichsmark.[105] Die frühe Annahme des Finanzministeriums, daß die Investitionen rund eine Milliarde Reichsmark ausmachen werden, dürften allerdings auch noch zu niedrig gegriffen sein.

Die Gelder kamen aus unterschiedlichen Töpfen. Bayern hatte so gut wie keine Lasten zu tragen, weil das Land die meisten Grundstücke in den Besitz des ZRN eingebracht hatte. Im einzelnen kamen die „Spenden und Beiträge" von folgenden Institutionen: NSDAP (60 Millionen RM), Reichskriegsministerium (knapp 43 Millionen RM für das Märzfeld), Deutsche Arbeitsfront (10 Millionen RM für das Zeppelinfeld), Deutsches Reich (rund 93,5 Millionen RM) und Stadt Nürnberg (zwei Millionen RM). Daneben gab es Darlehen – etwa von der Deutschen Gesellschaft für öffentliche Arbeiten – von insgesamt über 38 Millionen RM, die niedergeschlagen wurden, Zuschüsse aus Mitteln der Reichsanstalt für Arbeitsvermittlung und Arbeitslosenversicherung (sechs Millionen Mark) oder Ersatzleistungen aus dem Reichsstraßenbaufonds (rund 31,5 Millionen RM). All diese Zuwendungen änderten jedoch nichts daran, daß die Finanzierung des Reichsparteitagsgeländes auf wackligen Füßen stand. So vage die Festlegung im ZRN-Gesetz war, so unsicher war die Beschaffung der Mittel. Da das Bauprogramm ständig verändert und erweitert wurde, konnte auch kein abgeschlossener Haushaltsplan erstellt werden. Jahr für Jahr mußten die Träger des Vorzeigeobjekts tiefer in die Tasche greifen. Art und Größe der Bauten geben die jeweilige Entwicklungsphase der NSDAP wieder: Steht die Luitpoldarena noch für eine Partei, die auf dem Weg zur Macht ist, so sind am Deutschen Stadion deutlich die aggressiven Expansionsziele der Zukunft abzulesen. Auch die Baugeschichte des Parteitagsgeländes ist ein Beispiel für die hemmungslose und inflationäre Verschuldung des ‚Dritten Reiches', die letztlich nur hätte ausgeglichen werden können, wenn Hitlers verbrecherische Welteroberungspolitik mit der Unterjochung ganzer Völker erfolgreich gewesen wäre.

VIII.

Die Gewalttätigkeit der Monumentalbauten ist evident. Sie erfuhr eine zusätzliche kriminelle Qualität im Blick darauf, daß auch Häftlinge in Konzentrationslagern – wie etwa in Flossenbürg – Steine für die Nürnberger Bauten brechen mußten. Die Rücksichtslosigkeit, mit der die Planer ein großes Gebiet einer gewachsenen Stadt schleiften, ist beispiellos. Nürnberg diente so auch als Pilotprojekt für die umfangreichen nationalsozialistischen Neugestaltungsvorhaben in den anderen ‚Führerstädten' Berlin, München, Hamburg und Linz an der Donau sowie eines radikalen Umbauprogramms in rund 50 Großstädten.

Rigorose Eingriffe in die Topographie und Infrastruktur Nürnbergs begleiteten die Entstehung des Reichsparteitagsgeländes. Eine intakte Parklandschaft wurde zerstört, Wälder wurden hektarweise gerodet, der Tiergarten mußte weichen.[106] Doch die Nationalsozialisten drückten nicht nur dem 24,5 Quadratkilometer großen Areal, über einem Sechstel der gesamten Stadtfläche, ihren Stempel auf. Der Einfluß reichte weiter in die Stadt hinein. Der Verkehrsknotenpunkt vor dem Hauptbahnhof erfuhr deutliche Veränderungen, Straßen wurden für die Massenvorbeimärsche verbreitert, auf dem Adolf-Hitler-Platz verschwand der Neptunbrunnen (weil er bei den Vorbeimärschen die Sicht der Zuschauer gestört haben soll), das Opernhaus wurde im Inneren umgestaltet, neben dem Grandhotel baute der ZRN ein Gästehaus. Schon im Herbst 1936 äußerte Reichsführer SS Heinrich Himmler den Wunsch, daß in der Nähe des Reichsparteitagsgeländes eine SS-Kaserne entstehen sollte. Noch Ende der 30er Jahre konnte der Monumentalbau bezogen werden. Nürnberg stand unter dem Zeichen des Hakenkreuzes wie wenige andere Gemeinwesen. Die NS-Spitze war stolz auf den Ruf als ‚Stadt der Reichsparteitage'. Das Gelände konnte vorgezeigt werden. Schon 1935 gab es organisierte Führungen, die sich schnell großer Beliebtheit beim Publikum erfreuten. Seit 1936 wurden dafür täglich mehrere Termine angeboten. 1938 nahmen an den Rundgängen über 134 000 Personen teil. Damit erwies sich das Areal – nach Tiergarten und Rathaus – als die drittgrößte Besucherattraktion in Nürnberg.[107] Erwachsene zahlten 50, Kinder 20 Pfennige.[108]

105 Speer, a.a.O., S. 80
106 Um keinen Protest der ‚Volksgenossen' wegen der Beseitigung des beliebten Tiergartens aufkommen zu lassen, wurde ein neuer Zoo am nahen Schmausenbuck angelegt. Der Zweckverband mußte für 800 000 RM zunächst die im Privatbesitz gestreuten Aktien der alten Tiergarten Nürnberg A.-G. erwerben und die Schulden der Einrichtung übernehmen. Für die neue Anlage, die noch heute am Schmausenbuck Besucher erfreut, gab der ZRN rund 3,2 Millionen Mark aus, vgl. Rechnung vom 31. August 1940, SAN C 32/21
107 Im Jahr 1938 besuchten 315 000 Personen den Tiergarten und 179 000 das Rathaus. Zum Vergleich: Auf der Kaiserburg wurden 92 000 Gäste gezählt und das Germanische Nationalmuseum verkaufte 102 500 Eintrittskarten, vgl. Statistisches Jahrbuch der Stadt der Reichsparteitage Nürnberg, hrsg. vom Statistischen Amt, 29. Jg. für 1938, Nürnberg 1939, S. 104
108 Amtsblatt der Stadt Nürnberg, Nr. 65 vom 13. August 1936

Die Führungen fanden auch in Kriegszeiten statt. Die Bauwerke gauckelten noch einen Aufbauwillen vor, als an den Fronten bereits blanke Zerstörung das Handeln der Nationalsozialisten bestimmte. Von der Dauer des Regimes sollten die Monumente, Denkmälern gleich, allzeit künden. „Deshalb sollen diese Bauwerke nicht gedacht sein für das Jahr 1940, auch nicht für das Jahr 2000, sondern sie sollen hineinragen gleich den Domen der Vergangenheit in die Jahrtausende der Zukunft"[109], verhieß Hitler einmal. Das ‚Tausendjährige Reich' schien jedoch nicht nur in den Schützengräben und Kesselschlachten allmählich zu zerbrechen. Auch die steinernen Sinnbilder hielten dem Anspruch auf „Ewigkeit" nicht stand.

Die ZRN-Bauleitung hatte schon Ende 1941 erhebliche Zweifel, ob überhaupt noch Führungen auf dem Zeppelinfeld stattfinden können. In einem Vermerk hieß es: „Zahlreiche Werksteine der Sitzstufen und der Säulenhallen der Haupttribüne müssen ausgewechselt werden, da sie seinerzeit wegen Zeitmangels bruchfeucht verwendet werden mußten. Dies führt dazu, daß ein Betreten der Stufen zu Unfällen führen kann und unterbleiben muß, so daß auch der Zugang zu den Innenräumen erschwert ist, und zweitens ein ungünstiger Eindruck entsteht. Die deutlich sichtbaren Schäden an den Steinen werden als Verfallserscheinungen angesehen und es sind auch schon abfällige Bemerkungen darüber gemacht worden (…)".[110]

Den Architekten kümmerten derlei Kleinigkeiten nicht mehr. Als Rüstungsminister – seit März 1940 – hatte Speer vorrangige Aufgaben zu erfüllen. So unauffällig-angepaßt der Technokrat und Hitler-Gefolgsmann in Nürnberg sein Werk begann, so unspektakulär wirkt der Abschied von seinem „ersten Großauftrag"[111]. Mit Datum vom 22. Februar 1943 teilte er dem Zweckverband mit: „Ab 15. März 1943 wird mein Büro bis auf weiteres aufgelöst und damit die Arbeiten an den Bauten für das Reichsparteitagsgelände eingestellt."[112]

---

109 Zit. nach Max Domarus: Hitler. Reden und Proklamationen. 1932–1945. Kommentiert von einem deutschen Zeitgenossen, 2 Bde., Würzburg 1962, S. 719
110 Vermerk der Bauleitung vom 27. Oktober 1941, SAN C 32/337
111 Speer, a.a.O., S. 67
112 Schreiben vom 22. Februar 1943, SAN C 32/258

After similar meetings in Munich in 1923 and in Weimar in 1926 the NSDAP organised their third Parteitag in Nuremberg in 1927. This town became the choice of the NS "Movement" at that time for a number of reasons. The convenient geographical location and a well organised local branch of the NSDAP under the leadership of Julius Streicher contributed to this. In addition, the national police regarded such events of the people's parties favourably. Nuremberg also provided in the Luitpoldhain a suitable, open space for mass gatherings. In 1929 the National Socialists came afresh to a similar gathering in Nuremberg. After the seizure of power in 1933 the annual NS Parteitage took place in the Franconian capital in September until 1938. The 'Führer' Adolf Hitler, had given Nuremberg the title of "City of the Reichsparteitage".

In 1933 the National Socialists began to convert a site of, all in all, 24.5 square kilometres into the Reichsparteitagsgelaende. In so doing existing constructions from the time of the Weimarer Republic were, for dogmatic reasons, either made part of the plans, or ruthlessly demolished. Every subdivision of the party was to have its own shrine. The Luitpoldhain became for the SA and SS the Luitpoldarena. The Zeppelin Field witnessed the mustering and the parading of political leaders of the NSDAP, the Reichsarbeitsdienst and the armed forces. Most of the other monuments of megalomania like the Kongresshalle, the (Great Road) Grosse Strasse, the March Field and the Deutsche Stadion were never finished. The Reichsparteitagsgelaende encompassed a collection of monumental edifices and an adjoining area of vast camps for the participants. The overall concept for the complex came from his favourite architect Albert Speer. The complex was to have been completed by 1943. From the outset there was no fiscal plan.

The unforeseen costs increased continually. The Kongresshalle, for example, should have cost 2.2 million Reichsmark. However, the actual cost for this unfinished edifice had exceeded 66 million Reichsmark by 1940. Altogether some 250 million Reichsmark had been poured into the Reichsparteitagsgelaende until the cessation of construction during World War II. The overall project would probably have cost more than one thousand million marks. The history of the construction of this site with its monumental architecture-of-might is an impressive example of the unscrupulous and inflationary accumulation of debt by the Third Reich. This could, ultimately, only have been repaid, had Hitler's criminal politics of global conquest been successfull in the subjugation of whole nations.

Gebaute Gewalt 1933–1943

Modell des Reichsparteitagsgeländes

Das NS-Reichsparteitagsgelände entstand am südöstlichen Rand der Stadt auf einer Fläche von rund 24,5 Quadratkilometern. Dies entsprach etwa der fünfzehnfachen Größe der Nürnberger Altstadt. Die Pläne stammten weitgehend von Albert Speer. Bevor die Nationalsozialisten das Gebiet für ihre Zwecke in Beschlag nahmen, hatte das von zwei Ausfallstraßen begrenzte Areal mit seinen großen Waldflächen, Kleingartenanlagen und dem Dutzendteich (1) vor allem als Naherholungsgebiet gedient. Der im wesentlichen in den Jahren 1933 – 1935 zur Luitpoldarena (2) umgebaute Luitpoldhain bildet den nördlichen Ausgangspunkt der Gesamtanlage. Der Versammlungsplatz war den gemeinsamen Appellen von SA, SS, NSKK (Nationalsozialistisches Kraftfahrerkorps) und NSFK (Nationalsozialistisches Fliegerkorps) vorbehalten. In unmittelbarer Nachbarschaft steht die zur Luitpoldhalle (3) ausgebaute ehemalige Maschinenhalle der Bayerischen Jubiläums-Landesausstellung von 1906. In dem 16 000 Personen fassenden Saal fand der Parteikongreß der NSDAP statt. Die Zeppelinwiese wurde zum Zeppelinfeld (4), dem Aufmarschort für RAD (Reichsarbeitsdienst), Politische Leiter und Wehrmacht umgestaltet. Das 1928 vollendete städtische Stadion (5) wurde mit den Appellen der Hitlerjugend ebenfalls ins Geschehen mit einbezogen. Die neue Kongreßhalle (6), auch Kongreßbau genannt, sollte dem Parteikongreß vorbehalten sein. Ihm gegenüber liegt der Kulturbau (7), der ebenso wie der Portalbau (8) lediglich als Modell existierte. Zwei Pylonen (9) stehen am Beginn der zwei Kilometer langen Großen Straße (10), die den Dutzendteich teilt. Sie bildet die zentrale Achse des Reichsparteitagsgeländes und ermöglicht den Zugang zum Deutschen Stadion (11). Am südlichen Ende mündet die Große Straße in das Märzfeld (12), dem Aufmarschfeld und Schauplatz für Gefechtsvorführungen der Wehrmacht. Daran folgen Lagerstätten (13). Über die Bahnhöfe Dutzendteich (14) und Märzfeld (15) wird das weite Areal erschlossen. Eine besondere Blick-Beziehung bestimmt die Ausrichtung der Großen Straße: Am nördlichen Fluchtpunkt ist in der Realität die Nürnberger Kaiserburg zu erkennen. Damit wollte das NS-Regime die vermeintliche Verbindung von der ehemaligen Freien Reichsstadt, der „Stadt der Reichstage", zur „Stadt der Reichsparteitage"

Blick in die Ausstellungshalle des deutschen Pavillons auf der Pariser Weltausstellung 1937. Im Vordergrund das Modell des Reichsparteitagsgeländes.

This model of the Reichsparteitagsgelaende was exhibited at the 1937 World's Fair in Paris. The National Socialist Reichsparteitagsgelaende covered an area of about 24.5 square kilometers on the southwestern edge of the city. Thus, it was 15 times larger than the space occupied by Nuremberg's old city. The plans originated chiefly from Albert Speer. Before the National Socialists confiscated the land for their scheme, the region with forests, small gardens, the Dutzendteich Pond (1) and bordered by two roads leading out of Nuremberg, had served the city as a nearby recreational area. The Luitpoldhain, which had been converted into the Luitpold Arena (2) from 1933 to 1935, formed the northern starting point of the entire project. The assembly field was reserved for joint roll-calls of the SA, SS, NSKK (Nationalsozialistisches Kraftfahr-Korps, motorized troops) and NSFK (Nationalsozialistisches Fliegerkorps, flying corps). Nearby is the Luitpold Hall (3), formerly the machine hall built for the state trade exhibition in 1906. NSDAP Party Congresses were held in this hall which accommodated 16,000 people. The Zeppelin Meadow was converted into the Zeppelin Field (4), the parade ground for the RAD (Reichs labor force), party organizers, and the armed forces. The city stadium (5), completed in 1928, was used for the roll-calls of the Hitler Youth and thereby also included in the events of the Parteitage. The new Congress Hall (6), also called the Congress Building, was to be reserved for the Party Congresses. Opposite the Congress Hall is the Culture Building (7). The Culture Building and the Entrance Building (8) existed only as models. Two columns (9) stand at the beginning of the two kilometer long Great Road (10) which divides the Dutzendteich Pond. The Great Road is the central axis of the Reichsparteitagsgelaende and makes access possible to the German Stadium (11). The southern end of the Great Road leads into the March Field (12), a parade ground and scene of the armed forces' combat drills. Encampments (13) are nearby. The train stations Dutzendteich (14) and March Field (15) ensured that the entire spacious area was accessible by train. The alignment of the Great Road was determined by a particular vantage point: in reality, the Nuremberg Kaiserburg can be seen on the northern vanishing point. Thus, the regime

schaffen. Während der Kongreßbau, das Deutsche Stadion und das Märzfeld erkennbar der Großen Straße zugeordnet sind, ordnen sich Luitpoldarena, Zeppelinfeld und städtisches Stadion keineswegs diesem axialen Gestaltungsprinzip unter. Das Modell des Reichsparteitagsgeländes wurde auf der Weltausstellung 1937 in Paris gezeigt und bekam dort in der Klasse B einen „Grand Prix" zuerkannt.

established the alleged connection between the former free Reichsstadt, the "City of the Reichstage" and the "City of the Reichsparteitage". Whereas the Congress Hall, the German Stadium and the March Field are clearly coordinated with the Great Road, the Luitpold Arena, the Zeppelin Field and the city stadium are, by no means, subordinated to this axial arrangement.

Modell der Luitpoldarena, um 1935

Die Luitpoldarena war ein Tribünenrechteck, dessen westliche Längsseite ein Halbrund für die Führer- und Ehrentribüne bildete. Die ganze Anlage war ausgerichtet auf das gegenüberliegende Gefallenendenkmal der Stadt Nürnberg (Seite 23), das zwischen 1928 und 1930 errichtet worden ist. Gleichfalls miteinbezogen war die alte Maschinenhalle der Landesgewerbeausstellung von 1906, im Bild links oben (Seite 22).

The Luitpold Arena was a rectangular arrangement of stands. Its west side was extended to form a semicircular stand for the Fuehrer and the guests of honor. The entire construction was designed to be in alignment with the city of Nuremberg's War Memorial which had been erected in 1930. The old machine hall, upper right, which had been used in the state trade exhibition of 1906, was included in the plans.

Luitpoldarena gegen Nordwesten, nach 1936

Die Luitpoldarena lag auf dem Gelände der Landesausstellung von 1906 (Seite 22), das in den zwanziger Jahren zu einem Park umgewandelt worden war. Sie hatte 50 000 Zuschauerplätze und bot bis zu 150 000 Akteuren Platz. Ganz links die Luitpoldhalle mit den 1935 errichteten Vorbauten und dahinter vier Fahnenmasten der Ehrentribüne. Die Aufnahme vom erhöhten Standpunkt zeigt im Vordergrund die Baustelle der Kongreßhalle.

The Luitpold Arena stood on the site of the state exhibition of 1906. In the 1920s the exhibition site had been converted into a park. The Luitpold Arena could accommodate 50,000 spectators and up to 150,000 participants. On the far left is the Luitpold Hall. Its front sections were built in 1935. Four flag masts of the stand for the guests of honor are visible in the rear. The photograph was taken from an elevated standpoint.

Führer- und Ehrentribüne der Luitpoldarena, vor 1937

Die Aufnahme zeigt das Halbrondell der Führer- und Ehrentribüne, die von zwei mit bronzenen Reichsadlern bekrönten Sockelbauten abgeschlossen wird. Vorne die Rednerkanzel und die Straße, die die Ehrentribüne mit dem Gefallenendenkmal verbindet. Der Rasenwall wurde 1937 zu Steinterrassen umgewandelt. Der Standpunkt des Photographen war das Dach der Luitpoldhalle.

The picture shows the stand for the Fuehrer and the guests of honor. Two pedestals, crowned with bronze Reichs eagles, completed the half roundel of the stand. The speaker's platform is in the foreground. The road which connected the stand with the War Memorial can also be seen. In 1937 the grassy embankment was converted into stone terraces.

Details der Luitpoldarena, Datierung ungewiß

Die Aufnahme links zeigt die Rückansicht der Ehrentribüne mit den vier Stahlmasten von je 34 Metern Höhe, die zur Beflaggung dienten. Die Photographie rechts wurde von der Ehrentribüne aufgenommen. Im Hintergrund das Gefallenendenkmal und im Vordergrund die Rednerkanzel, die eine Straße von 18 Metern Breite und 240 Metern Länge verbindet.

The picture on the left shows a rear view of the stand for the guests of honor. The 4 steel masts were 34 meters high and were used for flying flags. The photograph on the right was taken from the stand for the guests of honor. In the background is the War Memorial and in the foreground is the speaker's platform. They were connected by a road which was 18 meters wide and 240 meters long.

Eingangsseite der Luitpoldhalle von Osten, nach 1935

Die einstige Maschinenhalle (Seite 22) erhielt 1935 monumentale Vorbauten. In der Mitte erhebt sich ein überragender Block mit drei Portalen, flankiert von zwei zurücktretenden Flügelbauten. Als Fassadenwerkstoff diente Muschelkalk, der die Farben der Fahnen und der Führerstandarte wirkungsvoll zur Geltung bringen sollte. Rechts im Bild die Führer- und Ehrentribühne.

In 1935 immense front sections were added to the former machine hall. A formidable structure with three portals juts out of the center. It is flanked by two receding wings. Shell limestone was used for the facade; it was supposed to bring out effectively the colours in the flags and the Fuehrer's banners.

Blick in die Luitpoldhalle, Datierung ungewiß

Die Aufnahme zeigt die Luitpoldhalle im nationalsozialistischen Festschmuck. Die Eisenpfeiler waren rot bespannt, und die Decke war blau dekoriert. Bänder, Schnüre und Symbole vervollständigten den pseudosakralen Charakter dieser Inszenierung von Albert Speer. Hinter dem Vorhang am Ende des Saales war die damals größte Orgel Deutschlands eingebaut.

Here the Luitpold Hall is decked in the festive finery of the National Socialists. The iron pillars were draped in red and the ceiling was decorated in blue. Symbols, braids and ribbons accentuated the pseudo-sacral character of Albert Speer's staging. An organ was installed behind a curtain at the end of the room. At that time it was Germany's largest organ.

Zeppelinfeld von Westen, nach 1937

Als nahezu quadratische, von Tribünen umschlossene Anlage stellt sich das Zeppelinfeld dar. Das Aufmarschfeld hatte eine Länge von 289 Metern und eine Breite von 312 Metern. Im Norden wird es von der Haupttribüne begrenzt, dem beherrschenden Baukörper der Anlage. Die Wälle mit den Standstufen für die Zuschauer gliedern 34 Türme, zwischen denen Treppen hinaufführen. In jeder der Nebentribünen liegt eine Öffnung zum Aufmarschfeld. Eine 30 Meter breite Straße diente dem Vorbeimarsch der Formationen vor der Haupttribüne. 70 000 Zuschauer fanden auf den Tribünen Platz, und das Aufmarschfeld nahm bis zu 250 000 Akteure auf. Nach Plänen von Albert Speer wurde das Zeppelinfeld zwischen 1935 und 1937 errichtet. Es ist neben der Luitpoldarena die einzige fertiggestellte Anlage auf dem Reichsparteitagsgelände. Im Gegensatz zu jener brauchte es auf vorhandene Bauten nicht Rücksicht

The Zeppelin Field, surrounded by stands, appears to be almost a quadrangle. The parade ground has a length of 289 meters and a width of 312 meters. The main stand, the dominating structure on the Zeppelin Field closes in the parade ground on the north. The road, 30 meters wide, was used for review of the formations in front of the stand. The stand provided space for 70,000 spectators and up to 250,000 participants found room on the parade ground. The Zeppelin Field was erected according to Albert Speer's plans between 1935 and 1937. The Zeppelin Field and the Luitpold Arena were the only structures on the Reichsparteitagsgelaende to be completed. In contrast to the Luitpold Arena, the layout of the Zeppelin Field was not required to take any existing buildings into consideration. Therefore, it could be presented as a distinct example of the National Socialist architecture of supremacy. The photograph was taken from an elevated standpoint on the site of the Congress Hall. Misleading, however, is that the building above the main stand appears to be a part of the Zeppelin Field. In fact, it is located a few hundred meters from the Zeppelin Field and is the transformer station which supplied the Reichsparteitagsgelaende with electricity.

zu nehmen und stellt daher nationalsozialistische Herrschaftsarchitektur in reiner Form dar. Die Photographie wurde vom erhöhten Standpunkt auf dem Gelände der Kongreßhalle aufgenommen. Irreführend ist jedoch, daß das Gebäude oberhalb der Haupttribüne als Teil des Zeppelinfeldes erscheint. Tatsächlich handelt es sich um das Umspannwerk für die elektrische Versorgung des Geländes hinter dem Zeppelinfeld.

Haupttribüne des Zeppelinfeldes, vor 1937

Die Haupttribüne des Zeppelinfeldes ist hier im noch unfertigen Zustand zu sehen. Links und rechts des Mittelbaues mit der vorgelagerten Rednerkanzel schlossen offene Hallen mit insgesamt 144 Pfeilern an. Diese waren 90 Zentimeter breit und 8,80 Meter hoch. Auf der linken Aufnahme sind im Hintergrund Fahnenmasten und Baukräne des Märzfeldes zu erkennen, die rechte wurde vom östlichen Tribünenwall aufgenommen.

The main stand on the Zeppelin Field can be seen in an unfinished state. The speaker's platform extends in front of the center structure. The latter is joined on the right and left by open halls with a total of 144 columns. The columns were 90 centimeters wide and 8.8 meters high. In the background of the picture on the left, flag masts and cranes are visible on the March Field. The picture on the right was taken from the eastern stand wall.

Rückansicht der Haupttribüne, nach 1937

Die Aufnahme zeigt die fertiggestellte Haupttribüne des Zeppelinfeldes von hinten. Der Fahnenschmuck war Bestandteil der Architekturkulisse von Albert Speer. Das leuchtende Rot der Hakenkreuzfahnen, die zwischen die hintere der doppelten Pfeilerreihe gespannt waren, bildete einen weit sichtbaren Kontrast zu dem Weiß des Jurakalksteins.

The photograph shows a rear view of the finished main stand on the Zeppelin Field. The many flags between the double row of columns in the rear were a component of Albert Speer's stage setting. The contrast between the brilliant red of the swastikas on the flags and the white of the Jurassic limestone could be seen from a great distance.

Haupttribüne des Zeppelinfeldes, nach 1937

Der breitgelagerte und geschlossene Baukörper der Haupttribüne mit einer Länge von 340 Metern schloß das Feld nach Nordosten ab. Deutlich zu erkennen ist der Mittelbau mit der Rednerkanzel und der Ehrentribüne, bekrönt von einem Hakenkreuz in einem Kranz aus Eichenlaub. Die wuchtigen Flügelbauten mit den Feuerschalen vollenden die altarartige Wirkung des Baues.

The monumental structure of the main stand with its length of 340 meters fenced off the Zeppelin Field towards the north-east. In the central section the speaker's platform and the stand for the guests of honor can be seen, crowned by a swastika within an oak leaf wreath. Massive wings complete the altar-like character of the building.

Tribünenwall und Haupttribüne von Süden, nach 1937

Die Zuschauerwälle wurden von 34 Fahnentürmen rhythmisch gegliedert, zwischen denen Treppen hinaufführten. Im Inneren der wuchtigen Bauten waren Toiletten eingerichtet. Ein Kranz von Fahnen – je sechs auf einem Turm – umschloß das Aufmarschfeld. Aus den Erinnerungen Albert Speers: „Fahnen liebte ich damals sehr und benutzte sie, wo ich nur konnte. Auf diese Weise ließ sich ein farbiges Spiel in die Steinarchitektur bringen."

Steps ascended between the 34 flag towers which divided the spectator stands in a rhythmic pattern. The inside of the massive towers was furnished with toilets. A wreath of flags, six on every tower, surrounded the parade ground. Albert Speer wrote in his memoirs, "At the time I loved flags and I used them wherever I could. This way it was possible to work a colorful element into the stone architecture."

Zeppelinfeld von Südwesten, nach 1937

Haupttribüne vom rechten Tribünenwall gesehen, nach 1937

Zeppelinfeld im Flutlicht, 1937

„Eine Kathedrale aus Eis" nannte ein englischer Beobachter die Lichtinszenierung des Zeppelinfeldes. Schöpfer dieser Lichtarchitektur war Albert Speer. 130 Flakscheinwerfer waren in Abständen von zwölf Metern um das Feld gestellt worden. Ihre Strahlen schienen sich in einer Höhe von etwa sechs bis acht Kilometern zu einer Art ‚Lichtdom' zu vereinigen.

"A cathedral out of ice" is what an English observer called the light show at the Zeppelin Field. The creator of this luminous architecture was Albert Speer. 130 antiaircraft floodlights were placed around the field at twelve meter intervals. Their beams went up to a height of six to eight kilometers and joined into a 'dome of light'.

Details der Haupttribüne, Datierung ungewiß

Je vier offene Treppenschächte lagen innerhalb der Säulenhallen. Durch sie gelangten die Besucher auf die Haupttribüne. Links der Blick vom Mittelbau der Haupttribüne des Zeppelinfeldes in eine der beiden Säulenhallen; rechts eine Säulenhalle von vorne.

There were four open staircases each inside the porticos. The visitors reached the main stand through them. To the left, a view of the center construction of the main stand of the Zeppelin Field in one of the two porticos; to the right, a front view of one of the porticos.

Haupttribüne des Stadions, um 1936

Die Aufnahme zeigt die Haupttribüne des ‚alten' Stadions von Süden. Nahezu unverändert war es in das Reichsparteitagsgelände einbezogen worden. Im Hintergrund ist ein Teil der etwa vierhundert Meter entfernt liegenden Haupttribüne des Zeppelinfeldes zu erkennen.

The picture shows a view of the main stand of the 'old' stadium from the south. It was integrated into the Reichsparteitagsgelände almost completely unchanged. In the background you can see a part of the approximately four hundred meter away main stand of the Zeppelin Field.

Stadion und Zeppelinfeld, 1936

Das Zeppelinfeld ist in unmittelbarer Nähe des Stadions errichtet worden. Das Freibad, die Sportplätze und ein Teil der Kleingartenanlage, die 1928 entstanden waren, sind auf der Luftaufnahme gut zu erkennen. Oben links der Dutzendteich und die Baustelle der Kongreßhalle, und ganz oben links die Luitpoldarena.

The Zeppelin Field was erected close to the stadium. The outdoor swimming pool, the sports fields and a part of the garden allotments that were erected in 1928 can also be seen as well as the Dutzendteich, the building site of the Congress Hall and, up to the top left, the Luitpold Arena.

Modell der Kongreßhalle, vor 1938

Auf dem Areal des ehemaligen Tiergartens unmittelbar am Dutzendteich sollte eine Kongreßhalle für über 50000 Menschen entstehen. Die Grundsteinlegung erfolgte auf dem Reichsparteitag 1935. Der Bau, der 1943 fertiggestellt werden sollte, blieb unvollendet. Die Pläne gehen auf den Architekten Ludwig Ruff, Nürnberg, zurück, der 1934 starb. Sein Sohn Franz Ruff führte die Planungen fort.

The Congress Hall, planned to hold over 50,000 people, was to be built on the grounds of the former Zoological gardens. The cornerstone was laid at the Reichsparteitag in 1935. Ludwig Ruff of Nuremberg had developed the plans. Ruff died in 1934 and his son Franz continued the planning.

Adolf Hitler vor dem Modell der Kongreßhalle, 1939

Adolf Hitler, der Architekt Albert Speer, dritter von links, Oberbürgermeister Willy Liebel, zweiter von rechts, und der Architekt Franz Ruff, links, besichtigen das Modell der Kongreßhalle auf dem Reichsparteitagsgelände. Im Hintergrund, links angeschnitten, das naturgroße Holzmodell eines Fassadenteils.

Adolf Hitler, architect Albert Speer, third from the left, Nuremberg's Mayor Willy Liebel, second from the right and architect Franz Ruff, first on the left, inspect a model of the Congress Hall. A full-scale model of a section of the facade is in the background on the left and, on the right, is the Congress Hall under construction.

Die Große Straße nach Nordwesten. Rechts im Hintergrund ist das naturgroße, aus Holz gefertigte Fassadenmodell zu sehen. Es wurde 1936 errichtet und war 56 Meter lang und 60 Meter hoch.

Grundriß der Kongreßhalle, 1938

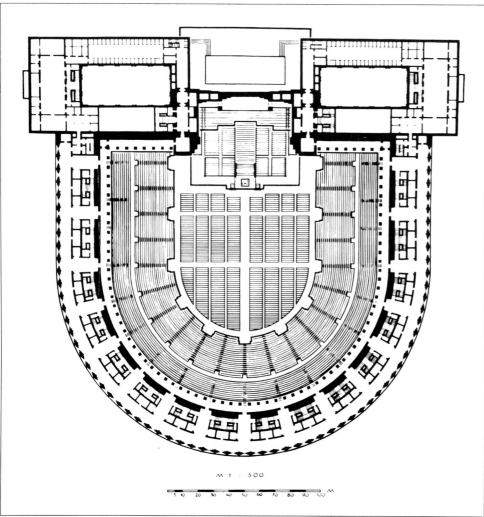

Die Kongreßhalle war als hufeisenförmiger Rundbau geplant, der von zwei Flügelbauten und einer Eingangshalle abgeschlossen wird. Im Zentrum die Bühne für Adolf Hitler und die Ehrengäste, davor die Rednerkanzel. Der Versammlungsraum mit den Sitzreihen des Parketts und den Rängen, sollte über 50000 Zuschauer aufnehmen. Treppenhäuser umsäumten die Halle, deren Zugänge auf drei Etagen verteilt waren. Der Bau, der ursprünglich 203 Meter lang, 180 Meter tief und 44 Meter hoch werden sollte, wurde nach dem Willen Adolf Hitlers wesentlich größer ausgeführt. Die Länge betrug nun 275 Meter, die Tiefe 265 Meter und die Höhe 60 Meter. Die Bauarbeiten waren 1935 begonnen worden und wurden im Laufe des Krieges eingestellt, die Kongreßhalle blieb unvollendet.

The Congress Hall was planned as a horseshoe-shaped rotunda complete with two wings and an entrance hall. In the center is the stage for Adolf Hitler and the guests of honor. The speaker's platform is in front of the stage. Seating in the stalls and the circles of the meeting room was planned to accommodate over 50,000 spectators. Staircases encircled the Congress Hall and their entrances were distributed over three floors. Originally the structure was to be 203 meters long, 44 meters high with a depth of 180 meters. However, at Adolf Hitler's insistence, the structure was to be even larger: 275 meters in length, 265 meters in depth and 60 meters in height. Construction had begun in 1935 and was halted during the war.

Innenraummodell der Kongreßhalle, 1938

Das Innenraummodell zeigt im Vordergrund die Bühne für die Ehrengäste, die Rednerkanzel, das Parkett und die Sitztribünen. Deutlich zu erkennen ist die Decke des Versammlungsraumes mit dem Glasoberlicht. Für eine freitragende Decke dieser Dimension fehlte jedoch eine bautechnische Lösung. Das Innenraummodell wurde im Maßstab 1:10 gebaut.

In the foreground, the model of the interior of the Congress Hall shows the stage for the guests of honor, the speaker's platform, stalls and rows of seating. The ceiling of the meeting room with a glass skylight is easily discernible. However, a technical solution for a cantilever of such large dimensions had not been found. The model of the interior was built on a scale of 1 to 10.

Kongreßhalle im Bau, 1938

Auf den Umfassungsmauern des Rundbaues wurde 1938/1939 ein hölzernes Modell für die umlaufende Pfeilerreihe in Naturgröße errichtet. Es sollte helfen, deren umstrittene Höhe festzulegen. Im Bild ist die letzte gültige Variante vom Februar 1939 mit einer Pfeilerhöhe von 17 Metern zu sehen.

In 1938/39 a full-scale, wooden model was built on the outer wall of the Congress Hall's rotunda. It was erected to help determine the disputed height of the columns which were to encompass the building. The last variant from February, 1939 is shown here; its columns had a height of 17 meters.

Baustelle Kongreßhalle, 1938

Die Aufnahme zeigt die wachsenden Mauern des Rundbaues der Kongreßhalle. Die Granitsteinfassade ist teilweise schon über die Fensterstürze geführt, vorne im Bild. Weiter fortgeschritten ist die halbkreisförmige Zone mit den Treppenhäusern. Im Hintergrund der Große Dutzendteich und die Dächer der Stadt.

The picture shows the expanding wall of the rotunda. In the foreground it is possible to see that the granite facade already reaches over the lintels in some places. The semicircular area with staircases is nearer completion. The large Dutzendteich Pond and the roofs of the city are in the background.

Modellausschnitt, 1938

Die Große Straße bildet die zentrale Achse und mündet in das Märzfeld. Rechts davon das Deutsche Stadion mit dem großen Vorhof und der Standartenhalle. Auf der anderen Seite der Straße Stadion und Freibad der Stadt Nürnberg von 1928. Der Größenvergleich zeigt die Gigantomanie des Deutschen Stadions, das Hitler zur größten Sportarena der Welt bestimmt hatte.

The Great Road is the central axis and opens into the March Field. To the right the Deutsche Stadium with its large forecourt and the Standarten Hall. The city of Nuremberg's stadium and outdoor swimming pool from 1928 are on the other side of the street. If you compare the sizes of both sport facilities, you can clearly picture the Deutsche Stadium as a looming giant.

Modellaufnahmen des Deutschen Stadions, 1937

Das hufeisenförmige Stadion sollte nach Plänen von Albert Speer auf halber Höhe südwestlich der Großen Straße entstehen. Geplant war ein zur Großen Straße hin offener Tribünenbau für 405 000 Zuschauer zur Abhaltung der nationalsozialistischen Kampfspiele. Der Vorhof wird von einer Standartenhalle und einer Tribüne abgeschlossen, von der Hitler den Vorbeimarsch auf der Straße abnehmen sollte.

According to Albert Speer's plans, the horseshoe-shaped German Stadium was to be built halfway up the Great Road towards the southwest. An open stand facing the Great Road and accommodating 405,000 spectators was planned. The National Socialists wanted to hold athletic contests here. A hall of banners and a stand from which Hitler could review the passing athletes on the street was to complete the forecourt.

Teilmodell des Deutschen Stadions, 1938

Im Hirschbachtal in der Fränkischen Schweiz wurde 1937 ein Teilmodell des Deutschen Stadions in Naturgröße errichtet. Gut zu erkennen sind die fünf Ränge, die im Probemodell mit unterschiedlichem Neigungswinkel ausgeführt wurden, um die Sichtverhältnisse zu ermitteln. Mit einer Länge von 540 Metern, einer Breite von 225 Metern und einer Fassadenhöhe von 82 Metern sollte das Deutsche Stadion die größe Sportarena der Welt werden. Das Spielfeld entsprach nicht den olympischen Maßen. Nach den Erinnerungen Albert Speers ignorierte Adolf Hitler die Normen, da er überzeugt war, daß die Olympischen Spiele künftig ausschließlich in Deutschland stattfinden würden. Eine riesige Baugrube für die Fundamente war auf dem Reichsparteitagsgelände ausgehoben, als die Baustelle im Krieg geschlossen wurde.

In 1937 a full-scale model of a part of the German Stadium was erected in the Hirschbach Valley in Franconia. In order to ascertain the best viewing conditions, the five circles were constructed to incline at varying angles. The German Stadium was to be the largest sports arena in the world: the plans called for a length of 540 meters, a width of 225 meters, and a facade 82 meters high. The playing field, however, did not meet the required measurements for the Olympic Games. According to Albert Speer's recollections, Adolf Hitler ignored the standards because he was convinced in the future all Olympic Games would be held in Germany. A huge hole for the foundations had already been excavated when the construction site on the Reichsparteitagsgelaende (party rally area) was deserted during the war.

Modell des Märzfeldes, nach 1938

Zielpunkt der Großen Straße war das Märzfeld im südlichen Teil des Reichsparteitagsgeländes. Nach Plänen von Albert Speer entstand ein rechteckiges, von Tribünen umsäumtes Feld von 1000 Metern Breite und 600 Metern Länge. Die Aufnahme zeigt die Einmündung der Großen Straße mit dem Blick auf die gegenüberliegende Führertribüne mit einer Figurengruppe von Josef Thorak als Bekrönung. Die Tribünenwälle mit den Fahnenmasten wurden von 24 massiv wirkenden Türmen rhythmisch gegliedert. Die Türme waren 38 Meter hoch und mit Travertinquadern ummantelt. Auf dem Märzfeld sollte alljährlich der „Tag der Wehrmacht" mit Kampfvorführungen abgehalten werden. Der Name erinnert an die Wiedereinführung der allgemeinen Wehrpflicht im März 1935. Nach der Schließung der Baustelle im Krieg waren elf Türme nahezu vollständig und Teile der Tribünen im Rohbau errichtet.

Eine Figurengruppe von Josef Thorak sollte die zentrale Führertribüne bekrönen. In der Mitte der Großplastik die Siegesgöttin, beschützt von zwei Waffenträgern und zwei Roßlenkern, den Symbolen der Wehrhaftigkeit und der Staatsführung.

The Great Road was to extend as far as the March Field in the southern part of the Reichsparteitagsgelaende. Albert Speer planned a rectangular field, 1,000 meters wide and 600 meters long, which was to be surrounded by stands. The photograph shows the junction of the Great Road opposite the Fuehrer stand. It was crowned by a group of Josef Thorak's statues. The walls of the stand, interspaced rhythmically with 24 immense towers, were topped with flag masts. The towers were 38 meters high and were wrapped in tuffstone. The March Field was to be the setting for an exhibition of fighting techniques on the annual "Day of the Armed Forces". This name recalls the reinstatement of universal compulsory military service in March 1935. After the construction site was finally abandoned in 1943, 11 towers were nearly completed·and a part of the stand was roughly built.

In the center of Josef Thorak's group of statues crowning the Fuehrer's stand is the Goddess of Victory guarded by two men bearing armour and two horseback riders, symbols of valour and leadership.

Kranbau, 11. 12. 1937

Blick von Los I nach Los II, 1. 3. 1938

Stützmauer, Feld 8, 21. 3. 1938

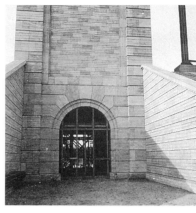
Westliches Turmmodell, Feldseite, 28. 3. 1938

Turm II, linke Hälfte, 21. 6. 1938

Stützmauer, Feld 9 Kurve, 21. 6. 1938

Äußere Stützmauer, Feld 15, 8. 7. 1938

Versetzarbeiten am Turm V, 15. 7. 1938

Turm X, 1. 9. 1938

Turm XIV, Fundament, 1. 9. 1938

Turm X, 21. 10. 1938

Stützmauer bei Turm IV, 21. 10. 1938

Baustelle Märzfeld, 1937 – 1939

Die Aufnahmen stellen eine Auswahl aus einer Sammlung von etwa 800 Motiven dar. Diese größte bisher bekannte Photodokumentation der Märzfeld-Baustelle wird in einem Album im Stadtarchiv verwahrt. Bei dem unbekannten Photographen handelt es sich vermutlich um einen Bauingenieur, denn die Aufnahmen sind genau beschrieben und datiert. Sie sind in Originalgröße wiedergegeben, und die Angaben wurden in der vorliegenden Form übernommen.

Turm X mit Bedienungsgang, 11. 11. 1938

Abbruch Tribünenmodell, 7. 12. 1938

Fahnenbockfundament, 7. 12. 1938

Turm IX und X, 17. 12. 1938

Bewehrung Bedienungsgang, 14. 1. 1939

Turm V, 3. 2. 1939

Baugerüst bei Turm IV, 28. 2. 1939

Krangerüst bei Turm IV, 12. 4. 1939

Äußere Walltreppe, Feld 10, 2. 6. 1939

Turm XXIII, Fundament, 7. 6. 1939

Turm VII und VIII, Feld 8, 25. 7. 1939

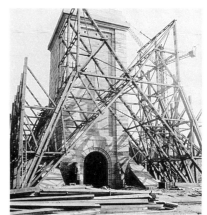
Krangerüst bei Turm X, 29. 8. 1939

These photographs are a selection taken from a collection of about 800 different motives. The largest photographic documentation of the March Field construction that has been known of until now is kept in an album in the city archives. The unknown photographer is most likely a construction engineer who dated and described the photos accurately. They are printed in original size, and the data were taken over in the existing form.

SA-Lager, 1938

Auf dem weiten Areal hinter dem Märzfeld war eine Stadt für sich entstanden. Die Luftaufnahme zeigt das in strengen Karrees angeordnete SA-Lager mit den Zelten für die Mannschaften und den festeren Häusern am Rande für die sogenannten Vorkommandos. Nach dem vollständigen Ausbau aller Lager hätten auf dem Gelände über 500 000 Männer untergebracht werden können.

A city of its own was erected on the expansive plain behind the March Field. The aerial photograph shows the SA camp which is arranged in structured squares with tents for the troops. In 1938 the camps for the HY and SS, which can't be seen here, had already been completed. After construction had been completely finished, more than 500,000 men could have slept here.

Große Straße nach Südosten, um 1938

Die Große Straße durchquerte den Dutzendteich und ist hier im Bauzustand abgebildet. Geplant war eine nahezu zwei Kilometer lange und insgesamt 95 Meter breite Straße mit seitlichen Standstufen für Zuschauer. Sie sollte dem Vorbeimarsch von 50 Meter breiten Wehrmachtsformationen dienen. Im Hintergrund ist die Baustelle des Märzfeldes zu erkennen.

The Great Road went through the Dutzendteich, and is pictured here while under construction. An almost two kilometer long and 95 meter wide street with stands for spectators to the side was planned. It was supposed to be for the 50 meter wide Wehrmacht formations to march through. The March Field's construction site is in the background.

Bauten im Umfeld, 1937–1939

Auf der rechten Seite Eingangsportal der 1938 vollendeten SS-Kaserne an der Bayernstraße in unmittelbarer Nähe des Reichsparteitagsgeländes. Oben Modell des Märzfeldbahnhofes. Der nur teilweise fertiggestellte Bahnhofsbau lag zwischen dem Märzfeld und den weitausgreifenden Lagern im südöstlichen Teil des Geländes. Unten das Umspannwerk, das die Stromversorgung für die Reichsparteitage sicherstellte.

The picture on the right shows the entrance of the SS barracks, which were completed in 1938. Located in the Bayernstraße they were very close to the Reichsparteitagsgelaende. A model of the March Field train station is on the upper left. The train station which was only partially finished was situated between the March Field and the widely spread out encampments in the eastern part of the grounds. On the left is the transformer station which provided electricity for the Reichsparteitage.

Rituale und Bekenntnisse

Nach der Uraufführung von Leni Riefenstahls Parteitagsfilm „Triumph des Willens" fand ein Kritiker der Ufa-Informationen in der Ausgabe vom 3. April 1935 griffig-pathetische Worte. Hitlers Lieblingsregisseurin habe „das lebendige, aufwühlende und beglückende Denkmal der deutschen Volksgemeinschaft"[1] geschaffen. In bester Werbemanier hatte der Schreiber kurz benannt, worum es in dem gesamten Bilder-Epos und mithin in dem ihm zugrunde liegenden realen Geschehen in Nürnberg ging: um die Inszenierung eines nationalsozialistischen Ideals – der ‚Volksgemeinschaft'. Selten stand diese Leitidee des NS-Staats so sehr im Mittelpunkt des öffentlichen Geschehens wie bei den Nürnberger Parteitagen.

Neben einer Reihe anderer Funktionen hatten die alljährlichen Spektakel vor allem die Aufgabe, die fortwährend propagierte NS-Theorie mit dem organisierten Einsatz von Massen für wenige Tage publikumswirksam und so überzeugend in die Praxis umzusetzen, als wäre es die reine Wahrheit. Dabei war die ‚Volksgemeinschaft' lediglich eine Chimäre zur Beschwichtigung der Menschen. Das immer wieder beschworene Bild einer nivellierten Ordnung wurde allerdings um so dankbarer angenommen, als es nach den bitteren Weltkriegserfahrungen einer ganzen Generation und den oft als bedrückend empfundenen Interessenkonflikten einer freiheitlichen Gesellschaft in der Weimarer Republik eine scheinbar versöhnliche Alternative bot. Das Zauberwort sollte die Fremdheit der sozialen Schichten aufheben. Tatsächlich änderte sich im ‚Dritten Reich' jedoch nichts an den vorhandenen Strukturen: Oben blieb oben, unten blieb unten. Schwelende Auseinandersetzungen wurden lediglich mit dem Mantel der ‚Volksgemeinschaft' zugedeckt.

Plakative Formeln wie „Du bist nichts, dein Volk ist alles!" oder „Gemeinnutz geht vor Eigennutz!" übertönten die Wirklichkeit. So stabilisierte ein Trugbild die braune Diktatur, weil bereits die marktschreierisch verkündete Utopie die Sehnsüchte vieler nach einer harmonisch-ausgeglichenen Gesellschaftsform erfüllte.

Letztlich war die Verwirklichung einer totalen Volksgemeinschaft nur im Krieg denkbar. Zur Vorbereitung auf dieses Ziel ging es dem Regime in Friedenszeiten um die Verpflichtung der Massen auf unbedingten Gehorsam, um die strenge Disziplinierung der ‚Gefolgschaft', um das Zusammenschweißen der Anhänger, um die Einschwörung aller auf den ‚Führer'. Exerzitien besonderer Art im Dienst der ‚Volksgemeinschaft' stellten die Reichsparteitage der NSDAP dar. In Nürnberg wurde das NS-System eine Woche lang auf der größten Bühne im Deutschen Reich mit bekannten Staatsschauspielern, zweitklassigen Darstellern, zahlreichen Statisten und nicht wenigen begeisterten Zuschauern als lebendiges Bild inszeniert.

Der Name ‚Parteitag' ist irreführend. Er hatte mit den Intentionen der aufwendig organisierten Zusammenkünfte nichts zu tun. Der Austausch von kontroversen Gedanken zum Zweck einer gemeinsamen Meinungsbildung gehörte bei den Nationalsozialisten schon seit den zwanziger Jahren nicht zum innerparteilichen Umgang. „Die Parteitage der Nationalsozialisten sind (…) keine Einrichtungen zu unfruchtbaren Diskussionen – wie bei anderen Parteien –, sondern allen verständliche Kundgebungen des Wollens und der Kraft dieser Idee und ihrer Organisation", heißt es schon in einer internen Anweisung von 1929.[2] In der Führerpartei mit ihrem autoritären Ordnungsmuster durften die Niederrangigen von ihren Leitfiguren lediglich die ‚Parolen' des Jahres vernehmen. Dies geschah allerdings in einem Rahmen, der jedem einzelnen das Gefühl vermitteln sollte, selbst als kleines Rädchen im NS-System eine bedeutende Rolle zu spielen.

Die Reichsparteitage der NSDAP

1 Zit. nach Martin Loiperdinger: Rituale der Mobilmachung. Der Parteitagsfilm „Triumph des Willens" von Leni Riefenstahl, Opladen 1987, S. 52
2 Aufruf vom 1. März 1929, Bundesarchiv Koblenz (BA) NS 26/391

Die Teilnehmer der Parteitage trafen auch keine politischen Beschlüsse. Zu keinem Zeitpunkt war das ihre Aufgabe. Die Massen durften allenfalls das Forum abgeben, vor dem bereits vorher festgelegte Entscheidungen „verkündet" wurden. Der Jubel und Applaus der Gleichgesinnten mußte als Scheinlegitimation für das Regime herhalten. So waren die während des ‚Parteitags der Freiheit' 1935 am 15. September vom versammelten Reichstag formal abgesegneten Rassegesetze das Ergebnis langer ideologischer Vorbereitung, auch wenn Hitler erst in letzter Minute den Auftrag zur Schaffung dieses Paragraphenwerks erteilte. Am Tag vor der Bekanntgabe der antisemitischen Nürnberger Gesetze hatten führende Regierungsbeamte gleichsam über Nacht den Text zusammengeschustert. Ein Jahr später gab der ‚Führer' auf dem ‚Parteitag der Ehre' das Vierjahresprogramm bekannt. Das radikale Wirtschaftskonzept sollte das Streben von Partei und Staat nach Autarkie planmäßig in die Tat umsetzen. Die folgenschwere Entscheidung, vom Import unabhängig zu werden, fiel nicht zuletzt im Blick auf einen künftigen Krieg. Die „Verkündung" erfolgte in Nürnberg, doch dazu entschlossen hatte sich Hitler schon längst vorher.

In Nürnberg kamen nicht nur NSDAP-Mitglieder zusammen. Nach der Machtübergabe an die Nationalsozialisten und der Gleichschaltung der Gesellschaft waren die ursprünglichen Partei-Tage in den Rang von repräsentativen Staatsfeiern erhoben worden. Möglichst alle ‚Volksgenossen' und Gruppen des NS-Staats sollten sich fortan in dem offiziellen Akt wiederfinden können. Neben den Politischen Leitern (Amtswaltern) der NSDAP, der Sturmabteilung (SA), der SS und anderen paramilitärischen Organisationen versammelten sich Abordnungen des Reichsarbeitsdienstes (RAD), der Hitler-Jugend (HJ) und der Wehrmacht. Berufsverbände, Parteidienststellen und die Deutsche Arbeitsfront (DAF) hielten Tagungen ab. Olympiakämpfer und Fußballspieler bestritten neben Volkstanzgruppen und Opernstars das sportlich-unterhaltende Rahmenprogramm. Frauen und Männer wurden aus dem ganzen Reich als Zuschauer herangekarrt.

Über Sinn und Zweck der nationalsozialistischen Parteitage gab es im ‚Dritten Reich' keine Zweifel. Hitler nannte 1933 in seiner ‚Proklamation' – sie stand am Anfang jedes Parteitags – folgende Punkte als wesentliche Aufgaben: „1. dem Führer der Bewegung die Möglichkeit zu bieten, zur gesamten Parteiführung wieder persönlich in Beziehung zu treten, 2. die Parteigenossen wieder mit ihrer Führung zu verbinden, 3. alle gemeinsam in der Zuversicht des Sieges zu stärken und 4. die großen Impulse geistiger und psychologischer Art für die Fortführung des Kampfes zu geben."[3] Die einmal benannten Ziele veränderten sich nicht mehr. Das „Führer-befiehl-wir-folgen" wurde exerziert. „Ausrichtung und Aufrichtung" zugleich sollten die Festtage von Nürnberg sein. Oberstes Gebot: „Die Richtlinien gibt der Führer", wie 1934 Hitler-Stellvertreter Rudolf Heß verkündete.[4] Die Aufmärsche und Appelle waren nicht nur wegen „der Gewinnung neuer Anhänger, sondern vor allem der Festigung und moralischen Stärkung der schon Gewonnen"[5] abgehalten worden, wie Hitler ausdrücklich immer wieder feststellte. Der Schlag der propagandistischen Werbetrommel sollte genauso nach innen wie nach draußen dringen. Da der einzelne im NS-Staat so gut wie keine Möglichkeit zur politischen Mitwirkung hatte, mußte das „Fest der Bewegung"[6] für die nichterfüllten Wünsche eines Jahres als Ausgleich dienen. Bei den mit Getöse arrangierten Paraden und Appellen der Massen wurden nicht nur der Nationalsozialismus und seine Führungsclique gefeiert, sondern auch dem kleinen Parteigenossen seine vermeintliche Wichtigkeit suggeriert. Dieses staatstragende Gefühl immer wieder aufs Neue zu vermitteln war um so wichtiger, als nach 1933 die Begeisterung vieler „im Alltagstrott angesichts wirtschaftlicher Beschwerlichkeiten und politischer Enttäuschungen zu vergehen drohte".[7]

Die Reichsparteitage der NSDAP verliefen nach einem Muster, das sich seit dem ersten derartigen Treffen im Januar 1923 in München nurmehr unwesentlich verändert hat. Allerdings wurden die Veranstaltungen ständig erweitert, das Personal vermehrt, neue Effekte ersonnen. Mit Massenversammlungen, Appellen, Standartenweihe, Totenehrung, Vorbeimärschen und Umzügen stellte sich das Regime dar. Statt auf Worte setzten die Machthaber auf öffentliche Schau mit Spielmannszügen und Paraden im gleichförmigen Marschritt. Jede Gliederung sollte ihren Auftritt haben, in der Gemeinschaft neue Selbstbestätigung erfahren und durch so dokumentierte Identifizierung mit dem Regime das System stützen helfen.

Zwischen 1933 und 1938 fanden die NS-Parteitage alljährlich im Spätsommer in Nürnberg statt. Rund 500 000 Frauen und Männer, Jungen und Mädchen nahmen daran

---

3 Nürnberg 1933. Der erste Reichsparteitag der geeinten Nation, Berlin 1933, S. 69
4 Zit. nach Der Kongreß zu Nürnberg, vom 5. bis 10. September 1934, offizieller Bericht über den Verlauf des Reichsparteitages mit sämtlichen Rede, München 1934, S. 18
5 wie Anm. 3
6 Hitler am 15. September 1935 vor dem Reichstag vor Verabschiedung der „Nürnberger Gesetze", in: Der Parteitag der Freiheit vom 10. bis 16. September 1935. Offizieller Bericht über den Verlauf des Reichsparteitages mit sämtlichen Reden, München 1935, S. 255
7 Detlev Peukert: Volksgenossen und Gemeinschaftsfremde. Anpassung, Ausmerze und Aufbegehren unter dem Nationalsozialismus, Köln 1982, S. 84

durchschnittlich als Aktive teil. Jedem großen Verband war ein eigener Tag im Feierritual vorbehalten: Der Reichsarbeitsdienst trat auf dem Zeppelinfeld an, die Politischen Leiter der NSDAP kamen ebenfalls am Zeppelinfeld zusammen, ab 1936 in den Abendstunden unter dem Speerschen ‚Lichtdom'. Die Hitler-Jugend wurde im Stadion auf das ‚Dritte Reich' eingeschworen, SA und die schwarz uniformierten SS-Männer versammelten sich in der Luitpoldarena. Die Wehrmacht unterstrich jeweils am letzten Tag ihre Bedeutung und stellte mit umjubelten Schauübungen ihre wachsende Potenz unter Beweis. Abgesehen von den Appellen im Reichsparteitagsgelände hatten die Parteigliederungen auch bei Vorbeimärschen in der Nürnberger Innenstadt – wie vor dem ‚Führerquartier' Hotel Deutscher Hof und am Adolf-Hitler-Platz – reichlich Gelegenheit, dem Diktator die Ehre zu erweisen, wahlweise im nächtlichen Fackelschein oder am Tage unter lautstarker Begleitung der Spielmanns- und Musikzüge. Mit den öffentlichen und nicht selten spektakulären Massenversammlungen war es indes noch nicht getan. Mehrere Sitzungen des Parteikongresses in der Luitpoldhalle und zahlreiche Sondertagungen der Berufsverbände gaben den Veranstaltungen zusätzliches Gewicht. Hinzu kamen: Kulturprogramm, politische Ausstellungen mit eindeutiger Intention (1936 etwa: „Weltfeind Nr. 1: der Weltbolschewismus"), Vergnügungsangebote, Volksfest in der KdF-Stadt am Valznerweiher, Tanz und Feuerwerk. Das Ereignis in Nürnberg sollte Teilnehmer wie Beobachter rund um die Uhr in Beschlag nehmen.

Die Ankunft Hitlers in der Stadt – ob mit dem modernen Transportmittel Flugzeug oder dem Zug kommend – bildete stets den Auftakt der Reichsparteitage. Erst mit der Präsenz des ‚Führers' konnte das Schauspiel beginnen. Dem Diktator zu Ehren gab die nationalsozialistische Stadtspitze im großen Rathaussaal einen Empfang. Zuvor hatten Kirchenglocken das Ereignis einzuläuten. Die Spitzen von Partei und Staat sowie die Ehrengäste konnten den Abend mit einer Festaufführung von Richard Wagners Oper „Die Meistersinger von Nürnberg" beschließen. Erst bei den späteren Parteitagen war auch die Bevölkerung bei den mit renommierten Gesangskünstlern aus dem gesamten Deutschen Reich besetzten Aufführungen zugelassen. Zuvor gab es nur Ehrenkarten für ‚Parteibonzen', die jedoch häufig an diesem Abend einen Wirtshausbesuch dem Kulturereignis vorzogen.

Vor dem Deutschen Hof am Frauentorgraben neben der Altstadtmauer inszenierte die Hitler-Jugend am Morgen des zweiten Tages einen Vorbeimarsch. Am späten Vormittag vollzog sich mit dem ersten Parteikongreß die eigentliche Eröffnung des Parteitages. Meist unter den Klängen des Badenweiler Marsches, Hitlers Lieblingsmarsch, zog eine Prozession von Nationalsozialisten mit dem ‚Führer' an der Spitze in die mit 16 000 Parteigenossen voll besetzte Luitpoldhalle ein. Begleitet wurde die Prominentengruppe mit den Insignien der Partei: Standarten und Fahnen. Rotes Tuch zuhauf bestimmte das Bild auf dem Podium, wo die Parteispitze Platz nahm.

Rudolf Heß stand das Recht zu, den Kongreß mit wenigen Worten zu eröffnen. Der Diktator sprach selbst noch nicht. Statt dessen wurde seine ‚Proklamation' stets von Adolf Wagner, dem Leiter des Gaues München-Oberbayern verlesen. Die erste Parteitagsrede hielt Hitler am Abend bei der Kulturtagung im Opernhaus. Ab 1936 stellte diese Versammlung die Kulisse dar, vor der die „Preise der NSDAP für Kunst und Wissenschaft" verliehen wurden. Ein Jahr später erfuhren diese Auszeichnungen noch eine weitere Steigerung. 1937 wurden sie zum „Nationalpreis für Kunst und Wissenschaft" gemacht, um damit ein arisch-germanisches, nationalsozialistisches Pendant zum Nobelpreis zu schaffen. Nach einem Führererlaß vom Januar 1937 war Deutschen die Annahme des Nobelpreises untersagt.

Der dritte Tag war gekennzeichnet vom Aufmarsch des Reichsarbeitsdienstes vor dem ‚Führer'. Am Vormittag zogen 50 000 Männer in streng militärischer Ordnung auf das Zeppelinfeld. Wenn die Exerzierübungen mit dem ‚Symbol der Arbeit', dem Spaten, besonders gut klappten, war den Mannen auf der Wiese der Applaus von den Zuschauerrängen sicher. Die ‚Soldaten der Arbeit' zelebrierten ihre Feierstunde mit einem chorischen Sprechgesang, der bei anderen Appellen nicht üblich war. Nachdem das Hohe Lied auf die ‚Volksgemeinschaft' gesungen war, zogen die RAD-Leute, den Spaten geschultert, in die Altstadt, um am Adolf-Hitler-Platz erneut vor dem Parteichef vorbeizumarschieren.

Mit dem ‚Tag der Gemeinschaft' wurde ab 1937 gleichsam eine Pause in das tägliche Exerzier- und Paradespiel eingelegt. Junge Frauen und Männer sollten die Zuschauer mit gymnastischen und sportlichen Massenübungen auf dem Zeppelinfeld erfreuen. Gleichzeitig wurden an diesem Tag die ‚NS-Kampfspiele' gestartet: Die Disziplinen der militärsportlichen Wettkämpfe lassen unschwer das Ziel des sportlichen Streits unter den Mannschaften erkennen: Patrouillenlauf, Pistolenschießen, Handgranatenziel und -weitwurf. Am Abend des vierten Tags erwiesen 30 000 Politische Leiter in einem nächtlichen Fackelzug vorbei am ‚Deutschen Hof' ihrem ‚Führer' Adolf Hitler ihre besondere Reverenz.

Der Appell der Amtswalter auf dem Zeppelinfeld am nächsten Tag markierte eine weitere Steigerung im Ablauf der Feierwoche. Seit 1936 fand der Aufmarsch in den Abendstunden statt. Die NS-Regie unter der Leitung von Albert Speer hatte dafür ein neues Schauspiel mit suggestiver Kraft ersonnen. Erst als alle 150 000 bis 200 000 Akteure mit ihren 25 000 Fahnen und Parteiinsignien angetreten waren, wurde die mit Hakenkreuzbannern ausgekleidete Haupttribüne von 1200 Scheinwerfern angestrahlt. Und genau in dem Augenblick, da Hitler mit seinem Wagen in das Areal einfuhr, schickten 150 Flakscheinwerfer ihr Licht in den nächtlichen Himmel. Der so entstandene Effekt des ‚Lichtdoms' war der Höhepunkt einer raffiniert ausgeklügelten Inszenierung, die nicht nur den Parteigenossen imponierte. Der britische Botschafter Sir Neville Henderson sprach beeindruckt von der „Kathedrale aus Eis".[8]

Der sechste Tag stand ganz im Zeichen der Hitler-Jugend. 50 000 Jungen und Mädchen der Nachwuchsorganisation kamen im städtischen Stadion zusammen und füllten dort Spielfeld und Tribünen. Neben gemeinsam gesungenen Bekenntnisliedern wie der HJ-Hymne („Uns're Fahne flattert uns voran") gehörte auch zu diesem Zeremoniell, daß der ‚Führer' im offenen Wagen durch das Stadionoval fuhr, um sich bejubeln zu lassen. Gerade auf den Parteinachwuchs kam es den Regisseuren an. Die Jugend mußte für das Regime gewonnen werden. An das Gemeinschaftsgefühl der Jungen und Mädchen zu appellieren, war ein Leichtes. „Ihr müßt in eure jungen Herzen nicht Eigendünkel, Überheblichkeit, Klassenauffassungen, Unterschiede von reich und arm hereinlassen. Ihr müßt euch vielmehr in eurer Jugend bewahren, was ihr besitzt, das große Gefühl der Kameradschaft und der Zusammengehörigkeit", rief Hitler der HJ 1933 zu.[9] Das KdF-Volksfest erlebte am Abend seinen Höhepunkt.

Wenn am siebten Tag, stets ein Sonntag, die braunen Kolonnen zu ihrem Appell in der Luitpoldarena antraten, kehrte die Regie zu den Ursprüngen der Parteifeiern zurück. Seit dem frühen Morgen waren in langen Reihen 120 000 Männer der ‚Kampforganisationen' an der ‚Weihestätte der Bewegung' versammelt. Die braunen Uniformen der SA beherrschen die Szenerie. Die ‚Sturmabteilung' war allein mit rund 80 000 Mitgliedern vertreten. Danach kamen die SS (über 20 000) und in geringerer Stärke das NSKK und NSFK. Nach dem Regieplan kündeten Fanfarenklänge die Ankunft Hitlers an, „Heil"-Rufe der 50 000 Zuschauer folgten. Neben dem Treueschwur der Parteiarmee auf ihren ‚Führer' war ein unverbrüchliches Element des Rituals in der Luitpoldarena der mit der ‚Blutfahne'[10] von Hitler vollzogene Weiheakt neuer Fahnen und Standarten. Mindestens gleichbedeutend war die Totenehrung für die Opfer des Weltkriegs und vor allem für die ‚Gefallenen der Bewegung'. Begleitet von einem bedrohlichen Trommelwirbel schritt Hitler auf der ‚Straße des Führers' von der Haupttribüne vorbei an den Kolonnen der Uniformierten, um am Ehrenmal einen Kranz für die Partei-Märtyrer niederzulegen und eine Gedenkminute lang zu verharren. 1933 begleitete Hitler auf diesem Gang noch der damalige SA-Chef Ernst Röhm. Nach seiner Ermordung am 30. Juni 1934 waren SA-Stabschef Viktor Lutze und Reichsführer SS Heinrich Himmler die Statisten, die in gebührendem Abstand, Ministranten gleich, hinter dem Parteiführer hergingen. Nach dem pseudoreligiösen Partei-Gottesdienst marschierten die 120 000 von der Luitpoldarena in die Innenstadt. Unzählige Zuschauer, die oft nur mühsam vom Sicherungs- und Absperrdienst der SS zurückgehalten werden konnten, säumten die Straßen. Am Adolf-Hitler-Platz nahm Hitler die mehrere Stunden während Parade der Formationen ab.

Den achten und letzten Tag bestimmten die Demonstrationen der Wehrmacht. Diese Veranstaltungen auf dem Zeppelinfeld riefen offenbar so großes Interesse hervor, daß trotz hoher Eintrittspreise von bis zu zehn Reichsmark sowohl die Generalprobe als auch die Vorführung am Nachmittag unter Anwesenheit der Parteispitzen und der zahlreichen ausländischen Beobachter ausverkauft waren. Die Militärs präsentierten ihre neuesten Kriegsgeräte. Kampfflugzeuge überquerten das Gelände, Panzer und Geschütze rollten an der Zeppelintribüne vorbei. Unter dem Applaus des Publikums wurden regelrechte Gefechtsübungen absolviert. Am Abend fand der Parteikongreß, der während des einwöchigen Spektakels zu mehreren

---

8 Zit. nach Albert Speer: Spandauer Erinnerungen, Frankfurt am Main/Berlin/Wien, 1979, S. 381
9 Nürnberg 1933. Der erste Reichstag der geeinten deutschen Nation, Berlin 1933, S. 100
10 Als Partei-„Heiligtum" wurde die sogenannte Blutfahne seit den 20er Jahren verehrt. Beim gescheiterten Hitler-Ludendorff-Putsch am 9. November 1923 hatten die Nationalsozialisten eine Parteifahne mitgeführt, die angeblich das Blut der umgekommenen Parteigenossen trug. Fortan wurde das Symbol der ‚Kampfzeit' als ‚Blutfahne' bezeichnet.

Sitzungen zusammengetreten war, mit einer obligatorischen Rede Hitlers seinen Abschluß. Um Mitternacht setzten die zahlreichen Musikkorps der Wehrmacht mit dem Großen Zapfenstreich vor Hitlers Domizil, dem Deutschen Hof, den Schlußakkord der Parteifeier.

Die Massenversammlungen unter freiem Himmel, die Appelle, Aufmärsche, Paraden standen im Mittelpunkt der Parteitage. Sie waren das wichtigste Gerüst um das sich die anderen Programmteile wie Kulturtagung, Parteikongreß, Sondertagungen oder Ausstellungen rankten. Doch wenn das Ereignis total sein sollte, mußten die Teilnehmer und Besucher auch in der dienstfreien Zeit reichlich organisierte Angebote erhalten, die allzeit vom Geist des Nationalsozialismus kündeten. Hier spielten platte Lustbarkeiten und Unterhaltung eine wichtige Rolle. Was die politische Inszenierung auf dem Exerzierfeld nicht schaffte, sollte spätestens in der apolitischen Freizeit möglich sein: dem einzelnen deutlich zu machen, daß er nur Teil einer großen ‚Volksgemeinschaft' ist, in die es sich ein- und unterzuordnen gilt.

Der DAF-Ableger ‚Kraft durch Freude' hatte auch in Nürnberg seit 1934 die Federführung bei der Organisation des vergnüglichen Programms. „Zur Weckung und Stärkung des Gemeinschaftslebens, wie es die nationalsozialistische Weltanschauung erfordert, muß die NS-Gemeinschaft ‚Kraft durch Freude' auf immer neuen Wegen und mit immer neuen Mitteln den deutschen Arbeiter in die erhabene Welt der Ideale einbeziehen, um ihn zu befähigen, mit seiner ganzen Kraft an den Sinn und an die Größe des von ihm mitgestalteten Lebens zu glauben."[11] So definiert das Handbuch für die Organisation der NSDAP die KdF-Abteilung. Nichts anderes war ihr auch in Nürnberg aufgetragen. Freude, Lebensbejahung, Kraft, Schönheit, Volkstum – so lauteten die sinnstiftenden Begriffe für das Generalmotto zum Volksfest während der Reichsparteitage. Die geforderten „immer neuen Wege" und „immer neuen Mittel" standen allerdings bei der Umsetzung der Ideologie nur auf dem Papier. Statt dessen ging es bieder zu. Mit Altbewährtem bemühten sich die Organisatoren, die Massen bei der Stange zu halten: Volkstanz- und Musikgruppen traten auf, der „Hau den Lukas" war zu bedienen, kostenlose Filmvorführungen durften ebensowenig fehlen wie das Hochfeuerwerk am Samstagabend. Kasperletheater für die Kleinen. Billiger Spaß in den Hallen der KdF-Stadt am Valznerweiher bei Bier und Blasmusik. Wenn dann noch die Spitzenmannschaften der Renommiervereine 1. Fußballclub Nürnberg und Schalke 04 gegeneinander antraten, waren die Organisatoren zufrieden.

Daß Kolonnen marschierten, täglich Mahlzeiten für Hunderttausende vorhanden waren, Zeltstädte entstanden, rote Hakenkreuzfahnen die Häuser Nürnbergs schmückten, kam nicht von ungefähr. Die Reichsparteitage mußten bis ins letzte Detail vorbereitet werden. Die ‚Volksgemeinschaft' steckte zunächst in den Aktenordnern der eifrigen Parteibeamten. Heerscharen von NSDAP-Mitarbeitern entwarfen Aufstellungspläne für die Appelle, legten Marschrouten fest, besorgten Verpflegung in Güterwaggons, stellten neu entwickelte Feldküchen auf, bereiteten die großen Lager vor, kauften Zigtausende von Klappbetten. Die Reichsbahn stellte Sonderzüge zusammen, die im Minutentakt den Nürnberger Hauptbahnhof und die Nebenbahnhöfe bedienten. Die Presse feierte allein schon den ungeheuren Aufwand als eine besondere organisatorische Leistung des Nationalsozialismus.

Vor allem zwei Institutionen hatten daran mitzuwirken: zum einen die Organisationsleitung (OL) der Parteitage, eine Abteilung der Reichsorganisationsleitung unter der Leitung von Robert Ley. Diese Dienststelle bestand das ganze Jahr über in Nürnberg. Vor jedem Parteitag verstärkten zahlreiche Vertreter der beteiligten Gliederungen die kleine Mannschaft. Zum anderen hatte ein von Oberbürgermeister Willy Liebel 1933 eingerichtetes Parteitagsreferat die Aufgabe, als Verbindungsstelle zwischen der OL und den involvierten kommunalen Ämtern zu fungieren. Im typischen Kompetenzenwirrwarr des polykratischen NS-Staats waren Reibungen und Fehlplanung an der Tagesordnung. Von den Schwierigkeiten bei der Vorbereitung drang jedoch nichts an die Öffentlichkeit.

Der Aufwand mußte auch bezahlt werden. Zur Finanzierung der Parteitage schöpften die Organisatoren aus verschiedenen Geldquellen. Mit sanftem Druck wurde die Wirtschaft da und dort im Reich veranlaßt, die Fahrten der Politischen Leiter nach Nürnberg zu unterstützen. Alle NSDAP-Mitglieder hatten eine Parteitagsumlage zu berappen. Seit 1936 entsprach sie einem monatlichen Mitgliedsbeitrag. Weitere Mittel beschaffte sich die NSDAP durch den Verkauf von Parteitagsplaketten. Schon Wochen vor dem Ereignis waren die blechernen Anstecker mit dem jeweiligen Motto für eine Mark zu haben. Der Absatz wurde noch dadurch gefördert, daß während der Reichs-

11 Organisationsbuch der NSDAP, München 1937[4], S. 192

parteitage die Eintrittskarten zu den Veranstaltungen nur in Verbindung mit der Plakette gültig waren. 1936 wurden so etwa 1,5 Millionen Abzeichen verkauft.

Am besten florierte der Absatz, als kein Reichsparteitag mehr stattfand. 1939 flossen 5 299 794 Reichsmark in die Kasse des NSDAP-Schatzmeisters. Doch nie konnten die Einnahmen die Ausgaben auch nur annähernd decken. Ein paar Zahlen zum Vergleich: 1934 nahm die Partei 831 637 Reichsmark ein und gab gleichzeitig für den ‚Parteitag der Einheit und Stärke' 4 436 288 Reichsmark aus. 1936 (,Parteitag der Ehre') gab es folgendes Verhältnis: 2 661 813 Reichsmark an Einnahmen standen 8 032 201 Reichsmark an Ausgaben gegenüber. Zwei Jahre später, beim letzten Reichsparteitag 1938, flossen 5 905 435 Reichsmark in die Kassen, während tatsächlich für den ‚Parteitag Großdeutschlands' 15 728 015 Reichsmark ausgegeben wurden.[12]

„Das ist das Wunder unserer Zeit, daß ihr mich gefunden habt, daß ihr mich gefunden habt unter so vielen Millionen! Und daß ich euch gefunden habe, das ist Deutschlands Glück."[13] Diese Worte Hitlers, 1936 in der Luitpoldarena an die SA gerichtet, sind schon häufig zitiert worden. Drücken sie doch in wenigen Sätzen aus, worum es bei jedem Parteitag ging: die beschworene innige Beziehung zwischen ‚Führer' und ‚Gefolgschaft'. Da war kein Vergleich zu platt, zu pathetisch, um ein konstitutives Merkmal der ‚Volksgemeinschaft' immer wieder zu betonen: die klare Ausrichtung der Massen auf die entscheidende Person Adolf Hitler. Der Diktator war der Katalysator, ohne den die ‚Bewegung' nicht zur ‚Volksgemeinschaft' geraten konnte. Ein Reichsparteitag ohne ‚Führer', ohne ‚Führer-Rede' – undenkbar. Spätestens seit 1936 war Hitler selbst vom „Führer-Mythos" überzeugt. Bei den Parteitagen war Hitler der absolute, omnipräsente Star. Unter großem Beifall brachte Rudolf Heß 1934 das politische Programm der ‚Volksgemeinschaft', die vermeintliche Einheit von Volk, Partei und ‚Führer' auf die Kurzformel: „Die Partei ist Hitler – Hitler aber ist Deutschland, wie Deutschland Hitler ist."[14] Es ging um die Erhöhung des politischen Messias, seine Selbstdarstellung stand überall im Mittelpunkt. Die ‚Volksgemeinschaft' als ‚Glaubensgemeinschaft'. Beim Appell der Politischen Leiter 1936 formulierte Reichsorganisationsleiter Robert Ley: „In dieser Weihestunde, wo ein unendlicher Dom sich über uns wölbt, der in die Unendlichkeit geht, da wollen wir geloben: Wir glauben an einen Herrgott im Himmel, der uns geschaffen hat, der uns lenkt und behütet und der Sie, mein Führer, uns gesandt hat, damit Sie Deutschland befreien. Das glauben wir, mein Führer."[15]

Die Reichsparteitage waren die wichtigsten „Feldgottesdienste" der Nationalsozialisten. Dem einfachen Parteigenossen wurde ein Hauch von Wichtigkeit verliehen. Da durfte die Inszenierung nicht zu bescheiden ausfallen, wenn der Stützpunktleiter zurück im Alltag ein Jahr lang vom Rausch zehren sollte, auf daß er als „Prediger und Soldat" – so sein im Organisationsbuch der Partei definierter Auftrag – in seinem Heimatort den Nationalsozialismus an Mann und Frau bringen konnte.

Und über allem der „vergötterte"[16] ‚Führer'. Der Kult, vor ihm anzutreten, vorbeizumarschieren und in immer wieder anderen Varianten auf ihn eingeschworen zu werden, verlieh dem Individuum seine Identität als Nationalsozialist, die sich aus dem einfachen Gefühl speiste, „dazuzugehören". In der einschlägigen Zeitschrift für den SA-Mann hieß es: „Reichsparteitag – das ist Rückblick und Ausschau zugleich, ist Abrechnung und Voranschlag, ist Demonstration und Kraft, Bekenntnis der Treue, Einsatz des Willens, Gelöbnis der Gläubigkeit. Reichsparteitag – das ist Aus- und Aufrichtung."[17]

Die höchste Sinnerfüllung erfuhren die Parteitage in der Ausrichtung auf das letzte Ziel, die Vorbereitung auf den Krieg. Wie Rituale der Mobilmachung wirkten die permanenten militärischen Übungen der verschiedenen Gliederungen. Ob es um die NS-Kampfspiele ging mit Handgranatenweitwurf, das Marschieren, das Lagerleben, die Gefechtsszenarien auf dem Zeppelinfeld – Felddienst auf Probe. Strenger Drill, Unterordnung im Dienst der großen Sache, der auf den ‚Führer' vereidigten ‚Volksgemeinschaft'. Das Training für den Krieg erfaßte nicht nur die vordergründigen Darbietungen der Massen. Auch die Organisation im Hintergrund, die Logistik mußte funktionieren, der Nachschub rollen. Die Reichsbahn war stolz auf ihre exakten Zeitpläne für über 3000 Sonderzüge innerhalb einer Woche. In seinen Tischgesprächen ließ Hitler 1942 den Anwesenden wissen, daß ein Parteitag nicht nur stets ein „ganz unerhörtes Ereignis im Leben der NSDAP gewesen", sondern auch „in mancher Hinsicht wertvolle Vorbereitungsarbeit für den Krieg" geleistet worden sei. Auch die Eisenbahn habe „durch die Parteitage nicht zu unterschätzende Erfahrungen auf dem Gebiet des Kriegstransportes gemacht".[18]

---

12 Vgl. verschiedene Kostenaufstellungen des Reichsschatzmeisters, BA NS 1/18 H 1.
13 Zit. nach: Der Parteitag der Ehre vom 8. bis 14. September 1936. Offizieller Bericht über den Verlauf des Reichsparteitages mit sämtlichen Kongreßreden, München 1936, S. 246 f.
14 Zit. nach Loiperdinger, S. 74
15 wie Anm. 13, S. 173
16 So bezeichnet ein Parteigenosse seinen ‚Führer' in einem offiziellen Brief vor dem Parteitag 1927, BA NS 26/390
17 Der SA-Mann, Kampfblatt der obersten SA-Führung der NSDAP, 5. Jg., 15. August 1936, S. 3
18 Henry Picker: Hitlers Tischgespräche im Führerhauptquartier 1941–1942, neu herausgegeben von Percy Ernst Schramm, Stuttgart 1963, S. 445

After the world premiere of Leni Riefenstahl's Parteitag film "Triumph des Willens" a Ufa Informationen critic uttered a hefty pathetic opinion. Hitler's favorite female film director created a "living, stirring, and happy monument to the German Volksgemeinschaft."[1] Using his best advertising manner, the writer briefly outlined what the whole visual narrative and the happenings in Nuremberg that it was based on, were about: staging a National Socialist ideal – the 'Volksgemeinschaft'. This guiding principle of the NS state has rarely been the center of public attention as much as it was during the Nuremberg Parteitage.

Besides its other functions, the main object of this annual spectacular show was to use the organized masses for publicity for a few days, and transform the constant propaganda about the NS theory into reality in a so convincing manner, as if it were nothing but the pure truth. This although the 'Volksgemeinschaft' was nothing but a fantasy to pacify the public. The vision of a leveled order that was constantly conjured up was, however, accepted so thankfully, because it offered a seemingly conciliatory alternative after the bitter experiences of a whole generation during the World War and the often depressing conflicts of interests of a free society during the Weimar Republic. The magical formula was supposed to erase the alienation between the different social classes. Actually, the pregiven structure didn't change during the 'Third Reich' at all: those at the top stayed at the top, and those at the bottom stayed at the bottom. Smouldering differences were covered by the cloak of the 'Volksgemeinschaft'. Slogans on banners such as "You are nothing, your nation is everything!" or "Public interest is placed above personal interest" blinded against reality. Thus a false image of the brown dictatorship was stabilized, because the utopia that was proclaimed in a charletan manner, fulfilled the desire of many for a harmonious wellbalanced form of society.

Finally, the realization of a total Volksgemeinschaft was only conceivable during a war. In order to prepare for this goal during times of peace, the regime concentrated on committing the public to obey without question, strongly disciplining the 'Gefolgschaft', soldering all followers together, and making everyone convinced of the 'Führer'. The NSDAP's Reichsparteitage were a special sort of exercise to serve the 'Volksgemeinschaft'. In Nuremberg, the NS system was performed as a living picture on the largest stage in the German Reich for one week with well-known government actors, a second-rate cast, countless extras, and quite a few enthusiastic members of the audience.

The name 'Parteitag' is misleading. It doesn't have anything to do with the lavishly organized gatherings. The exchange of controversial thoughts among each other in order to form a common opinion hadn't been a part of the National Socialist party's internal activities since the 20's. "The National Socialists' Parteitage are (…) not a forum for fruitless discussions – as in the case of other parties-, but a declaration of the will and power behind this idea and its organization which is understandable for all", was stated in an internal order in 1929.[2] In the Fuehrer party, with its authoritarian organizational pattern, those with lower ranks were only able to have the 'slogans' of the year passed on to them from their idols. This however was done in a framework, that was supposed to give everyone the feeling of playing an important role; even if they were only a small part of the NS system's clockwork.

The Parteitag participants didn't make any political decisions. This was not at any time their function. The masses only posed as the forum in which the decisions made beforehand were "proclaimed". The cheers and applause of those like-minded had to suffice as the apparent legitimization of the regime. Thus the racial laws that were formally approved by the assembled Reichstag on the 15th of September during the 1935 'Parteitag der Freiheit' were the result of long ideological preparations, even if Hitler didn't order for the legislature to be prepared until the last minute. On the day before the anti-semitic Nuremberg laws were announced, leading government officials compiled the text overnight.

One year later the 'Führer' announced the 'four year program' during the 'Parteitag der Ehre'. The radical economic concept was supposed to convert the party's and government's efforts toward autarky into reality according to a plan. The momentuous decision to become independent of imports was not made without considering a future war. The "proclamation" occurred in Nuremberg, but Hitler had made the decision long beforehand.

Not only NSDAP members gathered together in Nuremberg. After the power was turned over to the National Socialists and society was brought into line, the original Parteitage were elevated to the level of representative state ceremonies. All 'Volksgenossen' and groups in the NS

---

1 Cited according to Martin Loiperdinger: Rituale der Mobilmachung. Der Parteitagsfilm "Triumph des Willens" by Leni Riefenstahl, Opladen 1987, p. 52
2 Proclamation from the 1st of March 1929, Bundesarchiv Koblenz (BA) NS 26/391

state were supposed to be able to find back to themselves during the official ceremony. Besides the political leaders (Amtswalter) of the NSDAP, the Sturmabteilung (SA), the SS and other paramilitary organizations, delegations from the Reichsarbeitsdienst (RAD), the Hitler Youth (HY) and the Wehrmacht gathered together. Professional associations, party departments and the Deutsche Arbeitsfront (DAF) held conferences. Olympic fighters and soccer players as well as folkdance groups and opera stars were responsible for the sports and entertainment side-programs. Women and men were carted in from the whole Reich as spectators.

There was no doubt about the intention and purpose of the National Socialist Parteitage in the Third Reich. Hitler mentioned the following points as the important tasks during his 'proclamation' – which always was made at the beginning of every Parteitag –: "1.) to offer the Führer of the whole movement the opportunity to once again make personal acquaintance, 2.) to restore the party comrades' binds to their leaders, 3.) to reinforce everyone together in their confidence in the victory, 4.) to give large intellectual and psychological impulses to continue the fight."[3] The goals, once they were stated, didn't change anymore. The "Führer you order, we follow" was exercised. The Nuremberg holidays were to provide "elation and adjustment" at the same time. The most important commandment was "the Führer is responsible for giving the guidelines", as Hitler's substitute representative, Rudolf Heß, stated in 1934.[4] The parades and drills were not only held to "win over new followers, but especially to confirm and morally strengthen those already won over"[5] as Hitler repeatedly emphasized. The sound of the beat of propaganda's drum was supposed to reach the inside as well as the outsides. Since the individual in the NS state had as good as no opportunity to participate politically, the "Fest der Bewegung"[6] had to make up for all of the unfulfilled wishes during the year. During the din of the parades and drills held for the masses, not only National Socialism and its leading group was celebrated, but his own supposed personal importance was suggested to the small party comrade. It was even more important to repeatedly pass on the feeling of being in part responsible for the state, since the enthusiasm of many "was in danger of being lost, due to the daily routine of economic difficulties and political disappointments"[7] after 1933.

The NSDAP's Reichsparteitage took place according to a certain pattern that had barely changed since the first gathering of its kind in Munich in January 1923. The events however, were constantly expanded, more personnel employed, and new effects thought up. The regime presented itself with mass-gatherings, drills, consecration of banners, memorial services for the dead, marches and parades. Instead of relying on words, those in power put their confidence in public spectacles with marching bands and parades with everyone marching in step. Each group was supposed to make their appearance, receive recognition from the community, and help support the regime through identification documented in this manner.

Between 1933 and 1938 the NS Parteitage took place every year in late summer in Nuremberg. An average of 500,000 women and men, boys and girls participated actively. A day of the ceremony was reserved for each of the larger associations: the Reichsarbeitsdienst reported to the Zeppelin Field, the political leaders of the NSDAP also gathered at the Zeppelin Field as of 1936 during the evening hours under Speer's 'dome of light'. The Hitler Youth was committed to the 'Third Reich' in the stadium, SA and the SS men in black uniform gathered together in the Luitpold arena. On the final day, the Wehrmacht always demonstrated their importance and proved their increasing potency with demonstrative exercises to the cheers of the crowd. Besides the inspections held on the grounds of the Reichsparteitag, the party organizations also had enough opportunities to honor the dictator when marching through downtown Nuremberg – for example in front of the 'Führer's quarters' in the Deutscher Hof Hotel and Adolf Hitler Square – or by the light of torches during the night or accompanied by loud squads of musicians and marching bands. The conspicuously spectacular public mass-gatherings were, however, not enough. Several party congress meetings in the Luitpold Hall and various special professional association conventions made these events more important. In addition there were: cultural programs, political exhibitions with unmistakable intentions (1936 for example: "World Enemy no. 1: World-wide Bolshevism"), entertainment opportunities, a fair in the KdF City at the Valznerweiher, dancing and fireworks. The event in Nuremberg was supposed to keep the participants and spectators busy around the clock.

Hitler's arrival in the city – be it with an airplane, the modern

---

3 Nuremberg 1933, Der erste Reichsparteitag der geeinten Nation, Berlin 1933, p. 69
4 Cited according to Der Kongreß zu Nürnberg, vom 5. bis 10. September 1934, offizieller Bericht über den Verlauf des Reichsparteitages mit sämtlichen Reden, Munich 1934, p. 18
5 As in note 3
6 Hitler addressing the Reichstag on September 15, 1935, before the passing of the "Nuremberg laws", in: Der Parteitag der Freiheit vom 10. bis 16. September 1935. Offizieller Bericht über den Verlauf des Reichsparteitages mit sämtlichen Reden, Munich 1935, p. 255
7 Detlev Peukert: Volksgenossen und Gemeinschaftsfremde. Anpassung, Ausmerze und Aufbegehren unter dem Nationalsozialismus, Cologne 1982, p. 84

means of transportation, or if he came with a train – was always the opening of the Reichsparteitage. The spectacle couldn't start until the 'Führer' was present. The National Socialist leaders of the city gave a reception in honor of the dictator in the large chamber of the town-hall. Beforehand, the church bells had to ring in the occasion. The heads of the party and state, as well as guests of honor, were able to conclude the evening with a festive performance of Richard Wagner's opera "Die Meistersinger von Nürnberg". The public was not permitted entrance to the performances by renowned performing artists from the whole German Reich until the later Parteitage. Before, there were only honorary tickets for 'party bigwigs' who often preferred to go to a tavern instead of attending this cultural event in the evening. On the morning of the second day the Hitler Youth staged a procession in front of the Deutscher Hof at the Frauentorgraben next to the old city wall. In the late afternoon the actual opening of the Parteitag occurred with the first party congress. A procession of National Socialists with the 'Führer' leading them on proceeded into the Luitpold Hall which was completely filled with 16,000 party comrades, usually accompanied by the Badenweiler March, which was Hitler's favorite march. The prominent group was accompanied by the party's insignias: banners and flags. A large amount of red cloth dominated the scene on the podium where the party heads had their seats.

Rudolf Heß had the privilege of opening the congress with a few words. The dictator didn't speak yet. Instead, his 'proclamation' was always read by Adolf Wagner, the commander of the Munich – upper Bavaria district. Hitler held his first Parteitag speech during the evening while visiting a cultural event at the opera-house. As of 1936, this assembly was the stage on which the "NSDAP prizes for art and science" were awarded. One year later the meaning of these awards was increased even further. In 1937 they were turned into the "National prize for art and science", in order to create an Aryan, Germanic, National Socialist counterpart to the Nobel prize. After a decree by the 'Führer' in January 1937, Germans were prohibited from accepting the Nobel prize.

The third day was characterized by the Reichsarbeitsdienst marching before the 'Führer'. During the morning 50,000 men assembled on the Zeppelin Field with best military discipline. When their exercises with the 'symbol of work', a spade, turned out especially well, the men could be assured that they would be applauded by the spectators. The 'soldiers of work' celebrated their hour of the ceremony by chanting in a chorus, which usually wasn't done during other drills. After the hymn to the 'Volksgemeinschaft' had been sung, the RAD people shouldered their spades and went on to the old part of town in order to march past the party chief at Adolf Hitler square again.

The 'Tag der Gemeinschaft' was introduced as of 1937 which created a day's break between the daily routines of drills and parades. Young women and men were supposed to delight their audiences with gymnastics and mass performed exercises on the Zeppelin Field. The 'NS-Kampfspiele' were also opened on the same day: the disciplines included in the military-sports games made the goal of the sports contests between the teams obvious: patrol races, shooting with pistols, and throwing hand grenades as far and accurately as possible. In the evening of the fourth day 30,000 political leaders paid their special respect to their 'Führer' Adolf Hitler during a nocturnal torch-procession past the 'Deutscher Hof'.

The drill of the Amtswalter on the Zeppelin Field on the next day marked another highlight during the ceremonial week. Since 1936 the parades took place during the night. The NS management, led by Albert Speer, thought up a new spectacle with a strong suggestive power especially for the occassion. The main stage which was decorated with swastikas wasn't illuminated with its 1200 floodlights until all of the 150,000 to 200,000 actors with their 25,000 flags and party insignias had made their appearance. And in exactly the same moment when Hitler drove into the arena with his car, 150 anti-aircraft floodlights illuminated the sky. The effect of a 'dome of light' which was thus created, was the highlight of a cunning well-planned staged performance, that didn't impress only party comrades. The British ambassador, Sir Nevile Henderson, spoke enthusiastically about a "cathedral out of ice".[8]

The sixth day was especially in sign of the Hitler Youth. 50,000 boys and girls belonging to the junior organization gathered in the city stadium and filled the field and the bleachers. Besides singing songs of praise together such as the HY hymn ("Uns're Fahne flattert uns voran"), another thing that belonged to this ceremony was the 'Führer' driving through the oval stadium in an open car and allowing himself to be cheered on. The party's junior

---

8 Cited according to Albert Speer: Spandauer Erinnerungen, Frankfurt am Main/Berlin/Wien, 1979, p. 381

organization was especially important for the producers. The youth had to be convinced of the regime. It was easy to appeal to the collective feelings of the boys and girls. In 1933 Hitler called out the following to the HY: "You shouldn't let self-conceit, arrogance, class-consciousness, or the difference between rich and poor into your young hearts. It is more important for you to preserve what you own in your youth, the feelings of fellowship and belonging."[9] The highlight of the KdF fair occurred during the evening.

On the seventh day, which was always a Sunday, when the brown columns assembled for their drill in the Luitpold arena, the producers went back to the origins of the party ceremonies. Since early morning 120,000 men from the 'fighting organizations' were gathered on the 'holy grounds of the movement'. The SA's brown uniforms dominated the scene. The 'Sturmabteilung' alone was represented by 80,000 members. Then came the SS (more than 20,000) and then, but not as strongly represented, the NSKK and NSFK. According to the plans of the producers, the sounds of a fanfare announced the arrival of Hitler, calls of "Heil" from the 50,000 spectators followed. Besides the party army's pledge of allegiance to their 'Führer', another inseperable part of the ritual that took place in the Luitpold arena was the act of Hitler consecrating new flags and banners with the 'Blutfahne'.[10] The commemoration of the dead victims of the World War and especially the 'fallen members of the movement' was at least equally important. Accompanied by a threatening rolling of the drums, Hitler walked down the 'Führer's Street' from the main platform, past the uniformed squads, in order to place a wreath in front of the monument for party martyrs and repose for a minute of silence. In 1933 Ernst Röhm, the SA boss at that time, still accompanied him down this path. After he was killed on the 30th of June 1934, SA-Stabschef Viktor Lutze and Reichsfuehrer SS Heinrich Himmler got to play the roles of the extras, following the party 'Führer' at a respectable distance, similar to altar-boys.

The eighth and the last day was dominated by demonstrations by the Wehrmacht. These performances on the Zeppelin Field apparently drew so much interest, that the dress rehearsal, as well as the show in the afternoon, given in the presence of the party heads and numerous foreign observers, were sold out in spite of the high entrance fees of up to ten Reichsmark. The military presented their new tools of war. Fighter planes crossed over the grounds, tanks and heavy gruns rolled past the Zeppelin stands. Manoeuvres were carried out to the cheers of the audience. In the evening, the party congress, which had met several times during the week-long spectacle, closed with an obligatory speech by Hitler. At midnight the large musical corps of the Wehrmacht sounded the final chord of the party celebration by beating the tattoo in front of Hitler's residence, the Deutscher Hof.

The open-air-mass-gatherings, the drills, processions and parades were the highlight of the Parteitage. They were the most important framework around other parts of the program, such as the cultural congress, party congress, special conventions or exhibitions.

"It is the miracle of our time, that you found me, that you found me among so many millions! And that I found you, that is Germany's good fortune." These words that Hitler directed to the SA in 1936 in the Luitpold Arena have been cited often. They express in a few sentences, what the Parteitag was all about: the sworn close relationship between the 'Führer' and the 'Gefolgschaft'. There was no comparison too bland or too pathetic, to repeatedly emphasize a constituting characteristic of the 'Volksgemeinschaft'; the clear orientation of the masses towards one important person, Adolf Hitler.

The highest fulfillment of the senses that the Parteitage provided was, in regard to the final goal, the preparation for a war. The permanent military exercises by the different departments had the effect of a ritual of rousing support. If it was the discipline of throwing handgrenades as far as possible during the NS-Kampfspiele, marching, living in a camp, or the staged fighting on the Zeppelin Field – field service on a probationary term. Strict drills, subordination to the service of the most important thing, the 'Volksgemeinschaft' that was consecrated to the Fuehrer. The training for the war was not only the superficial presentations made for the masses.

The background organization, the logistical services had to function, reinforcement had to be there on time. The Reichsbahn was proud of their accurate timetables for the 3000 special extra trains that went within only one week. In conversations at the dinner table in 1942, Hitler let those present know that a Parteitag not only always was an "unprecedented event in the life of the NSDAP", but also that "in some ways a valuable preparational exercise for the war" had been carried out.

9 Nürnberg 1933, Der erste Reichstag der geeinten deutschen Nation, Berlin 1933, p. 100
10 The so-called 'Blutfahne' (blood flag) has been revered as a "holy relic" of the party since the 20's. During the failed Hitler-Ludendorff coup on the 9th of November 1923 the National Socialists were carrying a party flag with them, which supposedly had the blood of the party comrades that were killed on it. After that this symbol of the 'Kampfzeit' was called the 'Blutfahne'.

Inszenierte Volksgemeinschaft

Luitpoldarena, 1934

Vor dem Akt des Totenkults legte Hitler die Strecke zwischen der Rednertribüne und dem Gefallenendenkmal auf der 18 Meter breiten und 240 Meter langen Straße bedeutsam-bedächtigen Schrittes zurück. Rund 120.000 Männer der SA, der SS, des NSKK und des NSFK nahmen, in strengen Kolonnen angetreten, an dem Schauspiel teil.

Before the ritual of honoring the dead Hitler progressed slowly and deliberately down the street, 18 meter wide and 240 meter long, which connected the speaker's platform with the War Memorial. Approximately 120,000 men of the SA, the SS, the NSKK and the NSFK, formed to rigid columns, took part in the ceremony.

Luitpoldarena, 1935

Tag der SA. Die Totenehrung stand neben der „Weihe" neuer Standarten und Fahnen im Mittelpunkt des alljährlichen Rituals. Begleitet vom Stabschef der SA Viktor Lutze (links) und Reichsführer SS Heinrich Himmler (rechts) galt Adolfs Hitlers Gedenkminute vor dem Gefallenendenkmal auch den „Märtyrern der Bewegung".

Day of the SA. Honoring the dead and dedicating new banners were the highlights of the yearly ritual in the Luitpold Arena. Adolf Hitler is escorted by Stabschef of the SA Viktor Lutze (left) and Reichsfuehrer SS Heinrich Himmler (right). His moment of silence in front of the War Memorial applied above all to the "Martyrs of the Movement".

Zeppelinfeld, nach 1936

Kolonnen des Reichsarbeitsdienstes beim Vorbeimarsch vor der Haupttribüne. Über 50 000 Männer nahmen an dem anschließenden Appell auf dem Zeppelinfeld teil. Oft mußten die ‚Soldaten der Arbeit' mit nacktem Oberkörper antreten, „so wie sie arbeiteten", wie ein Berichterstatter begeistert notierte. Die Übungen mit den blankgeputzten Spaten gefielen vielen Zuschauern.

Formations of the Reichsarbeitsdienst parading past the main stand. More than 50,000 men took part in the subsequent call on the Zeppelin Field. Quite often the "soldiers of labour" had to parade with their chests bared, "just like at work" as a reporter noted enthusiastically. Many spectators were delighted by the exercises with the shiny spades.

Zeppelinfeld, 1938

1937 verlängerten die NS-Regisseure die Parteitagsfeiern erneut um einen Programmpunkt, den ‚Tag der Gemeinschaft'. Im Mittelpunkt standen neben gymnastischen Darbietungen des Bundes Deutscher Mädel (BDM) vor allem die ‚NS-Kampfspiele'. Die heitere Atmosphäre konnte jedoch nicht über den paramilitärischen Zweck dieser Veranstaltung hinwegtäuschen.

"Community Day" on the Zeppelin Field in 1938. In 1937, the National Socialist stage managers added a new feature to the program: "Community Day". The major attractions were gymnastic performances by the Bund Deutscher Mädel (BDM, Union of German Girls) and athletic contests of the National Socialists.

Einzug in die Luitpoldhalle

Parteikongreß in der Luitpoldhalle

Reichsarbeitsdienst auf dem Zeppelinfeld

Appell des Reichsarbeitsdienstes

SS-Einheiten marschieren

Hitler-Jugend im Stadion

Die bislang nicht veröffentlichten Aufnahmen auf dieser und der übernächsten Doppelseite stammen aus dem historischen Bildarchiv Dr. Paul Wolff & Tritschler. Alle Photographien wurden mit einer Leica gemacht. Der Mediziner Wolff (1887–1951) arbeitete seit 1920 als Photograph, seit 1927 vorwiegend mit dem von der Firma Ernst Leitz entwickelten handlichen Aufnahmegerät. Wolff gilt unter vielen Fachleuten als „Pionier der Kleinbildkamera". Mit seinem Partner Alfred Tritschler (1905–1970) schuf er über Jahrzehnte hinweg eine beispiellose Bilddokumentation seiner Zeit, die fast alle Bereiche umfaßte: Alltagsleben, Architektur, Verkehr, Arbeitswelt, Technik, Familie.

The pictures on this page and those on the page after the next have not been published before. They originate from the historical Dr. Paul Wolff & Tritschler picture archive. All the pictures were taken with a Leica. Over decades, Wolff and his partner Alfred Tritschler created an unprecedented picture documentation of their time.

Der ‚Führer': Adolf Hitler

Joseph Goebbels

Politische Leiter der NSDAP

Schaufliegen der Luftwaffe

Zuhörer in der Luitpoldhalle

Junge im Deutschen Jungvolk

Mitglied der Hitler-Jugend

Leni Riefenstahl bei Dreharbeiten

SA-Kolonnen, Datierung ungewiß

Die Machtdemonstration der NS-Verbände sollte sich nicht nur auf das Reichsparteitagsgelände abseits der Innenstadt beschränken. Die Vorbeimärsche der verschiedenen Formationen vor dem ‚Führer' auf dem im Herzen der Altstadt gelegenen Hauptmarkt – seit April 1933: Adolf-Hitler-Platz – verband das Parteitagsgeschehen eng mit der Stadt. Zahlreiche, nicht selten begeisterte Zuschauer säumten die Strecke der Marschierenden. Auf dem Paradeplatz selbst wurden eigens Holztribünen aufgebaut. Die langen Züge der Massen durch die fahnengeschmückte historische Kulisse Nürnbergs stellte die gewünschte Verbindung her zwischen der ehemaligen „Stadt der Reichstage" und der „Stadt der Reichsparteitage". Die Partei ohne lange Geschichte bemächtigte sich der Vergangenheit des traditionsreichen Gemeinwesens.

The demonstrations of power of the National Socialist organizations (here are columns of marching SA) did not confine themselves to the Reichsparteitagsgelaende which was far away from the city center. Various units were reviewed by the Fuehrer on the main market in the heart of the old city. After April, 1933 the market square was called the Adolf-Hitler-Platz and the demonstrations which took place there closely linked the events of the Parteitag with the city of Nuremberg. Numerous, often enthusiastic, spectators lined the route of the marchers. Wooden stands were erected on the parade ground especially for the occasion. The masses, assembled in the flag-decorated historical setting of Nuremberg, established the desired connection between the former "City of the Reichstage" and the "City of the Reichsparteitage". The party without a long history appropriated the past of a community rich in tradition.

Im Stadion, Datierung ungewiß

Im „alten" städtischen Stadion nahm der ‚Führer' stets den Appell der Hitler-Jugend (HJ) ab. Bei einer Rundfahrt im offenen Wagen durch das Oval der Arena sah Adolf Hitler „jedem der Jungen ins Auge", wie es dann später in den offiziellen Berichten hieß. Die frühe Ausrichtung der Kinder und Jugendlichen auf die Ideologie des Nationalsozialismus hatte sich das Regime als besondere Aufgabe gestellt. Die Wehrertüchtigung begann bereits im Schulalter. In Nürnberg machte Hitler beim ‚Reichsparteitag der Freiheit' während einer Rede im Stadion 1935 deutlich, wie er sich den Nachwuchs vorstellte: „Unser Volk wird zusehends disziplinierter, straffer und strammer, und die Jugend beginnt damit ... In unseren Augen da muß der deutsche Junge der Zukunft schlank und rank sein, flink wie Windhunde, zäh wie Leder und hart wie Kruppstahl."

The Fuehrer regularly inspected the Hitler Youth in Nuremberg's old stadium. Hitler, in an open automobile, rode around the oval of the arena. Later it could be read in official reports that Adolf Hitler "looked every boy in the eye". The regime set itself a special task: the goal was the rapid conformity of children with the ideology of National Socialism. School children already received pre-military training. In 1935, in Nuremberg, Hitler made clear how he pictured the rising generation: "Our people will be visibly more disciplined, straighter and sturdier and the youth is already well on the way ... In our eyes the German boy of the future must be lean and slim, agile as a greyhound, tough as leather and as hard as Krupp steel."

Militärparade auf dem Zeppelinfeld

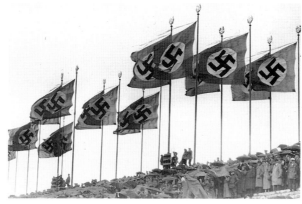
Zuschauer im Regen am Zeppelinfeld

SS-Ordner und Parteitagsbesucher

Jubelnde Beobachter

Regisseurin Riefenstahl und Hitlerjungen

Begeisterte Parteitagsbeobachter

Adolf Hitler in der Innenstadt

Hermann Göring (links)

Fahnenschmuck zum Parteitag

SA-Vorbeimarsch

Holztribüne am Adolf-Hitler-Platz

Zuschauer mit Sehhilfe

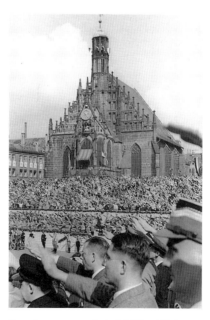
Zuschauer am Adolf-Hitler-Platz

SA marschiert

Zeppelinfeld, Datierung ungewiß

Der Aufmarsch des Reichsarbeitsdienstes (RAD) bildete seit 1934 den Auftakt für die Reihe der Massenversammlungen auf dem Zeppelinfeld. In der vormilitärischen Ausbildung der jungen Männer – zunächst freiwillig, seit 1935 für alle 18- bis 25jährigen obligatorisch – fungierte der Spaten als Ersatz für das Gewehr, mit dem exerziert wurde.

Since 1934, the parade of the Reichsarbeitsdienst (RAD) launched a succession of mass gatherings on the Zeppelin Field. At first, pre-military training was voluntary but after 1935, it became mandatory for 18 to 25 year olds. Spades took the place of guns and were used in drills.

SA-Männer im Vorbeimarsch, Datierung ungewiß

Hatte die Sturmabteilung (SA) der Partei noch während der ‚Kampfzeit' der zwanziger Jahre eine Eliterolle in der NS-Hierarchie gespielt, so war sie spätestens seit dem Massaker vom 30. Juni 1934 und dem Aufstieg der Schutzstaffeln (SS) ziemlich bedeutungslos geworden. Der SA oblag es allgemein, ihre Angehörigen zu Trägern „nationalsozialistischen Gedankenguts auszubilden" und „durch die Pflege soldatischer Tugenden den Wehrgeist zu stärken". Auch nach ihrer Entmachtung stand die SA bei den Parteitagen besonders im Vordergrund. Mit dem Massenappell in der Luitpoldarena und dem anschließenden Vorbeimarsch vor dem ‚Führer' am Adolf-Hitler-Platz wurde nicht zuletzt den Mitgliedern selbst eine Bedeutung suggeriert, die nicht mehr vorhanden war. Bei den Umzügen präsentierten die Akteure in den braunen Uniformen ihre Standarten und Sturmfahnen, die auf Entwürfe von Adolf Hitler zurückgehen. Die Feldzeichen wurden jeweils bei den Parteitagen verliehen und von Hitler „geweiht".

During the "struggle" of the 1920's the Sturmabteilung (SA) had played an elite role in the National Socialist hierarchy. However, at the latest after the massacre in June, 1934 and the rise of the Schutzstaffeln (SS), the SA had become rather insignificant. In general, the SA was devoted to training its members to be representatives of National Socialist thought and ideas. Furthermore, "the 'fighting spirit' was to be strengthened by cultivating soldiers' virtues." Even after its loss of power, the SA still stood in the foreground of the Parteitage. The mass roll-call in the Luitpold Arena and subsequent review by the Fuehrer on the Adolf-Hitler-Platz suggested even to the members themselves a significance which in reality did not exist. During the parades the participants in brown uniforms presented their banners and flags which had been designed by Adolf Hitler. Banners were awarded and "dedicated" by Hitler at the Parteitage.

Hitler-Jugend beim Ausmarsch, Datierung ungewiß

Wie die meisten anderen Gliederungen der Partei war auch die Hitler-Jugend in einem großen Zeltlager untergebracht. Die Fahrt zum Nürnberger Parteitag galt als besondere Ehre. 1935 wurde zum ersten Mal ein Sternmarsch der HJ organisiert. 1200 ausgesuchte Hitlerjungen kamen auf oft wochenlangen Wegen zu Fuß nach Nürnberg. Der „Adolf-Hitler-Marsch der deutschen Jugend" endete – nach der Station in Nürnberg – mit einem Besuch von Landsberg am Lech, wo Hitler 1924 inhaftiert war.

Like most of the other party organizations, the Hitler Youth was housed in large tent camps. The trip to the Parteitage in Nuremberg was considered a special honor. In 1935 the entire Hitler Youth was involved in organizing a march. About 1,200 youth, who had been picked from every district of the Reich, arrived, sometimes after walking for weeks, in Nuremberg.

Hitler-Jugend im Stadion, Datierung ungewiß

Rechts oben ist auf der Aufnahme die Hälfte eines Holzaufbaus zu erkennen. Diese Konstruktion auf der Gegengeraden des Stadions schuf einen ordnenden Bezugspunkt für das auf der Haupttribüne provisorisch errichtete Rednerpodium. Beim Appell der Hitler-Jugend sprach Hitler, links am Mikrofon, zu „seiner" Jugend. 50 000 junge Leute – unter ihnen auch 5 000 Angehörige des BDM – waren auf dem Rasen und den Zuschauertribünen versammelt.

On the upper right of the picture, half a wooden structure can be distinguished. This building, opposite the stand, created a point of reference for the provisionally erected speaker's platform. At roll-call Hitler spoke into the microphone on the left to "his youth". The 50,000 youth, including 5,000 members of the BDM, were gathered on the playing field and the spectators' stands.

Lager Langwasser, Datierung ungewiß

Für die Teilnehmer der Parteitage entstanden südlich des Märzfeldes umfangreiche Lagerplätze. In festen Baracken waren Versorgungseinrichtungen untergebracht. Die Männer mußten mit Unterkünften in großen Zelten vorliebnehmen, die in strengen Karrees angeordnet waren. Die „Eingrenzungsarchitektur" der Speerschen Aufmarschplätze setzte sich hier weiter fort. Die Aufnahme zeigt das SA-Lager, in dessen Mitte sich die beiden größten Lagerstraßen kreuzten. Im Vordergrund ist ein Fahnenmast mit Beleuchtungskörpern zu erkennen. Links daneben: ein hölzerner Kommandoturm. In unmittelbarer Nachbarschaft zum SA-Lager entstanden weitere Zeltstädte für HJ, NSKK, SS, RAD. Auch die ‚Politischen Leiter' sollten später in Zeltlagern untergebracht werden. Noch während der dreißiger Jahre hatten sie vor allem in Schulen Unterkünfte erhalten. Das Lagerleben war nicht nur mangels anderer Unterbringungsmöglichkeiten für Hunderttausende von Menschen notwendig, sollte hier doch auch der Felddienst geprobt und die Kameradschaft gefördert werden.

This picture of the camp in Langwasser has not been dated. Extensive camps for the Parteitag participants were erected south of the March Field. Solid barracks housed the utilities. Men had to make do with shelter in large tents. The tents were arranged in rigid squares, a reflection of the "enclosed architecture" of Albert Speer's parade grounds. The photograph shows the SA camp where the two main camp roads intersected in the middle. A flag pole with a lamp can be seen in the foreground. Next to it, on the left, is a wooden command tower. Other camps for the HY, NSKK, SS, and RAD were set up very near the SA camp. Later the "political organizers" were also supposed to be assigned quarters in the camps. During the 1930s, the so-called "administrators" were still housed in Nuremberg schools. Not only did the camps provide essential housing for hundreds of thousands, but comradeship could be encouraged and field duties put into practice.

HJ-Lager Langwasser, Datierung ungewiß

Die strenge Anordnung der Zelte zeigt sich auch im Lager der HJ. Die Photographie vermittelt dennoch das Bild einer Idylle. Die Lagerromantik für den Parteinachwuchs konnte erst entstehen, nachdem der karge Lorenzer Reichswald für die Zeltstädte gerodet worden war.

Here the rigid order of the Hitler Youth Camp in Langwasser can be seen. The photograph, however, gives the impression of an idyll. This romantic camp for the party's youth could only be erected after the sparse Lorenzer Forest had been cleared to make room for the tent city.

KdF-Stadt von Süden, Datierung ungewiß

Wenige hundert Meter nordöstlich des Zeppelinfeldes ließen die Parteitagsorganisatoren 1937 die KdF-Stadt bauen. Unter der Regie der Freizeitorganisation „Kraft durch Freude" (KdF) wurde auf dem Areal täglich ein breites Unterhaltungsprogramm geboten, das die „Lebensbejahung" des deutschen Volkes unter Beweis stellen sollte. Die Pflege des Volkstums stand im Vordergrund der Geselligkeit unter dem Zeichen des Hakenkreuzes. Die Frankenhalle war der größte von fünf Veranstaltungssälen in der KdF-Stadt. Sie trugen ebenfalls regional bezogene Namen: Hanseatenhalle, Bayernhalle, Berliner Halle, Rheinlandhalle. Die Gebäude entstanden unter der Gesamtleitung von Julius Schulte-Frohlinde. Der Architekt war von 1929 bis 1934 in der Nürnberger Bauverwaltung tätig. Dann wechselte er auf Vorschlag von Albert Speer an die Spitze der neu geschaffenen Bauabteilung der Deutschen Arbeitsfront (DAF). Die KdF-Stadt wurde anläßlich der Olympischen Spiele 1936 in Berlin errichtet und 1937 dann nach Nürnberg verlegt.

The picture shows the KdF-Stadt ("Strength through Joy City") from the south. In 1937 the organizers of the Parteitag authorized the building of the KdF-Stadt a few hundred meters northeast of the Zeppelin Field. Under the auspices of the recreational organization "Strength through Joy", an extensive daily program was offered in order to exhibit proof of the German people's positive attitude toward life. The fostering of national characteristics stood in the foreground of social life under the swastika. The Frankenhalle was the largest of five meeting halls in the KdF-Stadt. The others also had names related to specific regions: Hanseatenhalle, Bayernhalle, Berliner Halle and Rheinlandhalle. The buildings were constructed under the direction of Julius Schulte-Frohlinde, an architect who worked for the building authority of the city of Nuremberg from 1929–1934. In conjunction with the 1936 Olympic Games, the KdF-Stadt was built in Berlin. In 1937, it was transfered to Nuremberg.

Das Innere einer der KdF-Hallen, Datierung ungewiß

Die landsmannschaftlichen Eigenarten der Reichsparteitagsbesucher sollten sich auch in der KdF-Stadt spiegeln. Die Feiersäle mit Bierzeltatmosphäre unterstrichen die Absicht, „deutsche Gemütlichkeit" zu fördern. In und um die Hallen gab es ein permanentes Volksfest zum Nulltarif mit Musik, Spiel und Tanz, Sport und Artistik.

The KdF-Stadt was to reflect the regional distinctiveness of the visitors to the Reichsparteitag. The "beer tent atmosphere" of the festive halls underscored the intent of promoting "German Gemuetlichkeit". Inside and outside the halls there was a permanent atmosphere of a fair which could be enjoyed free of charge.

Reichsadler, Luitpoldarena

Hitler, Luitpoldarena

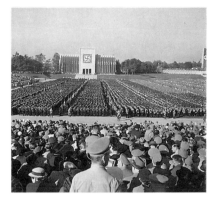
SA-Appell, Luitpoldarena

SA-Appell, Luitpoldarena

SA-Appell, Luitpoldarena

SA-Appell, Luitpoldarena

SS-Einheiten, Luitpoldarena

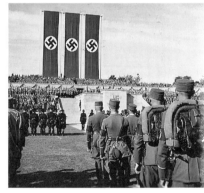
SA in der Luitpoldarena

Hitler und NSKK, Luitpoldarena

NSKK, Luitpoldarena

Hitler, Luitpoldarena

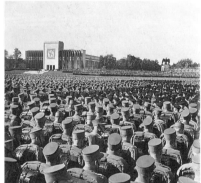
Eingangsfront Luitpoldhalle

Alle Bilder auf dieser und der nachfolgenden Doppelseite zeigen Szenen vom Reichsparteitag 1936 („Parteitag der Ehre'). Sie sind einem Band mit hundert „Raumbild-Aufnahmen" von Hitlers Hofphotograph Heinrich Hoffmann entnommen. Mit Hilfe eines Sehgerätes entstand bei der Betrachtung der Doppelbilder ein plastischer Effekt. Die Stereoskopie ist seit der zweiten Hälfte des 19. Jahrhunderts bekannt.

| Geschmückte Luitpoldhalle | Reichsleiter Rosenberg am Pult | Parteikongreß, Luitpoldhalle | Hitler und Stellvertreter Heß |

| ‚Führer' am Zeppelinfeld | Hitler im Wagen, Zeppelinfeld | Zuschauer, Zeppelintribüne | Ehrengäste, Zeppelintribüne |

| Joseph Goebbels, Stadion | Reiter im Lager des NSKK | Feldküche im Lager | Unterkunft in Zeltlagern |

All the pictures on this and the following double page show scenes from the Reichsparteitag of 1936 which was called the "Parteitag of Honor". They originate from a book with a hundred stereoscopic pictures taken by Heinrich Hoffmann, Hitler's court photographer. When the pictures were viewed with an optical instrument, a three-dimensional effect was created. Stereoscopy has been known since the second half of the nineteenth century.

HJ-Fanfarenbläser, Stadion

HJ-Musikzug, Stadion

Appell Hitler-Jugend, Stadion

Hitler-Jugend, Stadion

Reichsleiter Rosenberg

Appell Hitler-Jugend, Stadion

BDM beim HJ-Appell

HJ-Führungspersonal, Stadion

Zuschauer, Zeppelintribüne

Wehrmacht, Zeppelinfeld

Geschützzug, Zeppelinfeld

Wehrmacht, Zeppelinfeld

Hermann Göring mit Fernglas

Luftwaffe über dem Zeppelinfeld

Zeppelin über dem Zeppelinfeld

Abwehrkanone, Zeppelinfeld

Flugzeuge, Zeppelinfeld

Wehrmacht, Zeppelinfeld

Abwehrgeschütz, Zeppelinfeld

Abwehrkanone, Zeppelinfeld

Gefechtsübung, Zeppelinfeld

Wehrmachtsübung, Zeppelinfeld

Ehrengäste, Zeppelintribüne

‚Lichtdom', Zeppelinfeld

Architektur als Weltanschauung

Ein Beitrag über die Ästhetisierung von Politik

„Die mächtigsten Menschen haben immer die Architekten inspiriert", wußte schon Friedrich Nietzsche zu berichten. Und er fährt fort: „Im Bauwerk soll sich der Stolz, der Sieg über die Schwere, der Wille zur Macht versichtbaren; Architektur ist eine Art Macht-Beredsamkeit in Formen, bald überredend, selbst schmeichelnd, bald bloß befehlend. Das höchste Gefühl von Macht und Sicherheit kommt in dem zum Ausdruck, was *großen Stil* hat. Die Macht, die keinen Beweis mehr nötig hat; die es verschmäht, zu gefallen; die schwer antwortet; die keinen Zeugen um sich fühlt, die ohne Bewußtsein davon lebt, daß es Widerspruch gegen sie gibt; die in *sich* ruht, fatalistisch, ein Gesetz unter Gesetzen: *Das* redet als großer Stil von sich."[1]

Ob Hitler und sein Staatsarchitekt Albert Speer diese Zeilen je gelesen haben, ist nicht bekannt. Sie geben jedenfalls sehr prägnant wieder, was sie mit den von ihnen geplanten architektonischen Großprojekten im Sinn hatten. Bei all ihren Vorhaben ging es ihnen stets um jene „Macht-Beredsamkeit in Formen", die keinen Widerspruch gegen sich duldet und Beweise nicht nötig hat, da sie aus sich selbst, durch ihr bloßes Dasein überzeugt.

Auf der Kulturtagung des ‚Reichsparteitags der Ehre' von 1936 hatte Hitler die Bedeutung seiner Bauvorhaben noch einmal mit eindeutigen Worten beschrieben: „Es ist unser Wille, den Weg zu finden zu jenem großen Stil einer sich gegenseitig ergänzenden und steigernden Gemeinschaftsarbeit. Diesem Zweck dienen die gewaltigen Bauvorhaben, die wir an einigen Orten des Reiches in Angriff nahmen und in kurzer Zeit in Angriff nehmen werden. Aus solchen Absichten entsteht das neue Nürnberg unserer Reichsparteitage. Es muß hier im gewaltigsten Ausmaß ein Dokument stilbildender Art geschaffen werden, das zugleich für Millionen Deutsche ein Denkmal des Stolzes sein soll der Zugehörigkeit zu dieser Gemeinschaft, und aus dem gleichen Geist und mit der gleichen Zielsetzung findet die Umgestaltung der Hauptstadt der Bewegung (München, d. Verf.) statt, und wird demnächst in Angriff genommen werden der Neubau von Berlin als der Hauptstadt des Deutschen Reiches. Die hier entstehenden großen Werke werden aber unser Volk nicht nur in der Gegenwart beglücken, sondern auch in der Zukunft mit Stolz erfüllen."[2]

Inwieweit die Bauten des ‚Dritten Reiches' die Deutschen tatsächlich mit Stolz erfüllten, wird noch zu klären sein, ebenso, ob sie wirklich „stilbildender Art" waren. Doch daß der Bauherr und die von ihm ausgewählten Architekten ihre Vorhaben mit hoch gegriffenen Ansprüchen ausstaffierten, läßt sich kaum bestreiten. Die Architektur wurde zur ‚Führerin' der Künste. Historische Vergleiche mit der Antike, dem Mittelalter oder dem Barock sollten die besondere Bedeutung dieser Architektur für die Staatsmacht unterstreichen. „Die Baukunst", so der Architekt und Mitarbeiter Speers Rudolf Wolters, „war in ihren stärksten Werken immer mit wahrhaft großen Zeiten verbunden; sie wuchs an ihnen, verkörperte sie, raffte sie zusammen in unvergängliche Zeichen, die weit mehr als die Äußerungen aller anderen Künste Jahrhunderte und Jahrtausende über ihre Zeit hinaus lebendig blieben. Bauten blieben Stolz und Halt der Bewohner von Städten und Landschaften als sichtbarste Dokumente großer Vergangenheiten. Baukunst war starken Epochen weder Spiel noch Luxus, sie war selbstverständliche Notwendigkeit. Völker und ihre Führer fühlten innere Verpflichtung und Zwang, sich und ihre Zeit in steinernen Denkmälern zu dokumentieren."[3]

Die Künste, die Baukunst an ihrer Spitze, wurden geradezu zum Eckpfeiler nationalsozialistischen Wollens hochstilisiert, als ginge es dem Nationalsozialismus vor allem um kulturelle Höchstleistungen. „Zu allen Zeiten", so Joseph Goebbels, „hat die Kunst die Menschen erhoben und

---

1 Friedrich Nietzsche: Werke in drei Bänden, hrsg. von Karl Schlechta, München 1966, Band 2, S. 997.
2 Zit. nach: Wilhelm Lotz: Ein Denkmal des Stolzes – Die Bauten auf dem Reichsparteitagsgelände in Nürnberg, in: KiDR 1937, S. 82/84.
3 Rudolf Wolters: Neue deutsche Baukunst, in: NDB, hrsg. von Albert Speer, Prag 1943, S. 7.

erschüttert. Aus dem dunklen und trägen Alltag hat sie sie in eine bessere Welt entrückt, ja, ganze Epochen neuer kultureller und historischer Entwicklung sind durch sie verklärt und verewigt worden."[4]

Für die Zeitgenossen dürften solch hochtrabende Worte ihre Blendwirkung nicht verfehlt haben. Viele von ihnen werden die entstehenden gigantischen Baudenkmäler als formgewordene Gefühle und gesteigerte Ausdrucksmittel einer neuen Zeit angesehen haben, die sie aus dem bedrückenden Alltag ihrer Lebenswelt entführten und die ihnen als Antizipation einer besseren, glücklicheren Welt erschienen. Der Preis, den sie für diese Illusion zu zahlen hatten, mag vielen damals noch nicht bewußt gewesen sein. Die wirtschaftlichen, politischen, sozialen, psychologischen und militärischen Kosten und Nebenkosten tauchten in der Kalkulation nicht auf und wurden offensichtlich erst einmal verdrängt.

Was von Hitler als „Beginn eines unerhörten neuen Kulturzeitalters" und als „Schöpferwille eines ganzen Volkes" gepriesen wurde, war nichts anderes als der „schöne Schein" (Peter Reichel) eines Machtapparates, der alles andere als Kultur und Humanität im Sinn hatte.

„In meinen Bauten", so Hitler, „stelle ich dem Volk meinen zum sichtbaren Zeichen gewordenen Ordnungswillen hin. Von den Bauten überträgt sich der Wille auf den Menschen selbst. Wir sind von den Räumen abhängig, in denen wir arbeiten und uns erholen. Nur an der Größe und Reinheit unserer Bauten ermißt das Volk die Größe unseres Willens. Es wäre das Falscheste, was ich hätte tun können, mit Siedlungen und Arbeiterhäusern zu beginnen. Alles dies wird kommen und versteht sich von selbst. Das hätte auch eine marxistische oder bürgerliche Regierung machen können. Aber nur wir, als Partei, können wieder frei und groß an dieser edelsten aller Künste schaffen. Seit den mittelalterlichen Domen sind wir es, die erstmalig wieder dem Künstler große, kühne Aufgaben stellen. Keine Heimstätten, keine kleinen Privatbauten, sondern das Gewaltigste, was es seit den Riesenbauten Ägyptens und Babylons gegeben hat. Wir schaffen die heiligen Bauten und Wahrzeichen einer neuen Hochkultur. Mit ihnen mußte ich beginnen. Mit ihnen präge ich meinem Volk und meiner Zeit den unverwischbaren geistigen Stempel auf."[5]

Die für Nürnberg und anderswo angekündigten architektonischen Aufgaben verstanden sich von Anfang an als Exempel eines rigorosen Ordnungs- und Machtwillens, der sich auf die Menschen übertragen sollte. Daß sie gleichzeitig bereits Teilaufgaben an einem „großen Bauplan eines neuen Riesenreiches, des neuen Weltimperiums"[6], darstellten, wie Hitler bei seinen Tischgesprächen zu verstehen gab, konnten in den Anfangsjahren wohl nur Hellsichtige und Eingeweihte ahnen.

Das Reichsparteitagsgelände in Nürnberg

Daß Bauten Stimmungen erzeugen und das Befinden der sich in ihnen bewegenden Menschen beeinflussen, daß sie einladend oder abweisend, erhebend oder beklemmend, hoheitsvoll oder bedrückend wirken können, ist jedem Benutzer von Architektur geläufig. Architektur kann uns angenehme Gefühle vermitteln und uns geradezu beflügeln, wie sie uns auch abstoßen, verunsichern und lähmen kann. Architektur kann überwältigen und inspirieren, aber auch „erschlagen" und „zerschmettern". Wie läßt sich die Wirkung der nationalsozialistischen Repräsentationsarchitektur, insbesondere die des Nürnberger Reichsparteitagsgeländes, beschreiben?

Das Reichsparteitagsareal sollte den alljährlich im September stattfindenden Reichsparteitagen einen adäquaten baulichen Rahmen geben. „Richtschnur" für die Gestaltung der Bauten war „der Geist, der dieses Ereignis beherrscht und werden läßt"[7], so 1936 Wilhelm Lotz. „Aus dem klaren Wesen und dem Geist des Dritten Reiches"[8] sollte eine bauliche Anlage entstehen, die der exponierten Stellung der Reichsparteitage im Feierjahr der Nationalsozialisten gerecht wurde.

So verwundert es nicht, daß in den zeitgenössischen Publikationen immer wieder unterstrichen wird, daß Hitler selbst der eigentliche Bauherr und Architekt der Anlage sei. „Denn der Führer, der große geistige Gestalter des Reichsparteitages, ist zugleich auch in tiefstem Sinne der Gestalter des baulichen Rahmens. Diese Einheit der Gestaltung von Inhalt, Geist und sichtbarem Ausdruck ist der große Mutterboden aller echten Baukunst."[9]

Die einzige Vorgabe für die Gesamtgestaltung des Geländes rund um den Dutzendteich bestand offensichtlich darin, die Ideologie des Nationalsozialismus in eine angemessene architektonische Form zu bringen. Die Gesamtanlage sollte in sich geschlossen wirken, damit sie als Einheit empfunden wurde, um so als „Stein gewordene Weltanschauung" wirken zu können. Hitler selbst sprach

---

4 Joseph Goebbels: Der Führer und die Künste, in: Adolf Hitler. Bilder aus dem Leben des Führers, hrsg. vom Cigaretten-Bilderdienst Altona-Bahrenfeld, Leipzig 1936, S. 64.
5 Hermann Rauschning: Gespräche mit Hitler, Zürich 1940, Wien 1973, S. 244 f.
6 Ebd. S. 245.
7 Wilhelm Lotz: Der Ausbau des Zeppelinfeldes. Zur Vollendung eines neuen Abschnitts des Parteitaggeländes in Nürnberg, in: KuV, 4 Jg. H. 9, Sept. 1936, S. 308.
8 Ebd.
9 Ebd.

vom „Wort aus Stein", und die Botschaft dieser Worte hatte vor allem eindeutig und eindringlich zu sein.

Bei der Gestaltung der stilistischen Details ging es nicht in erster Linie um Originalität. Ziel war es, eine „eindrucksvolle und gültige Lösung" zu finden, so Hitler in seiner Kulturrede beim Reichsparteitag 1935[10], wobei die „Summe kulturgeschichtlicher Eindrücke als nun einmal gegeben in Rechnung" gestellt und berücksichtigt werden sollte. In Reinschrift hieß dies: Rückgriff auf bewährte Baumuster, zumindest wenn sie ins ideologische Konzept paßten. Der „wirkliche Baukünstler" wird „ebensowenig auf die Verwendung moderner Baustoffe und ihre künstlerische Bearbeitung verzichten wie er keine Angst haben wird vor dem Zurückgreifen auf Formelemente, die in der Vergangenheit aus einer ähnlichen rassischen Veranlagung herausgefunden, entweder noch weiterzuentwickeln oder gar zu veredeln sind oder als unentbehrliche Silben der Sprache der Baukunst angesehen werden können"[11].

Übernommen wurde alles, was sich für die eigenen Zielsetzungen als brauchbar erwies und der Außenwirkung der eigenen Weltanschauung dienlich war, so daß von der Ausprägung eines genuinen nationalsozialistischen Stiles nur bedingt gesprochen werden kann, es sei denn man würde gerade im Eklektizismus das besondere Merkmal der nationalsozialistischen „Baukunst" sehen.

So wie bei der Gestaltung der Reichsparteitage je nach Bedarf sowohl auf Formen der katholischen Liturgie als auch auf die Symbolsprache der Arbeiterbewegung zurückgegriffen wurde, so waren die Nationalsozialisten auch bei der Wiederverwendung historischer Architekturformen nicht wählerisch, wenn sie die Möglichkeit boten, die Überzeugungs- und Anziehungskraft ihrer Ideologie zu steigern.

„Der Faschismus griff auf alle die Formen zurück, die sich für seine Weltanschauung eigneten; die Auswahl beruhte hierbei nicht so sehr auf ästhetischen Kriterien, sondern die Bedeutung und die Brauchbarkeit der historischen Formen für die Vermittlung nationalsozialistischer Inhalte waren ausschlaggebend für ihre Übernahme. Folglich wurden vor allem sakrale, memoriale und fortifikatorische Bedeutungsformen verfügbar gemacht und aus ihrem historischen Zusammenhang herausgelöst, um den NS-Kultraum zu weihen und zu erhöhen. Die Art der Aneignung historischer Formen im Faschismus läßt sich als ahistorisch bezeichnen." (Petsch/Schäche)[12] Aufgegriffen wurden vor allem solche historische Formelemente, die bereits in einem absolutistischen oder imperialen Beziehungsrahmen standen und damit den nationalsozialistischen Interessen entgegenkamen.

Formsprache und Baumaterial

Die Formsprache der Repräsentationsbauten des ‚Dritten Reiches' hob ab auf die Betonung isolierter, von der natürlichen Umgebung abgesetzter Baukörper und auf den statischen und blockhaften Charakter der Bauten. Auf Ornamente und Schmuckformen wurde weitgehend verzichtet, bevorzugt wurden statt dessen wuchtige Baumassen, glatte Wandflächen, gerade Linien, tief eingeschnittene Fenster, scharfkantige Profile, parallele Pfeilerreihen, formale Wiederholungen, streng geometrische Formen, harte Kanten und axiale bzw. symmetrische Raumproportionen, so daß am Ende Gebäude von überzogener Monumentalität und Kulissenhaftigkeit entstanden.[13]

Die „neue Baugesinnung", die hier zum Ausdruck kam, umschrieb Speer mit den Worten: „Herb und streng, aber niemals eintönig. Einfach und klar, und ohne falsche Zier. Sparsam im Schmuck, aber jeder Schmuck so an seinem Platz, daß er nie als überflüssig wegzudenken ist. Alles edel in Material, Form und Linie."[14] Speers euphorisierende Betrachtungsweise verschleiert jedoch gerade das, was die Wirkung seiner Bauten ausmacht: ihre Kontroll- und Lenkungsfunktion. „Formen, Proportionen und Dimensionen der Bauwerke haben den Sinn, durch architektonische Größe zu beindrucken und zu imponieren und durch ‚düstere, steinerne Atmosphäre' die Menschen einzuschüchtern. Die Architektur will die Massen in den Bann ziehen und verlangt vom einzelnen Ein- und Unterordnung. Die offizielle Staats- bzw. Parteiarchitektur stellt so ein wichtiges Mittel gesellschaftlicher Kontrolle und Lenkung im Faschismus dar, weil sie in autoritäre Verhaltensweisen einübt und ihr eine disziplinierende Funktion zukommt." (Petsch/Schäche)[15] Die Kompaktheit der Bauten, ihre massive Bauweise und ihre formale Geschlossenheit sollten die nationalsozialistische Monumentalarchitektur als „zeitloses Herrschaftssymbol"[16] ausweisen.

So sollten etwa die strengen, wuchtigen Linien und Pfeilerreihungen „den geradlinigen Zug von Marschierenden versinnbildlichen oder die Front von Soldaten; der hierarchischen räumlichen und architektonischen Komposition

---

10 Zit. nach: DBZ 1935, H. 38, S. 747.
11 Ebd.
12 Joachim Petsch/Wolfgang Schäche: Architektur im deutschen Faschismus: Grundzüge und Charakter der nationalsozialistischen „Baukunst", in: Realismus: 1919-39 (Ausstellungskatalog), München 1981, S. 403.
13 Vgl. Petsch/Schäche, a.a.O., S. 402 ff. und Joachim Petsch: Kunst im Dritten Reich. Architektur. Plastik. Malerei; Köln 1983, S. 15 ff., 1987².
14 Albert Speer: Die Bauten des Führers, hrsg. vom Cigaretten-Bilderdienst Altona-Bahrenfeld, Leipzig 1936, S. 74.
15 Petsch/Schäche: Architektur im deutschen Faschismus ... a.a.O., S. 402.
16 Ebd.

entspricht die soldatische Formation ‚in Reih und Glied', wobei die Stelle des Führers formal immer hervorgehoben wird. Die versteinerte und glatte Wandfläche soll unangreifbar und unüberwindbar wirken und die besten Charaktereigenschaften des ‚germanischen Kämpfers' und seiner Rasse verkörpern. Die angestrebten ästhetischen Eigenschaften wie Dauerhaftigkeit, Härte und Unzerstörbarkeit entsprechen dem politischen Sprachvokabular des Faschismus – sie galten als höchste Tugenden." (Petsch/Schäche)[17] Die Reichsparteitagsbesucher sollten die Sprache der Architektur als „Wesensausdruck der Ordnung empfinden, der sie sich unterstellt haben", so der nationalsozialistische Kunstkritiker Hubert Schrade, und „am Stein des gleichen Gestaltungswillens inne werden, der sie selbst, die lebenden Menschen ergriffen hat" und so „zwischen sich und der Architektur einen vollkommenen Einklang fühlen"[18].

Dabei spielte auch das verwendete Baumaterial eine wichtige und nicht zu unterschätzende Rolle. Als besonders geeignet zur Weitergabe der nationalsozialistischen Ideologie galten Granit, Muschelkalkstein und Travertin. Für die Innenräume wurde häufig auch Marmor benützt. Der handwerklich bearbeitete Werkstein bzw. Naturstein sollte den künstlerischen Wert der Bauten erhöhen und deren Bodenständigkeit und Dauerhaftigkeit unterstreichen und gleichzeitig den industriellen Charakter der Bauvorhaben verschleiern und die Fiktion traditionell-handwerklicher Fertigungsmethoden aufrechterhalten.[19] „Auch bei der Wahl des Baumaterials hat er (Hitler) entscheidend mitberaten", behauptete 1936 Wilhelm Lotz. „Es mußte ein Stein gefunden werden, der sich durch seine Haltbarkeit und Schönheit und durch ein reiches, einheitliches Vorkommen in Deutschland auszeichnet. Der helle, schöne Juramarmor, der gewählt wurde, erfüllt alle diese Anforderungen wie kein anderes Material, und wir können auf diesen Stein vertrauen, daß er unbegrenzte Haltbarkeit besitzt. Achttausend Kubikmeter Stein wurden in etwa dreißig Brüchen gefunden und nach echter Steinmetzart in dreißig Firmen bearbeitet. Werkleute aus allen Gauen Deutschlands arbeiten in diesen Tagen Tag und Nacht auf der riesenhaften Baustelle und sie sind stolz darauf, daß sie hier als Werkleute des Führers mithelfen können, der großen Feier des Reichsparteitags einen würdigen Bau zu erstellen, der als einer der Bauten des Führers noch vielen Geschlechtern Kunde geben wird."[20]

Ein weiteres wichtiges Element der architektonischen Anlage waren die darin versammelten Menschen. Die angetretenen Menschenmassen wurden selbst zum „lebendigen Baumaterial", zum Attribut und Ornament der Architektur. Sie wurden gegliedert und proportioniert in Blöcke, Formationen und Marschkolonnen und somit zur „menschlichen Architektur" geformt und so zum „Baustein" eines gewaltigen „Gesamtkunstwerkes" instrumentalisiert.

Absicht und Wirkung

Wenn wir uns heute fragen, welche Wirkung die nationalsozialistische Repräsentationsarchitektur und ihre Bauelemente auf die Besucher der Reichsparteitage hatten, so sind wir auf Mutmaßungen angewiesen. Verläßliche empirische Untersuchungen darüber gibt es nicht. Einfacher ist es mit der Wirkung, die sich die Erbauer *vorstellten* und *wünschten*. Die Bauten waren schließlich von vorneherein funktionell auf ihre ideologische Wirkung zugeschnitten, darin bestand ja ihr eigentlicher und einziger „Nutzwert", wenn man einmal davon absieht, daß sie als Versammlungsräume gedacht waren.

Dabei ist sicherlich zu berücksichtigen, daß Architektur *alleine* kaum je eine genau festlegbare, eindeutig umrissene Wirkung zeitigen wird. Dazu ist sie zu stumm. Gebündelt jedoch mit anderen Formen der Beeinflussung – insbesondere der machtvollen Rede, dekoriert mit sprechenden Symbolen – wird sie bei der Mehrzahl der Teilnehmer sehr wahrscheinlich jene Wirkung hervorgerufen haben, die sich die Erbauer erhofften.

Hitler selbst hat sich in vielen Ansprachen, insbesondere bei seinen sogenannten Kulturreden, über die Absichten, die er mit seinen Bauten verband, geäußert. Immer wieder finden wir in diesen Reden den Redetopos, daß durch Architektur das Selbstbewußtsein der Menschen gestärkt werden könne, daß große Bauten einem Volke „einen starken inneren Halt" geben könnten, wie Hitler 1935 darlegte.[21] Noch Anfang 1939 begründete Hitler die Dimensionen seiner Bauten mit eben diesem Argument: „Warum immer das Größte? Ich tue es, um dem einzelnen Deutschen wieder das Selbstbewußtsein zurückzugeben. Um auf hundert Gebieten dem Einzelnen zu sagen: Wir sind gar nicht unterlegen, sondern im Gegenteil, wir sind jedem anderen Volk absolut ebenbürtig"[22]

1936 hatte Hitler verkündet: „Kein Volk lebt länger als die

---

17 Ebd. S. 402 f. Vgl. Hubert Schrade: Der Sinn der künstlerischen Aufgabe und politischer Architektur, in: Nationalsozialistische Monatshefte, Juni 1934, S. 511: „Der Anruf formenden Willens, der Befehl, hat sie in Untertänigkeit unter, in Hingabe an eine strenge Form gezwungen, eine Urform verpflichtet gemeinschaftlichen Daseins, die soldatische Formation von Reih und Glied."
18 Hubert Schrade: Bauten des Dritten Reiches, Leipzig 1937, S. 19.
19 Vgl. die Annonce der „Arbeitsgemeinschaft für Werksteinlieferung Zeppelinwiese Nürnberg", in: KuV, 4. Jg. H. 9, Sept. 1936, S. 328: „Die Lieferung und Bearbeitung der nahezu 10 000 cbm Natursteine, die für die gewaltigen Bauten auf der Zeppelinwiese Verwendung fanden, konnte nur durch Zusammenschluß vieler leistungsfähiger Brüche und Steinmetzbetriebe möglich gemacht werden. – Mit etwa 2500 Arbeitern und dem Einsatz aller verfügbaren, modernen Maschinen wurde diese Aufgabe in der kurzen, zur Verfügung stehenden Zeit gelöst." Genannt werden 47 Betriebe, vor allem aus dem süddeutschen Raum.
20 Wilhelm Lotz: Der Ausbau des Zeppelinfeldes ..., in: KuV, 4. Jg. H. 9, Sept. 1936, S. 345. Daß das Vertrauen in die Haltbarkeit des Steins stark überzogen war, zeigt der heutige Zustand der Gebäude sehr augenfällig.
21 Zit. nach: DBZ 1935, H. 38, S. 747.
22 Albert Speer: Erinnerungen, Frankfurt a.M./Berlin 1969, S. 82. Zu fragen wäre natürlich, ob diese Formulierung nicht gerade doch ein tiefsitzendes Gefühl der Unterlegenheit, ja geradezu Minderwertigkeitskomplexe offenlegt.

Dokumente seiner Kultur. Der Nationalsozialismus wird Deutschland durch Höchstleistungen der Kultur auf allen Gebieten verschönern. Alle großen Kulturschöpfungen der Menschheit sind als schöpferische Leistungen aus dem Gemeinschaftsgefühl heraus entstanden. Durch die Kunst wurde das allgemeine Selbstbewußtsein gehoben und damit aber auch die Leistungsfähigkeit des einzelnen erhöht. Allerdings hat dies eine Voraussetzung: Die Kunst muß, um ein solches Ziel zu erreichen, auch wirklich Verkünderin des Erhabenen und Schönen und damit Trägerin des Natürlichen und Gesunden sein. Nichts ist mehr geeignet, den kleinen Nörgler zum Schweigen zu bringen als die ewige Sprache der Kunst."[23]

Die Übermacht der Anlage sollte zudem „die Lächerlichkeit sonstiger irdischer Differenzen gegenüber diesen gewaltigen gigantischen Zeugen unserer Gemeinschaft beweisen"[24], so Hitler am 7. September 1937. Kritik an den realen Lebensverhältnissen sollte genausowenig aufkommen wie kritische Äußerungen über die Baumaßnahmen und die damit verbundene Verschwendungssucht.

Die Architektur der Nationalsozialisten diente nicht nur zur Erhebung, sondern auch zur Einschüchterung. Sie sollte den einzelnen klein machen und ihn verstummen lassen. Gleichzeitig sollte sie zu einer staunend-verehrenden Einstellung gegenüber den Leistungen des neuen Regimes führen. Wer es sich leisten kann, solch gigantische Bauwerke hinzustellen, von denen Hitler sagte, sie würden „gleich den Domen unserer Vergangenheit in die Jahrtausende der Zukunft"[25] reichen, der konnte nicht im Unrecht sein, der hatte sich bereits auf Dauer legitimiert.

Immer wieder wurde von den Ideologen des ‚Dritten Reiches' bekundet, daß diese Bauten „unsere Zeit überdauern" und das „Lebens- und Machtgefühl des heutigen Menschen auch nach Jahrhunderten noch versinnbildlichen sollen"[26]. Das Bauen wurde geradezu zum Symbol und Unterpfand für eine glorreiche, nie enden wollende Zukunft. „Unter seinem Führer Adolf Hitler geht Deutschland einem Zeitalter des Bauens entgegen"[27], und dies hieß natürlich: einem Zeitalter der Größe und Macht.

Daß Größe und Macht nur durch imperiale Kriege zu gewinnen waren, sollte diese Architektur zunächst überspielen, was durch die pseudoreligiösen rhetorischen Anleihen noch gefördert wurde. „Möge uns Gott", so Hitler 1935 in Nürnberg, „die Größe geben, die Aufgaben so zu stellen, daß sie der Größe der Nation ebenbürtig sind"[28].

Die „ewige Sprache der großen Kunst" sollte diese Ansprüche auf Weltherrschaft unterstreichen und Widerspruch erst gar nicht entstehen lassen, denn „vor ihren Äußerungen verbeugen sich in ehrfürchtiger Stille Jahrtausende"[29]. Wer wollte da als einzelner kleiner Mensch kritische Fragen stellen? In diesem Sinne verstanden sich die steinernen Kolosse des Reichsparteitagsgeländes für Speer als „Urkunden sowohl des politischen Willens wie des kulturellen Könnens"[30].

Doch bei so allgemein gehaltenen Bekundungen ist es nicht geblieben. Wenn die Repräsentationsbauten des ‚Dritten Reiches' als „Wesensausdruck der Bewegung" angesehen wurden, und wenn Hitler selbst sich „bis ins kleinste" mit der endgültigen Gestaltung der Bauten befaßte, wie Speer immer wieder behauptete, so dürfen wir annehmen, daß auch im Detail nichts dem Zufall überlassen blieb. Der „Führer baut als Staatsoberhaupt", stellte Architekt Albert Speer verklärend fest, jedoch nicht „wie ein Staatsoberhaupt früherer Jahrhunderte, als wohlwollender Bauherr, noch weniger als Mäzen, er muß als Nationalsozialist bauen. Als solcher bestimmt er, ebenso wie er Willen und Ausdruck der Bewegung bestimmt, die Sauberkeit und Reinheit der Baugesinnung, die Härte des Ausdrucks, die Klarheit des Baugedankens, das Edle des Materials und als Höchstes und Wichtigstes den neuen inneren Sinn und damit den inneren Gehalt seiner Bauwerke."[31] Daß die Begriffe „Sauberkeit", „Härte" und „Klarheit" im Nationalsozialismus ihre spezifische, ‚staatserhaltende' Interpretation erfuhren, ist bekannt.

‚Volksgemeinschaft'

Die Reichsparteitage verstanden sich als „Generalappelle an die Nation". Aus der Masse des Volkes sollte ‚Gefolgschaft' und ‚Volksgemeinschaft' werden. Im Gemeinschaftserlebnis der Tausenden sollte der einzelne untergehen und als gestärkter ‚Volksgenosse' auferstehen und darin Erfüllung finden, daß er sich der ‚Bewegung' und dem ‚Führer' unterstellte.

Bereits in „Mein Kampf" unterstrich Hitler die Bedeutung von Massenversammlungen, *„weil in ihr der einzelne, der sich zunächst als werbender Anhänger einer jungen Bewegung vereinsamt fühlt und leicht der Angst verfällt, allein zu sein, zum erstenmal das Bild einer größeren Gemeinschaft erhält, was bei den meisten Menschen kräftigend*

---

23 Zit. nach: KuV, 4. Jg. H. 9., Sept. 1936, S. 306; Max Domarus: Hitler. Reden und Proklamationen 1932–1945, Leonberg 1988[4], S. 528.
24 Domarus, a.a.O., S. 719.
25 Domarus, a.a.O., S. 719.
26 Rudolf Wolters: Neue deutsche Baukunst, in: NDB 1943, S. 13; ähnlich Speer: „Denn die Bauten des Führers sollen noch nach Jahrtausenden von unserer großen Zeit sprechen". Die Bauten des Führers, a.a.O., S. 75.
27 Ebd. S. 14.
28 Zit. nach: DBZ 1935, 2. HJ, S. 748.
29 Ebd.
30 Albert Speer: Die Bauten des Führers, a.a.O., S. 72.
31 Ebd.

und ermutigend wirkt. (...). Wenn er aus seiner kleinen Arbeitsstätte oder aus dem großen Betriebe, in dem er sich recht klein fühlt, zum ersten Male in die Massenversammlung hineintritt und nun Tausende und Tausende von Menschen gleicher Gesinnung um sich hat, wenn er als Suchender in die gewaltige Wirkung des suggestiven Rausches und der Begeisterung von drei- bis viertausend anderen mitgerissen wird, wenn der sichtbare Erfolg und die Zustimmung von Tausenden ihm die Richtigkeit der neuen Lehre bestätigen und zum ersten Mal den Zweifel an der Wahrheit seiner bisherigen Überzeugung erwecken –, dann unterliegt er selbst dem zauberhaften Einfluß dessen, was wir mit dem Wort Massensuggestion bezeichnen. Das Wollen, die Sehnsucht, aber auch die Kraft von Tausenden akkumuliert sich in jedem einzelnen. Der Mann, der zweifelnd und schwankend eine solche Versammlung betritt, verläßt sie innerlich gefestigt: er ist zum Glied einer Gemeinschaft geworden."[32]

Die Erfahrungen der Reichsparteitage mußten Hitler in dieser Auffassung bestätigen. Am 11. September 1936 verkündete er in Nürnberg: „Es ist der Glaube an unser Volk, der uns kleine Menschen groß gemacht hat, der uns arme Menschen reich gemacht hat, der uns wankende, mutlose, ängstliche Menschen tapfer und mutig gemacht hat; der uns Irrende sehend machte und der uns zusammenfügte! (...) Ihr kommt, um aus der kleinen Umwelt eures täglichen Lebenskampfes und eures Kampfes um Deutschland und für unser Volk einmal das Gefühl zu bekommen: Nun sind wir beisammen, sind bei ihm und er bei uns, und wir sind jetzt Deutschland!"[33]

In der Marschkolonne der Reichsparteitage war alles Zweideutige, Verwirrende, Bedrohliche abgeschüttelt. Alles war vorgegeben. Die abgezirkelten, nur auf Befehl agierenden Formationen gaben Halt und signalisierten Eindeutigkeit. Die Uniform gab Stabilität und Standfestigkeit. Die ständigen Bewegungsabläufe suggerierten zudem das Gefühl, daß alles in einer unheimlichen Dynamik begriffen sei. Hier „bewegte" sich endlich etwas. Dies empfanden viele als Faustpfand auf eine bessere Zukunft. Die Partizipation an der Macht gab selbst Macht und stärkte das angekränkelte Selbstbewußtsein.

Für all dies sollte die Reichsparteitagsarchitektur einen förderlichen Rahmen abgeben. Die den einzelnen umstellenden Riesenbauten suggerierten Größe und Macht, zeigten ihm aber auch, wo er seine Grenzen zu sehen hatte. Die Monumentalität der Bauten machte ihm deutlich, daß er an der Macht nur dann partizipieren konnte, wenn er sich an die vorgegebenen Schemata und Rituale hielt und sich dem Bezugsrahmen anpaßte. In dieser Dialektik, die ihm Machtpartizipation versprach, wenn er bereit war, sich der ‚Volksgemeinschaft' zu unterwerfen, lag sicherlich für viele eine nicht zu unterschätzende Attraktivität.

1933 hatte Hitler verkündet: „Es ist schön und vorteilhaft, in so starken Fäusten die Macht zu wissen, allein es ist schöner und beglückender, die Liebe und die Zuneigung eines Volkes sein eigen nennen zu können!"[34] 1934 hatte Goebbels auf dem Nürnberger Parteitag denselben Gedanken mit ähnlichen Worten zum Ausdruck gebracht: „Es mag gut sein, Macht zu besitzen, die auf Gewehren beruht. Besser aber und beglückender ist es, das Herz eines Volkes zu gewinnen und es auch zu behalten."[35] Hier schlägt sich die Einsicht nieder, daß man auf Dauer eine Bevölkerungsmehrheit nicht allein mit Zwangsgewalt lenken und dirigieren kann. Man muß sie dazu bringen, sich selbst zu disziplinieren. Menschen gewinnen kann zudem nur, wer etwas zu bieten hat – zumindest eine Utopie. Die Bauten des Reichsparteitagsareals symbolisierten als steingewordene Weltanschauung die Utopie einer neuen politischen Ordnung. Sie dienten als Unterpfand, daß es jetzt nur noch aufwärts gehen konnte, daß Deutschland nun bald die ihm gebührende Weltstellung erlangen würde. Nichts konnte die Beständigkeit eines ‚tausendjährigen Reiches' besser zum Ausdruck bringen, als solche Architektur. Sie war der schlagendste Beweis für die Richtigkeit der eigenen Weltmachtträume.

Fahnen

Die Erwartungen und Hoffnungen wurden beflügelt durch die imposanten Fahnen, die Speer während der Parteitage überall zu Fahnenwäldern hatte dekorieren lassen. Sie suggerierten Bewegung und Inspiriertheit. „*Fahnen* sind sichtbar gemachter Wind. Sie sind wie abgeschnittene Stücke von Wolken, näher und bunter, festgehalten und von gleichbleibender Form. Wirklich fallen sie auf in ihrer Bewegung. Die Völker, als vermöchten sie den Wind aufzuteilen, bedienen sich seiner, um die Luft über sich als die ihre zu bezeichnen." (Elias Canetti)[36] In Fahnen scheint Unsichtbares geordnet. Sie antizipieren, was noch kommen wird. „Der Mensch benötigt auf seinem irdischen

---

32 A. Hitler: Mein Kampf, München 1938, S. 535/536.
33 Domarus, a.a.O., S. 641.
34 Reichstagung in Nürnberg, 1933, Berlin 1933, S. 54.
35 Zit. nach: Faschismus und Ideologie 1, Berlin 1980, S. 76.
36 Elias Canetti: Masse und Macht, Frankfurt a.M. 1980, S. 95.

Lebensweg äußere, sichtbare Symbole, die ihm vorangetragen werden, und denen er nachzustreben vermag"[37], versicherte Hitler am 12. September 1937 in Nürnberg. „Das heiligste Symbol ist für den Deutschen immer die Fahne gewesen; sie ist kein Stück Tuch, sondern sie ist Überzeugung und Bekenntnis und damit Verpflichtung."[38] „Die Fahne flattert uns voran." Dies versprach eine Art Heilsgewißheit.

Speer hatte schon sehr früh die Bedeutung von Fahnen erkannt und sie für seine Architektur als Gestaltungsmittel eingesetzt. Fahnen konnten die Bauten zusätzlich gliedern und dadurch noch imposanter erscheinen lassen. Sie gaben dem Geschehen Farbe, unterstrichen die Feierlichkeit der Veranstaltung und sorgten dafür, daß das Parteiemblem ständig vor aller Augen präsent war. Große Hakenkreuzfahnen waren zwischen die Pfeiler der Zeppelintribüne gespannt und zierten die Türme des Zeppelinfeldes. So entstand eine Form von „farbiger Architektur"[39], die die stereotype Strenge der Kolossalbauten unterstrich und gleichzeitig auflockerte.

Lichtarchitektur

Den Reichsparteitagsdramaturgen konnte nicht verborgen bleiben, daß viele Einzelheiten sich nicht mit ihren Vorstellungen deckten bzw. diese unschön konterkarierten. So mancher aktive Reichsparteitagsteilnehmer entsprach keineswegs dem äußeren Erscheinungsbild des propagierten germanischen Helden und Rassemenschen. Manche Amtswalter und Parteifunktionäre hatten „ihre kleinen Pfründe in ansehnliche Bäuche umgesetzt", wie Speer in seinen „Erinnerungen" vermerkte; „exakt ausgerichtete Reihen konnten ihnen schlechterdings nicht abverlangt werden"[42]. Dies habe Speer 1934 auf die Idee gebracht, die Aufmärsche der Amtswalter in die Dunkelheit zu verlegen, um die Auftretenden vorteilhafter erscheinen zu lassen. Die nächtlichen Aktionen verlangten jedoch eine entsprechende Präsentation, so ersann Speer den sogenannten ‚Lichtdom', von dem er gleichzeitig sagte, daß er nicht nur seine „schönste, sondern auch die einzige Raumschöpfung" sei, „die, auf ihre Weise, die Zeit überdauert hat"[43].

150 Flakscheinwerfer wurden in Abständen von zwölf Metern um das Zeppelinfeld herumgestellt. Deren scharf umrissene Strahlen erreichten eine Höhe von sechs bis acht Kilometer und verschwammen dort zu einer leuchtenden kuppelähnlichen Fläche, so daß der Eindruck eines riesigen Raumes mit gewaltigen hochaufragenden Pfeilern entstand, der an eine „Kathedrale aus Eis", so der britische Botschafter Henderson[44], erinnerte. Dieser grandiose Effekt begünstigte in seiner irrealen, überwältigenden Wirkung die Illusion der hier Versammelten, daß die von Hitler propagierte ‚Volksgemeinschaft' „unter dem Vorzeichen einer überirdischen Bestimmung"[45] stehe. „Die Plötzlichkeit des Geschehens" konnte zudem den Eindruck erwecken, „das NS-Regime sei in der Lage, ‚große Taten' mit der Leichtigkeit von Zauberkraft zu vollbringen"[46]. Auf diese Weise bekam das Geschehen eine nicht zu unterschätzende pseudosakrale Aura. Die angestrebte ‚Volksgemeinschaft' stand geradezu unter einem himmlischen Stern, der den Versammelten Zuversicht und Vertrauen geben konnte. Diese Form der Lichtarchitektur hatte zudem den Vorteil, daß sie mit relativ geringem Aufwand und ohne große Kosten und Bauzeiten wiederholbar war. Gleichzeitig konnte man damit dem Ausland suggerieren, daß Deutschland nur so in „Scheinwerfern schwimme", wie Hitler formulierte, obwohl die hier verwendeten Flakscheinwerfer bereits „den größten Teil der strategischen Reserve darstellten"[47].

Der Gedanke, Architektur mit Licht zu illuminieren und zu konfrontieren, um auf diese Weise ihre Wirkung noch zu steigern, war keine Erfindung Speers, er lag sozusagen in der Luft und war bereits in vielen Großstädten durch die Lichtreklame und durch die Ausleuchtung von Gebäuden und Plätzen vorweggenommen. So machte sich z.B. die „Deutsche Bauzeitung" (DBZ) 1934 Gedanken, wie eine Architektur aussehen könnte, „die wirklich daraufhin und danach aufgebaut ist, am Tage mit Anstand da zu sein und bei Dunkelheit mit dem Licht, zur Erfüllung ihres Wesens aufzugehen, indem sie im Licht aufgeht"[48]. Der Autor erinnert an die alte Weisheit „Licht lockt Leute". Schon immer wurden „die im künstlichen Licht ruhenden Energien aufgeboten und verabfolgt (…), wenn es darauf ankam, den Menschen zu irgend etwas aufzustimmen"[49]. Die Kirche habe es immer so gehalten, ebenso die Machthaber, „wenn sie zum Illuminieren kommandierten. Über der Herbeiführung des Stimmungsausdrucks hofften sie die Stimmung zu erwecken"[50], die sie brauchten. „Der Lichttechniker muß mit dem Architekten und Erscheinungsregisseur zusammenarbeiten."[51] Ebenso war dem Autor der DBZ

37 Domarus, a.a.O., S. 725.
38 Ebd.
39 Hubert Schrade: Der Ausbau des Zeppelinfeldes auf dem Parteitaggelände in Nürnberg, in: ZBV 1936, S. 388.
42 A.Speer: Erinnerungen, a.a.O., S. 71.
43 Ebd. S. 71 f.
44 Zit. nach A. Speer: Erinnerungen, S. 72.
45 Thomas Wunder: Das Reichsparteitagsgelände in Nürnberg. Entstehung. Kennzeichen. Wirkung. Eine Einführung zur Begehung des ehemaligen NS-Parteitagsgeländes. Schriften des Kunstpädagogischen Zentrums im Germanischen Nationalmuseum Nürnberg, Nürnberg 1984, S. 65.
46 Ebd.
47 A.Speer: Erinnerungen, a.a.O., S. 71.
48 Dr. Gamma: Lichtarchitektur, in: DBZ, 2. Halbjahr 1934, S. 789.
49 Ebd.
50 Ebd.
51 Ebd. S. 790.

klar, daß solche Lichtfluten, wenn sie ihre illusionierende Wirkung nicht verfehlen wollen, „aus verdeckten Quellen strömen"[52] müssen. All dies ist beim ‚Lichtdom' in Nürnberg geschehen, was seine theatralische, erhebende Wirkung sicherlich um vieles gesteigert hat.

Reichsparteitagsbesucher bezeugen, daß sie sich diesem „Bild von märchenhafter Schönheit" nicht entziehen konnten. „Wir saßen dadurch plötzlich wie in einem Riesendom gefangen, dessen gewaltige Kuppel aus gleichmäßigen Streifen von weißschimmerndem Licht und blauschwarzem Dunkel sich über uns bis zu schwindelhafter Höhe wölbte. Die Wirkung übertraf wirklich jede Vorstellung."[53] Eröffnet hatte diese „überwältigende Symphonie von Licht und Farben" Reichsorganisationsleiter Ley mit den Worten: „Wir glauben an den einen Herrgott im Himmel, der uns geschaffen hat, der uns lenkt und behütet, und der Sie, mein Führer, uns gesandt hat, damit Sie Deutschland befreien. Das glauben wir, mein Führer!"[54] Die Verknüpfung der Architektur mit dem Himmel ließ solch pseudoreligiöse Reden verständlich erscheinen.

Hinzu kamen die offensichtlichen Anleihen aus der Antike. Für die Tribüne des Zeppelinfeldes hatte der Pergamonaltar[55] als Vorbild gedient; die Kongreßhalle zitiert deutlich das Colosseum in Rom und das Deutsche Stadion mit seiner Hufeisenform sollte auf das alte Sportstadion in Athen verweisen. Auch wenn nicht jeder Reichsparteitagsteilnehmer diese Hinweise und Anspielungen auf Anhieb erkannte, so spürte er doch, daß diese Gebäude mit normalen Nutzbauten nicht zu vergleichen waren. Die Antike zu bemühen, stärkte zudem schon immer das Selbstwertgefühl der Auftraggeber wie der Benutzer, insbesondere wenn sie aus dem Bildungsbürgertum stammten. Es kam einer „Aufwertung des Regimes" gleich, „wenn seine Zeichen einem gebildeten Verstehen Nahrung gaben, aber auch, wenn sie sich als durchschnittlichem Verstehen überlegen erwiesen"[56].

Diese Überhöhung ließ dann auch das Abgehobene der Reden im gewünschten Kontext erscheinen. Das Verblüffend-Wunderbare der Architekturkulisse konnte die „Wunder", von denen ständig gesprochen wurde, beglaubigen und bestätigen. Wenn Hitler 1936 in der Pose des Heilsbringers verkündete: „Das ist das Wunder unserer Zeit, daß ihr mich gefunden habt unter so vielen Millionen! Und daß ich euch gefunden habe, das ist Deutschlands Glück"[57], so war eine solche Aussage in einem entsprechend unwirklichen Rahmen sicherlich leichter möglich als auf einem profanen Marktplatz. Dort hätte eine solche Aussage eher lächerlich gewirkt. Die Reichsparteitagsbauten schufen „Erlebnisräume", die für irrationale Botschaften empfänglich machten, was die Vereinnahmung der einzelnen in die propagierte ‚Volksgemeinschaft' sicherlich beförderte.

Ausrichtung auf den ‚Führer'

Von besonderer Bedeutung für die Reichsparteitage war natürlich die ‚Begegnung' mit dem ‚Führer' selbst. Alle Gebäude waren so gestaltet und ausgerichtet, daß sie immer den Blick auf die Führertribüne lenkten. „Die Führung ist allgegenwärtig", so Wilhelm Lotz 1938, „denn in jedem Versammlungsraum und auf jedem Versammlungsplatz ist die Stelle, an der der Führer steht, architektonisch besonders hervorgehoben und festgelegt. Immer steht er vor der Versammlung, die in bestimmter Ordnung vor ihm aufmarschiert ist. Dieses Auge-in-Auge-Stehen, der Führer vor dem Volk und das Volk vor dem Führer, ist immer die bestimmende Ordnung der Anlage."[58]

Die Führerzentriertheit der Bauten, besonders gut abzulesen an der Zeppelintribüne und am Innenmodell der Kongreßhalle, machte jedem deutlich, worum es bei den Reichsparteitagen vor allem ging: um die Ausrichtung auf die Gestalt Adolf Hitlers als dem unumschränkten Herrscher von Partei und Staat. In pathetischen Worten umschrieb der Kunsthistoriker Hubert Schrade 1936 dieses Faktum: „Nun versammelt der Nationalsozialismus bei den Parteitagen wohl große Massen, aber nicht regellos zusammengeströmte Haufen von Menschen, sondern Menschen einer bestimmten Form, eines bestimmten Sinnwillens. Er hat die Richtungslosigkeit der Masse durchbrochen, indem er der Masse ein Ziel gegeben hat, das Ziel der Volkwerdung. Es ist ein Ausdruck dieses zielgerichteten Gestaltwillens, daß eine Seite des Zeppelinfeldes zur beherrschenden gemacht worden ist. Dadurch erscheint die Arena nicht richtungslos auf die Mitte bezogen, sondern eine Mitte umfassend und zugleich orientiert. Es ist eine Spannung in sie gekommen. Sie umschließt einen großen Raum, aber sie umschließt ihn, um die in ihm Versammelten auf ein Ziel auszurichten. Diese Ausrichtung geschieht durch die Steigerung der Formen auf der herrschenden Seite. (…) In der Mitte dieser Seite zeigen die Tribünen einen abgestuften Aufbau und in dessen

---

52 Ebd. S. 795.
53 Aus dem Schwesternleben. Wie unsere Schwestern den „Reichsparteitag der Ehre" erlebten, in: Blätter aus dem Evangelischen Diakonieverein, November 1936, S. 193.
54 Ebd.
55 A. Speer: Erinnerungen, S. 68.
56 Hans-Ernst Mittig: NS-Architektur für uns, in: Faszination und Gewalt. Zur politischen Ästhetik des Nationalsozialismus, hrsg. von B. Ogan und W. W. Weiß, Nürnberg 1992, S. 249.
57 Domarus, a.a.O., S. 643.
58 Wilhelm Lotz: Das Reichsparteitagsgelände in Nürnberg, in: KiDR, Sept. 1938, S. 266.

Mitte wiederum einen besonders betonten Platz. Es ist der Ort, von dem aus der Führer zu den auf dem Felde Versammelten spricht. Auf diesen Ort ist der Platz ausgerichtet. Man muß in der Architekturgeschichte weit zurückgehen, um auf Bauten zu treffen, die wie dieser so ursprünglich auf das Wort, das beschwörende, gebietende, sinnenthüllende, richtungsweisende Wort, gestellt sind. Weil das Wort des Führers von solcher Art ist, weil es je und je wirklich gestaltendes Wort ist, hat es gestaltgebend auch für diese Anlage sein können."[59]

Der ‚Führer', der hier mit dem Schöpfer-Gott des Alten Testaments gleichgestellt wird, fungierte als höchste Autorität und verlangt von den hier Versammelten Unterwerfung, Gehorsam und Disziplin. Die Reichsparteitage dienten ja nicht der Willensbildung, der Diskussion politischer Inhalte und Themen. Denn, so Hubert Schrade, „zum Unterschiede von allen Tagungen der vergangenen Parteien bilden die Mitte der Parteitage des Nationalsozialismus nicht parlamentarische Verhandlungen und Diskussionen, sondern Kundgebungen, in denen das Volk, durch den Zusammentritt seiner politischen Organisationen, sich selbst bekundet, der Führer aber zum Volk über Sinn, Schicksal und Bestimmung der völkischen Gemeinschaft spricht."[60]

Die Parteitage sollten einschwören auf die Ideale der nationalsozialistischen Bewegung und diese beglaubigen. „Der Parteitag unserer Bewegung war immer die große Heerschau ihrer Männer", so Hitler bei der Fahnenweihe im Luitpoldhain 1933, „die entschlossen und bereit sind, die Disziplin der Volksgemeinschaft nicht nur theoretisch zu vertreten, sondern auch praktisch zu verwirklichen."[61] Bei seiner Ansprache vor der Jugend wurde Hitler noch deutlicher: „Wir haben eine Erkenntnis daraus zu schöpfen: Ein Wille muß uns beherrschen, eine Einheit müssen wir bilden, eine Disziplin muß uns zusammenschmieden, ein Gehorsam, eine Unterordnung muß uns alle erfüllen, denn über uns steht die Nation."[62]

Die Herausforderung für den Architekten bestand nun darin, Versammlungsräume zu schaffen, möglichst unter freiem Himmel, die solche Worte plausibel erscheinen ließen, die „die Versammelten zu einer großen Gemeinschaft des Erlebens zusammenschmieden"[63] und auf die Führerpersönlichkeit ausrichten konnten. Wilhelm Lotz, der sich immer wieder als williger Interpret der Parteitagsarchitektur erwies, beschreibt am Beispiel des Zeppelinfeldes sehr treffend die Wesensmerkmale dieser Anlage: „Das Feld ist aus seiner Umgebung herausgenommen und zu einer in sich geschlossenen Anlage geformt worden. Die Walltribünen grenzen ab und umschließen das Feld auf drei Seiten. Auf den Fahnentürmen geben die Fahnen noch einmal eine Umrahmung. Der Blick aller Männer auf dem Feld, ob auf den Tribünen oder auf dem Rasen, ist zwangsmäßig auf eine Stelle hin ausgerichtet, auf die Mitte der großen Haupttribüne. Diese Tribüne ist in ihrem Aufbau reicher und stärker betont durch die Höhe und durch die Bekrönung mit einer doppelten Pfeilerhalle. Die Mitte ist herausgehoben durch die große doppelte Stufung, von deren oberem Teil die Stelle vorspringt, von der aus der Führer spricht. Hier ist der Mittelpunkt der großen quadratischen Anlage. Eine große Erlebnisgemeinschaft, abgetrennt von der Umwelt, aber unter dem weiten Himmel, ausgerichtet auf das Erlebnis selbst, auf den Führer, das ist der Sinn der Gestaltung."[64]

Die Gliederung der Bauten sollte zusammenklingen mit der Gliederung der hier aufmarschierenden Formationen und damit der „Visualisierung des Führerprinzips und der Personalisierung von Machtpolitik dienen"[65]. Die Strenge der architektonischen Anlage sollte zudem alternative Möglichkeiten der Betrachtung und Bewertung gar nicht erst aufkommen lassen. Mehrzweckräume kamen also von vornherein nicht in Frage. Selbst die *leerstehende* Führertribüne symbolisierte übers Jahr, wem allein der erste Platz im Staat gebührte. Die Herrschaft stabilisierende Rolle dieser Architektur konnte kaum einen sinnfälligeren Ausdruck finden. Daß die versammelten Menschen nur als Staffage dienten, wurde ihnen angesichts der bombastischen Kulisse wohl kaum bewußt.

Aussonderung der ‚Gemeinschaftsfremden'

‚Volksgemeinschaft', so wie die Nationalsozialisten sie verstanden, konnte sich nur bilden durch die Ausgrenzung von Gegengruppen. Wer in Nürnberg antrat, um seinem ‚Führer' zuzujubeln und sich im Marschieren und Strammstehen gefiel, der wußte, daß nicht allzuweit entfernt die Ausgesonderten, die ‚Gemeinschaftsfremden', wie es damals hieß, unter ganz anderen Vorzeichen als Opfer des NS-Regimes Appell stehen mußten.

Schon im März 1933 war in Dachau das erste Konzentrationslager eröffnet worden. Die Jubelfeste in Nürnberg und

---

59 Hubert Schrade: Der Ausbau des Zeppelinfeldes auf dem Parteitaggelände in Nürnberg, in: Zentralblatt der Bauverwaltung, 56. Jg. H. 18, 1936, S. 386.
60 Ebd. S. 385.
61 Reichstagung in Nürnberg 1933, a.a.O., S. 161.
62 Ebd. S. 210.
63 W. Lotz: Ein Denkmal des Stolzes ..., KiDR 1937, S. 84.
64 Ebd. S. 84/86.
65 Angela Schönberger: Die neue Reichskanzlei von Albert Speer. Zum Zusammenhang von nationalsozialistischer Ideologie und Architektur, Berlin 1981, S. 173.

die Schrecken von Dachau gehören zusammen wie die Vorder- und Rückseite ein und derselben Medaille. Man wußte, daß man sich zu entscheiden hatte. Wer sich nicht mit denen solidarisierte, die sich in Nürnberg dem Ritual der Reichsparteitage unterstellten, konnte im Ernstfall damit rechnen, ‚ab nach Dachau' zu müssen. Diese Dialektik von Zugehörigkeit und Abweisung spiegelt sich auch in der Architektur der Reichsparteitagsbauten, die schon früh als „Ein- und Ausgrenzungsarchitektur"[66] beschrieben wurde.

Die Blockmauern und Wehrtürme, die das Zeppelinfeld und das Märzfeld umrahmten, schützten weniger nach außen, als daß sie die hier Versammelten einschlossen und damit disziplinierten. Was nach innen Schutz und Zusammenhalt suggerierte, signalisierte den Außenstehenden Ausgrenzung, im Ernstfall sogar Verfolgung und Tod.

Detlev Peukert hat dargelegt, daß das Zusammenspiel von Anpassung und Ausmerze, von Ordnung und Terror für den Nationalsozialismus konstitutiv war[67], wobei die Kriterien der ‚Gemeinschaftsfremdheit' jeden treffen konnten, der die Normen des alltäglichen Sozialverhaltens verletzte. Insofern stellten sie „eine ständige latente Bedrohung für nahezu jeden dar"[68], was die Selbstdisziplinierung und Selbstanpassung nur noch verstärkte. Zumal wenn die Suggestivkraft von Gemeinschaftlichkeit, wie sie die Massenrituale herstellen sollten, nicht mehr greifen wollte, konnte der Verweis auf die inneren und äußeren ‚Feinde' erneut Konsens erzwingen. Auch dies dürfte ein Grund gewesen sein, das ‚Erlebnis von Nürnberg', das sich natürlich mit der Zeit auch abnützte, trotz allem erbaulich zu finden. Gab es den hier Versammelten doch das Gefühl, auf der ‚richtigen Seite' zu stehen.

Dabei darf nicht vergessen werden, daß die Zustimmung der Massen durchaus brüchig und zum Teil auch reserviert war. Die verzückten Gesichter gehören in die Anfangsjahre des ‚Dritten Reiches'. Sie wichen zunehmend einer skeptischeren Einstellung. Es wurde für die Veranstalter immer schwieriger, die Massen zu mobilisieren. Hans-Dieter Schäfer hat darauf hingewiesen, daß die Faszination der Reichsparteitage zunehmend einer lähmenden Gleichgültigkeit, ja einer bedrohlichen Bewußtlosigkeit wich.[69] Dieser Prozeß, der auch ein Rückzug aus der Wirklichkeit war, beschleunigte jedoch nur die Unterwerfung und führte zu einer weiteren Atomisierung und Privatisierung der Menschen, die sich in entpolitisierte Konsum- und Freizeitwünsche zurückzogen. Peukert spricht sogar davon, daß sich bereits hier die konsum- und leistungsorientierte Dynamik des „Wirtschaftswunders" herausbildete.[70] Der Rest wurde nur noch fragmentiert wahrgenommen oder ganz ausgeblendet, etwa die Terrormaßnahmen gegen die Juden. Psychologisch gesehen führte dieser Prozeß zu einer „Versteinerung" (Petrifikation) und Erstarrung menschlicher Verhaltensweisen. Die Architektur des Reichsparteitagsgeländes hat diesen Prozeß bereits symbolisch antizipiert, indem es die Erstarrung und Leblosigkeit zu ihrem Prinzip erhob.

Einstimmung auf den Krieg

Von besonderer Bedeutung für den Gesamtverlauf der Reichsparteitage war die Totenehrung, verbunden mit der Weihe der sogenannten ‚Blutfahne', für die die Luitpoldarena als Schauplatz diente.

Der Luitpoldarena lag „der hohe Gedanke zugrunde, die lebendige Kraft der Bewegung dem Gedächtnis der Toten des Weltkrieges gegenüberzustellen"[71]. Hubert Schrade bezeichnet die Strecke zwischen dem Mahnmal und der Führertribüne „mit dem blutgeprüften Symbol des Nationalsozialismus in Gestalt dreier riesiger Fahnen" als „sinnerfüllten Raum, dessen Bedeutung der Gang des Führers in der Stunde der Gefallenenehrung von dem Lebenssymbol der Bewegung zu dem Totenmal des Weltkrieges eindringlich sinnfällig macht"[72].

Wie so oft verschleiert die Sprache der NS-Propaganda gerade das, was gemeint ist. Es ging weniger um die Toten des ersten Weltkrieges als um die des nächsten Krieges. Die „Gefallenenehrung" hatte die Funktion, an den Gehorsam und die Opferbereitschaft der Versammelten zu appellieren und sie auf den zukünftigen Krieg einzustimmen. Hubert Schrade spricht denn auch ganz eindeutig von einem „soldatischen Vorgang", der sich hier ereigne, und von einer „soldatischen Formation", die zum „Gleichnis" geworden sei. Es gehe darum, „die soldatische Formation als Ausdruck eines echten Formungswillens zu begreifen". Hier „wurde die Macht des dahinraffenden Todes", der „Sinn des Todes der Gefallenen gegenwärtig": „als eines Opfertodes um der Volkheit willen. Die Gedenkfeier erhob sich zur Würde einer politisch-kultischen Handlung."[73]

So drehten sich Hitlers Reichsparteitagsreden auch ständig – verdeckt oder offen – um den Krieg und das Solda-

---

66 Silke Wenk: Gebauter Nationalsozialismus, in: Faschismus und Ideologie 2, Berlin 1980, S. 264 f.
67 Detlev Peukert: Volksgenossen und Gemeinschaftsfremde. Anpassung, Ausmerze und Aufbegehren unter dem Nationalsozialismus, Köln 1982, S. 233 ff.
68 Ebd. S. 263.
69 Hans Dieter Schäfer: Das gespaltene Bewußtsein. Über deutsche Kultur und Lebenswirklichkeit 1933-1945, München/Wien 1981, S. 144 ff.
70 Detlev Peukert: Volksgenossen und Gemeinschaftsfremde, a.a.O., S. 294.
71 Walter Brugmann: Die Luitpoldarena in Nürnberg, in: KuV 1936, H. 9, S. 324.
72 ZBV 1936, S. 385.
73 H. Schrade: Der Sinn der künstlerischen Aufgabe und politischer Architektur, in: Nationalsozialistische Monatshefte, Juni 1934, S. 511/512.

tentum, so etwa beim ‚Tag der Wehrmacht' am 16. September 1935: „Der Deutsche war stets ein guter Soldat. Der Dienst an der Waffe war für unser Volk kein Zwangsdienst, sondern in allen Zeiten unserer Geschichte ein höchster Ehrendienst (...). Dieser Dienst erfordert von jedem einzelnen von euch Opfer. Jeder von euch muß bringen ein Opfer an persönlicher Freiheit, er muß bringen Gehorsam, Unterordnung, aber auch Härte, Ausdauer und über allem höchstes Pflichtbewußtsein. (...) Und nicht nur im Frieden hat der Deutsche als Soldat dieses Opfer freudig der Nation gebracht, sondern nicht minder auch dann, wenn die Not des Reiches ihn aufrief zum Schutz von Volk und Vaterland. Der Deutsche war nicht nur ein guter Friedenssoldat, sondern er war stets auch ein tapferer Kämpfer."[74]
Die Vorbereitung auf den Krieg war eine der zentralen Aufgaben der Reichsparteitage. Die Manöver auf dem Zeppelinfeld waren nur ein Vorspiel. Das Märzfeld, das in seinem Namen an die ‚Wiederwehrhaftmachung' vom März 1935 und an den Kriegsgott Mars erinnern sollte, wäre etwa fünfmal so groß wie das Zeppelinfeld und damit das größte Aufmarschfeld des Reichsparteitagsareals geworden. Es war in jeder Beziehung, „in Idee und Gestalt das konsequente Schlußglied der Gesamtkomposition"[75], so Rudolf Wolters 1943. Die Wälle und Türme signalisierten Stärke und Aggressionsbereitschaft und die geplante Kolossalskulptur über der Ehrentribüne, eine allegorische Darstellung des Siegs, sollte die kommenden Siege bereits vorwegnehmen.

Hitler als Architekt und Künstler

Immer wieder wird in der NS-Propaganda darauf hingewiesen, daß sich Hitler selbst intensiv um die Pläne und Details der Bauvorhaben gekümmert habe, daß Hitler quasi der oberste und erste Baumeister und Architekt des ‚Dritten Reiches' gewesen sei, der mit seinen architektonischen Ambitionen seinen „einstigen Künstlerträumen späte Befriedigung" (Fest)[76] verschaffen wollte. Speer erwähnt in seinen „Erinnerungen" sogar, daß es eine Zeitlang so aussah, als ob Hitler selber nach dem Tode seines ersten Chefarchitekten Paul Ludwig Troost im Januar 1934 dessen Büro übernehmen wollte und zitiert ihn mit den Worten: „Am besten, ich nehme das selbst in die Hand"[77].
Schon in seinem Buch „Mein Kampf" erwähnt Hitler seinen „Feuereifer" und seine „Liebe zur Baukunst". „Sie erschien mir neben der Musik als die Königin der Künste: meine Beschäftigung mit ihr war unter solchen Umständen auch keine ‚Arbeit', sondern höchstes Glück. Ich konnte bis in die späte Nacht hinein lesen oder zeichnen, müde wurde ich da nie. So verstärkte sich mein Glaube, daß mir mein schöner Zukunftstraum, wenn auch nach langen Jahren, doch Wirklichkeit werden würde. Ich war fest überzeugt, als Baumeister mir dereinst einen Namen zu machen."[78]
Jochen Thies hat darauf hingewiesen, und dies auch durch viele Einzelzitate belegt, daß sich Hitler dabei eben auch als „Architekt der Weltherrschaft"[79] verstand, wobei seine Bauplanung eben auch eine bewußte Vorwegnahme seiner späteren Expansionspolitik darstellte. Sie war ihm, wie Speer formulierte, „in Stein vorweggenommene Zukunft"[80].
Wenn Hitler sich als Architekt im engeren und weiteren Sinne verstand, so ging es ihm dabei nicht nur um eine biographisch bedingte persönliche Marotte. Er wollte sich damit in eine ganz bestimmte Politikerrolle hineinstilisieren. So konnte er sich sowohl als Künstler als auch als Staatsmann sehen, was seinem besonderen Verständnis von Politik entgegenkam. Er wollte wie ein Künstler „den Staat bauen", wie Goebbels verehrend schrieb: „Seine tiefste Wesensart entspringt dem Künstlerischen. Er ist von Hause aus Baumeister und hat es auch später öfter lächelnd gesagt, daß er in seiner Jugend einmal die Absicht gehabt habe, zu bauen, ohne allerdings damals zu wissen, daß das Schicksal ihn dazu berufen wollte, nicht Häuser, sondern einen Staat zu bauen."[81]
Nur als „Künstler" konnte er sich so über die Realität erheben, wie er es tat, nur als „Künstler" konnte er so auf seine „Intuition" setzen und sich selbst als „Genie" fühlen. „Größe" war für Hitler letztlich nur in der Metapher des genialen Künstlers auslebbar, so wie Politik für ihn nur als „Geniestreich" akzeptierbar war. Größe verstand Hitler analog zum „romantischen Begriff vom einsamen Übermenschen. Zu den Konstanten seines Weltbilds zählt, daß er nicht nur groß an sich, sondern groß nach Art, Stil und Temperament eines Künstlers sein wollte, und wenn er in einer seiner Reden die ‚Diktatur des Genies' proklamierte, dachte er offensichtlich an das Herrschaftsrecht von Künstlern." (Fest)[82]
Immer wieder beschwor Hitler selbst dieses Bild vom einsamen genialischen Künstler-Politiker, um sich und seiner Verehrergemeinde seine Rolle als Retter und Erlö-

---

74 Domarus, a.a.O., S. 539.
75 R. Wolters. Neue deutsche Baukunst, in: NDB 1943, S. 11.
76 Joachim C. Fest: Hitler. Eine Biographie, Frankfurt a.M., Berlin 1973, S. 723.
77 A. Speer: Erinnerungen, a.a.O., S. 63.
78 Zit. nach A. Speer: Die Bauten des Führers, a.a.O., S. 72.
79 So der Titel seines Buches, Düsseldorf 1976, Königstein/Ts. 1980, v.a. S. 62–104.
80 Ebd. S. 78.
81 J. Goebbels: Der Führer und die Künste, a.a.O., S. 66.
82 J. C. Fest: Hitler, a.a.O., S. 1034.

ser verständlich zu machen. Nicht der Verstandesmensch werde die anstehenden Probleme lösen, sondern nur der, der „aus dem Innersten als vollkommen natürliche Reaktion unbewußt schöpft"[83].

Hitler sah sich im Bild des Künstlers, weil er sich nur so über alle rationale Zweckmäßigkeit hinwegsetzen konnte. Politik wurde von ihm verstanden als intuitives, geniales Gestaltungsvermögen, das allgemeinverständlichen Kriterien der Praktikabilität und Nützlichkeit vorauseilt.

Die Verklärung zur großen Persönlichkeit, an die Hitler schließlich selbst geglaubt hat, und die offensichtlich vom Volk akzeptiert wurde[84], hatte gerade in Deutschland ihre Tradition. Man kann sie sich nur verständlich machen als Reaktion auf den „Untergang des Individuums" im Massenzeitalter, als nostalgisch-romantisches Autoritätsbedürfnis einer nach dem Ende der Monarchie „vaterlosen" Gesellschaft, die in politischer Unmündigkeit ein neues Leitbild wünschte und deshalb den „Helden" und das „Genie" herbeisehnte.[85] Hitler als Person und Mythos wurde „die entscheidende Identifikations- und Projektionsfigur für die Ängste und Hoffnungen, für die Ressentiments und Sehnsüchte der Massen" (Reichel)[86].

Das Genie ist „wesentlich ein Produkt der Verehrergemeinde, die darauf eingestimmt ist und nach dem Genie ruft"[87], so Jochen Schmidt in seiner „Geschichte des Geniegedankens". Nicht der Führer schafft sich seine Gefolgschaft, das auf eine Autorität hoffende Volk schafft sich seinen Führer. Schon deshalb ist die These vom verführten Volk bestenfalls zur Häfte richtig. Voraussetzung ist ein geistig-psychisches Klima der Selbstentmündigung, das sich der Führer zunutze machen kann und das ihn erst ermöglicht. Die Signatur der Zeit unmittelbar vor Hitler ist gekennzeichnet von einem tiefen leidenschaftlichen Verlangen nach einer Führergestalt. Gesucht wird der verwegene Genius, der Usurpator, „der aus dem ‚Chaos' des Zusammenbruchs alter Ordnungen und alter Autoritäten hervortritt, um als Führer neue Autorität zu beanspruchen"[88]. Die romantisch-genialischen Omnipotenz-Phantasien der Genie- und Führerideologie des Prä-Faschismus wollten Glauben erwecken, „irgendein starker Mann vermöge losgelöst von allen gesellschaftlichen Gegensätzen und Bindungen ein politisches Schöpfungswerk zu vollbringen"[89]. Daß das auf Unmittelbarkeit angelegte Handeln des Führers von Anfang an auf Gesetzlosigkeit und Terror ausgerichtet war, ist keine Entartungserscheinung, sondern bildet den Kern dieser romantisch-verklärten Gewaltphantasien. Der Führer braucht kein bestehendes Recht zu berücksichtigen, er selbst „schafft" Recht, so wie der Künstler seine Kunstwerke „schafft". „Die aktuelle historische Situation einer bisher nur zum Autoritätsglauben erzogenen, nun aber plötzlich autoritätslosen Gesellschaft, die panisch-individualistische Reaktion angesichts der industriellen Massengesellschaft mit ihren nivellierenden Tendenzen, die aus der Not entstehende Hoffnung auf einen politischen Messias – das alles war dazu angetan, die längst etablierte und schon von Nietzsche ins Politische versetzte und reaktionär verschärfte Genie-Ideologie zur Genie-Religion zu steigern."[90]

Im Führer-Mythos, in der Personifizierung der Politik, hatte diese „scheinbar ihre Undurchschaubarkeit verloren, schien sich rückverwandelt zu haben in ein Medium religiöser Offenbarung mit einer ebenso unvermittelten wie unwiderstehlichen Naturhaftigkeit. (…) Jedenfalls versprach sie Authentizität, Emotionalität und symbolische Repräsentation und damit Kompensation für die niederdrückende und desorientierende Entfremdungserfahrung unter industrie- und massengesellschaftlichen Lebensbedingungen" (Reichel)[91].

Die Reichsparteitage dienten dazu, diese Glaubensgemeinschaft jeweils neu zu besiegeln und den ‚Führer' als „sakrosankten Stellvertreter der Vorsehung" in den Herzen der Menschen zu verankern. Die Reichsparteitagsarchitektur sollte hierfür den angemessenen, passenden Rahmen bieten.

Dabei gilt, daß eine Führergestalt nur dann wirken kann, wenn ihre Attribute den Eigenschaften und Vorstellungen der Geführten entsprechen, wenn die Hilflosigkeit der Gefolgschaft mit der eingebildeten Übermacht der Erlöserfigur korreliert. Norbert Elias ging davon aus, daß Hitler „sehr ähnliche Merkmale hatte wie ein Regenmacher, ein Medizinmann, ein Schamane in einfacheren Stammesgruppen. Er versicherte einem verstörten und leidenden Volk, daß er ihm geben werde, was es sich am meisten wünschte, so wie ein Regenmacher seinem durch eine lange Dürrezeit von Hunger und Durst bedrohten Volk versichert, daß er es regnen lassen werde. Und wie der Stammesführer forderte er Sach- und Menschenopfer. Die Deutschen dürsteten nach einem neuen Selbstvertrauen, nach neuer Größe, neuem Stolz. Er versprach ihnen die Erfüllung ihrer Wünsche."[92]

---

83 Reichstagung in Nürnberg, a.a.O., S. 76.
84 Vgl. Jan Kershaw: Der Hitler-Mythos. Volksmeinung und Propaganda im Dritten Reich, Stuttgart 1980.
85 Vgl. Jochen Schmidt: Die Geschichte des Genie-Gedankens in der deutschen Literatur, Philosophie und Politik 1750–1945, Bd. 2, Darmstadt 1985, S. 194 ff.
86 Peter Reichel: Der schöne Schein des Dritten Reiches, Faszination und Gewalt des Faschismus, München 1991, S. 151.
87 Jochen Schmidt, a.a.O., S. 195.
88 Ebd. S. 196.
89 Ebd. S. 200.
90 Ebd. S. 202.
91 Peter Reichel: Der schöne Schein des Dritten Reiches …, a.a.O., S. 155.
92 Norbert Elias: Studien über die Deutschen, Frankfurt a.M. 1990, 4. Aufl., S. 500.

Architekt des Untergangs

Der Verweis auf die „Künstlernatur" Hitlers darf nicht dazu führen, Hitler und sein Auftreten entschuldigend zu entrücken. Der Begriff „Künstler" weckt zunächst eher positive Assoziationen. Künstler waren es vor allem, die durch ihre Kreativität, Originalität und Sensibilität unsere Welt bereichert haben. Helm Stierlin hat jedoch mit Recht darauf hingewiesen, daß Künstler nicht selten auch destruktive Züge aufweisen, daß sie bisweilen in einem „menschlichen Katastrophenbereich" leben, daß sie beim Versuch, „ihre Konflikte zu bewältigen, andere Menschen häufig ausbeuteten". In Hitler sieht er geradezu den Prototyp eines Menschen, der jene „Dynamik von Destruktion und psychologischer Ausbeutung" verkörpert.[93]

Stierlin nennt vor allem drei Bereiche, in denen sich Hitlers Hang zur künstlerischen Betätigung niederschlug: Die Kunst der Machtpolitik, die Kunst der „politischen Bühnenbildnerei", die Kunst der Mythenproduktion und des Mythenverkaufs. Indem Hitler diese Bereiche miteinander verschmolz, ahmte er Wagner, sein vielbewundertes Vorbild, und dessen Auffassung vom „Gesamtkunstwerk" nach.[94] „Um in machiavellischer Politik Erfolg haben zu können, mußte Hitler ein leidenschaftlich besessener *und* kühl kalkulierender Techniker der Macht sein. Er war beides. Um als politischer Bühnenbildner brillieren zu können, mußte er als Redner *und* als Schauspieler erfolgreich sein, was ebenfalls der Fall war. (...) Weiter mußte er einen sicheren Instinkt für wirksame Choreographien, Gruppierungen, Rituale, Symbole und Schlagworte haben. Auch hier war er unübertroffen. Ob es sich um die Wahl des Hakenkreuzes für Deutschlands Flaggensymbol, den sorgfältig kalkulierten Aufbau von Spannung während einer Bierhallenrede oder um die Inszenierung der gigantischen Nürnberger Parteitage handelte, überall bewies er seinen Genius für zugkräftige Liturgie, für die Manipulation der Leidenschaften und die hypnotische Abrichtung eines Massenpublikums. Und um sich schließlich als Mythenproduzent und -verkäufer hervortun zu können, mußte er eine Vision oder Weltanschauung artikulieren und anbieten, die zugleich einfach, in sich geschlossen, überzeugend und auf die tiefsten Bedürfnisse seiner Gefolgsleute abgestimmt war."[95]

Aus dieser Sicht erklärt sich für Stierlin auch Hitlers „Fähigkeit zur trotzigen Einsamkeit", sein „letztlich unbeirrbares Selbstvertrauen", seine eiskalte Rücksichtslosigkeit, sein Narzißmus und seine Fähigkeit, seine „Vision in einer Weise verkaufen (zu) können, die andere Menschen am Ende zwingt, diese zu akzeptieren und sich anzueignen"[96]. So gelang es ihm, *seine* Realitätsauffassung, seine „Weltanschauung" bzw. sein politisches Programm, das all seinen Aktionen erst Sinn und Richtung gab, so zu „verkaufen", daß Widerspruch und kritische Distanz gar nicht erst aufkamen. Daraus erwuchs ihm die Kraft, seine Macht „Schlag auf Schlag" durchzusetzen, „sei es durch gigantische Aufmärsche, durch Einsatz von Terror und Gewalt oder durch Organisationsleistungen und Eroberungsprojekte, die alles Dagewesene in den Schatten stellten"[97]. „Ganz und gar von seiner Vision beherrscht und völlig mit der Regie seines gigantischen Theaters beschäftigt, waren ihm Menschen lediglich Schauspieler bzw. Statisten, die den Plänen des Regisseurs zu gehorchen hatten und sich entsprechend herumschieben, aufputschen, in Reih und Glied bringen oder in den Tod schicken lassen mußten. Daher konnte er nicht nur angesichts des Todes von Millionen von Juden, sondern auch von zahllosen Deutschen kühl und sachlich bleiben. Als ihm einmal an einem kritischen Wendepunkt des Krieges von enormen Verlusten unter erst kürzlich beförderten jungen Offizieren berichtet wurde, antwortete er kurz angebunden: ‚Aber dafür sind die jungen Leute doch da!'"[98]

Daß diese Destruktivität letztlich auch selbstzerstörerische Tendenzen frei machte, kann nicht verwundern. Stierlin verweist auf Hitlers Hang zum Vabanque-Spiel, auf seine Todessehnsucht, ja Todesbesessenheit. Hitlers Neigung, ständig seine Karten zu überreizen, gipfelte letztlich in Hitlers „Strategie des grandiosen Untergangs" (Fest)[99], die sich zum Beispiel in der Absicht niederschlug, überall an den östlichen Grenzen des Reiches Totenburgen errichten zu lassen, oder in dem aufwendigen Todeskult, den er bei den Reichsparteitagen inszenierte, in jenen „bis ins kleinste Detail durchorganisierten Leichenprozessionen, Gedächtnisveranstaltungen für Kriegshelden und Märtyrer der Nazibewegung mit Meeren von Fahnen im Trauerflor, gigantischen Sprechchören, dumpfem Trommelwirbel und verhalten marschierenden Kolonnen. Hitler bevorzugte typischerweise die Abend- oder Nachtstunden für die Inszenierung seiner Aufmärsche und Prozessionen, da die Dunkelheit Gefühle der Schwermut, Unheimlichkeit und Todesnähe verstärkte." (Stierlin)[100]

---

93 Helm Stierlin: Adolf Hitler. Familienperspektiven. Frankfurt a.M. 1975, S. 88.
94 Ebd. S. 90.
95 Ebd. S. 90/91. Stierlin sieht Hitlers Rolle als „kreativer und destruktiver Künstler" im Zusammenhang mit Hitlers starker Mutterbindung, die er schließlich in einem Akt der Wiedergutmachung und Rache auf die „Mutter Deutschland" übertragen habe, S. 97 ff.
96 Ebd. S. 95.
97 Ebd. S. 99.
98 Ebd. S. 102/103.
99 J. C. Fest: Hitler, a.a.O., S. 911; vgl. auch den Film von Peter Cohen: Architektur des Untergangs, 1989.
100 H. Stierlin: Adolf Hitler ..., a.a.O., S. 105.

Ästhetisierung von Politik

Der Nationalsozialismus verstand sich als Weltanschauung, wobei dieser Begriff weniger im philosophischen als im direkten Wortsinn verstanden werden muß. „Es ist immer das Entscheidende im Entwicklungsprozeß der nationalsozialistischen Bewegung gewesen," so Alfred Rosenberg, „daß sie nur von wenigen, dafür aber alles entscheidenden Grundsätzen ausging, daß sie in erster Linie nicht durch ihr Handeln Theorien verwirklichen wollte, *sondern das erlebte Leben dem Auge darzustellen sich bemühte*. Wenn wir dabei von *Weltanschauung* sprechen, so meinen wir damit ganz unmittelbar das, was dieses feine deutsche Wort aussagt, nämlich eine bestimmte *Anschauung der Welt*. Dies bedeutet aber, daß wir unserem unbefangenen Auge und dadurch dem unverbildeten Instinkt wieder unmittelbaren Wert zusprechen und nicht ausgeklügelten Theorien hohler Phantasten. So tief als auch das vernunftmäßige Erkennen in der nationalsozialistischen Bewegung verwurzelt ist, so ist die ganze Bewegung, eben weil sie Bewegung ist, vornehmlich doch eine Betätigung des anschauenden Willens und gestaltenden Instinktes."[101] Nicht von ungefähr kommt Rosenberg in diesem Zusammenhang dann nicht auf Bücher oder Manifeste, sondern auf die Bedeutung der Fahnen für das „tiefste Erleben der Gegenwart" zu sprechen. „Die Anschauung dieses Symbols und die unmittelbar damit verbundene Regung des Willens und des Instinktes sind somit das Entscheidende aller nationalsozialistischen Kundgebungen."[102]

Kaum je hat eine politische Bewegung in so ausgeprägter Weise die Ästhetik und Kunst bemüht, um sich als Weltanschauung und politische Macht zu legitimieren. In einem Atemzug spricht Hitler 1933 in seiner Kulturrede „Nationalsozialismus als Weltanschauung"[103] von der Einheit von Leben, Kultur und Kunst, die durch einen neuen „Stil", also durch eine formale Qualität, zusammengehalten werden soll. Zugleich wird ihr eine Auslesefunktion unterstellt. „Die Größe der Auswirkungen dieser gewaltigen geistigen Revolution" werde sich gerade darin erweisen müssen, daß sie die „ewigen Auslesegesetze" verwirklicht und somit „bewußt in unüberbrückbare Gegensätze zur Weltanschauung der pazifistisch-internationalen Demokratie und ihren Auswirkungen"[104] trete. So wird verständlich, warum Hitler am Ende seiner Rede, die sich weniger mit Weltanschauungsfragen als mit der Bedeutung von Kunst befaßt, davon spricht, daß die Kunst „eine erhabene und zum Fanatismus verpflichtende Mission"[105] sei.

Immer wieder lesen wir in der einschlägigen nationalsozialistischen Literatur, daß es darum gehe, durch die Kunst eine „*echte* Lebenseinheit" zu erreichen, daß die Kunst, wenn sie die „Daseinsmitte eines Volkes" darstelle, den „Sinnwillen der Zeit" verkörpere. Ohne solchermaßen verstandene Kunst müsse das Dasein eines Volkes „der letzten Sinngebung" entbehren. Letztlich könne erst und nur durch die Kunst „das Leben zu sinnerfüllter Form geführt" werden, so daß der „Kampf um die Kunst (…) nur der letzte Austrag von Kämpfen" sei, „die seit dem späten 18. Jahrhundert die Kunst von einer Unruhe in die andere getrieben haben"[106], wobei diese Kämpfe nach dem Verständnis der Nationalsozialisten eben nicht nur Kämpfe auf dem Gebiet der Kunst, sondern ebenso und gleichzeitig solche auf dem Terrain der Politik und Geschichte darstellten. Dies bedarf einer Klärung.

Die Nationalsozialisten griffen mit ihrer Auffassung von Kunst eine Traditionslinie auf, die das späte 18. und das 19. Jahrhundert in starkem Maße geprägt hat und die in Nietzsches These, daß das Dasein und die Welt „nur als ästhetisches Phänomen (…) *ewig gerechtfertigt*"[107] sei, gipfelte. „Spätestens um die Wende zum 18. Jahrhundert", so Jürgen Habermas in „Der philosophische Diskurs der Moderne", hat das „mit historischem Wissen überladene moderne Bewußtsein (…) die ‚plastische Kraft des Lebens' verloren".[108] Gefordert wurde nun das „Andere der Vernunft", das Neue, Mächtige, Lebensverheißende und Ursprüngliche, wie es der Mythos versprach. Kunst und Ästhetik bekommen die Aufgabe zugewiesen, den Diskurs der Vernunft abzulösen und die einheitstiftende Religion zu ersetzen.

Eine neue Mythologie

Von den zum „Gesamtkunstwerk" zusammengefaßten ästhetischen Kräften wurde erwartet, daß sie eine neue Form von Öffentlichkeit schaffen. „Eine ästhetisch erneuerte Mythologie soll die in der Konkurrenzgesellschaft erstarrten Kräfte der sozialen Integration lösen"[109] und so als sinnstiftendes Band die Kluft zwischen den Menschen schließen. Die Kunst müsse „den Charakter einer *öffentlichen* Institution zurückgewinnen und die Kraft zur Regene-

---

101 Zit. nach: KuV, H. 9, 1936, S. 326.
102 Ebd.
103 Reichstagung in Nürnberg 1933, a.a.O., S. 85.
104 Ebd. S. 78.
105 Ebd. S. 95.
106 Hubert Schrade: Der Sinn der künstlerischen Aufgabe und politischer Architektur, a.a.O., S. 509 ff.
107 F. Nietzsche: Werke I, a.a.O., S. 40.
108 Jürgen Habermas: Der philosophische Diskurs der Moderne. Zwölf Vorlesungen, Frankfurt a.M. 1988[4], S. 106.
109 Ebd. S. 109.

rierung der sittlichen Totalität des Volkes entfalten"; die „ästhetische Anschauung" sollte als „der höchste Akt der Vernunft"[110] diese gleichsam ersetzen. Schon hier zeigt sich, daß die Ästhetik als „Fluchtweg aus der Moderne"[111] jene Lücke zu füllen hat, die die alles nivellierende kapitalistische Welt durch Vernunft allein nicht schließen konnte, nachdem „die Kategorien des verständigen Tuns und Denkens eingestürzt, die Normen des täglichen Lebens zerbrochen, die Illusionen der eingeübten Normalität zerfallen" waren.[112]

Die Ersetzung und Legitimierung von Politik durch ihre Ästhetisierung ist somit keine Erfindung der Nationalsozialisten. Sie wird immer dann notwendig, wenn der *inhaltliche* Konsens versagt und durch die Aufrechterhaltung von *Formen* ersetzt werden muß, oder anders gesagt: Sie ist gefordert, wo sich die Interessenauseinandersetzung so zuspitzt, daß von ihr abgelenkt und auf den legitimationsstützenden Schein äußerer Formen zurückgegriffen werden muß.

Daß das Ästhetische im 18. und 19. Jahrhundert eine solche Bedeutung bekommen konnte, liegt in erster Linie daran, daß die aufklärerische Form der Rationalität in ihrer abstrakt-analytischen, zergliedernden, auflösenden Art zerbröckelte. Manfred Frank wies darauf hin, daß, nachdem alle Glaubensgewissheiten, das Gottesgnadentum, die Privilegien, das Selbstbewußtsein und die Moral geschleift und vor dem Auge des analytischen Geistes als haltlos und illegitim enthüllt worden waren, auch die Vernunft selbst demontiert und untergraben wurde. Hier lokalisiert er die Geburtsstunde der „Neuen Mythologie", wie sie sich erstmals im sogenannten „Ältesten Systemprogramm des deutschen Idealismus" artikulierte. Ein neu zu schaffender kollektiver Mythos sollte „die Selbstaufhebung der legitimierenden Kraft von Vernunft umwenden"[113], den Bestand und die Verfassung der Gesellschaft aus einem obersten Wert beglaubigen und damit unanfechtbar erscheinen lassen. Der Kunst sollte es vorbehalten bleiben, diese Neue Mythologie wirksam zu objektivieren und somit das zu leisten, was die atomisierte und mythenlos gewordene Gesellschaft des 18. und 19. Jahrhunderts offenbar nicht mehr vermochte. Die Kunst ist damit nicht nur zu einer „metaphysischen Tätigkeit" geworden, sondern auch zu einem eminent politischen Faktor.

Nietzsche sah bereits den Künstler-Politiker voraus, dessen Werk er als „instinktives Formen-schaffen, Formenaufdrücken" begriff. Auch über die Implikationen ihres politischen Tuns war er sich im klaren: „Sie wissen nicht, was Schuld, was Verantwortlichkeit, was Rücksicht ist, diese geborenen Organisatoren; in ihnen waltet jener furchtbare Künstler-Egoismus, der wie Erz blickt und sich im ‚Werke', wie die Mutter in ihrem Kinde, in alle Ewigkeit voraus gerechtfertigt weiß."[114]

Daß der Staat zum Kunstwerk werden sollte, dies hatte schon Jacob Burckhardt gefordert. „Nietzsche fügt die Umkehrung hinzu: Das Kunstwerk soll Staat werden."[115] Dahinter verbirgt sich die bereits beschriebene Vorstellung von Politik und Staatsmacht. So wie der Künstler frei über sein Material verfügt, ohne jemandem Rechenschaft zu schulden, so soll der „Staatskünstler" über das Volk als sein „Material" verfügen. Die Macht ist dabei das Mittel, das unbegrenzte Eingriffmöglichkeiten zur Verfügung stellt. Für den Staatsmann als Künstler, so später Goebbels in seinem Roman „Michael", „ist das Volk nichts anderes, als was für den Bildhauer der Stein ist". Und er denkt auch bereits an die Konsequenzen: „Genies verbrauchen Menschen. Das ist nun einmal so."[116]

Die Ästhetisierung der Politik hat die Funktion, dem Staatsmann eine von jeglicher Moral unabhängige Rolle zuzuschreiben. Dem mit höheren Weihen ausgestatteten, geistinspirierten Künstler-Politiker wurde zugetraut, daß er das „Chaos" der aus den Fugen geratenen Gesellschaft „genialisch" ordne. In ihm sah man den „Retter", der der Politik auch wieder den nötigen pathetischen Schicksalston zurückgeben würde. „Nach ordnungsloser Zeit", so Hubert Schrade, solle die Kunst das Dasein zu „letzter Sinngebung", das Leben zu „sinnerfüllter Form" überführen und so „die Masse von ihrer Formlosigkeit" und „die Individuen von ihrer Zusammenhanglosigkeit" befreien.[117] Auch Goebbels definierte den Künstler als „gottbegnadeten Sinngeber"[118]. Ihm gleichgestellt sind jene großen historischen Figuren der deutschen Geschichte (er nennt Friedrich den Großen und Moltke), jene „Staatsmänner und Soldaten, deren Wesen und Wirken weniger im Verstand als im Gefühl begründet ist, die mehr aus der Phantasie als aus einer rationalen Erkenntnis ihre Kräfte schöpfen. Sie sind die wirklich Großen im Bereich geschichtlicher Gestaltung; sie stehen dem Künstlerischen deshalb am nächsten, weil sie aus denselben Elementen zusammengesetzt sind und aus ihrem Wesen heraus nachfolgenden Geschlechtern in ihrer wunderbaren und

110 Ebd. S. 110.
111 Ebd. S. 117.
112 Ebd. S. 116.
113 Manfred Frank: Gott im Exil. Vorlesungen über die Neue Mythologie, Frankfurt a.M. 1988, S. 11; vgl. auch Manfred Frank: Kaltes Herz. Unendliche Fahrt. Neue Mythologie. Motiv-Untersuchungen zur Pathogenese der Moderne, Frankfurt a.M. 1989, S. 93–112.
114 F. Nietzsche: Zur Genealogie der Moral, Werke II, a.a.O., S. 827.
115 Bernhard H. F. Taureck, Nietzsche und der Faschismus. Eine Studie über Nietzsches politische Philosophie und ihre Folgen, Hamburg 1989, S. 64.
116 J. Goebbels: Michael, 2. Auflage, München 1931, S. 31.
117 Hubert Schrade: Der Sinn der künstlerischen Aufgabe und politischer Architektur, a.a.O., S. 511.
118 J. Goebbels: Der Führer und die Künste, a.a.O., S. 64.

unerklärlichen Erscheinung nur noch als die berufenen und begnadeten Sinn- und Wortgeber eines Schicksals erscheinen, das unbewußt über ihnen waltete und sichtbar durch sie in den Blickkreis der Jahrhunderte trat. (...) Sie waren von Natur und Haus aus sensible Künstlernaturen, die als die Gesellen Gottes am Webstuhl der Zeit standen. Sie prägten aus ihrem unabwendbaren dämonischen Gebot heraus einer Entwicklung ihren Stempel auf."[119]

Es wundert nicht, daß gerade die Nationalsozialisten dem ästhetischen Schein so viel „sinnstiftende" Wirkung zutrauten. Wenn alle Nützlichkeit, Zwecktätigkeit und Moral auf den „puren Willen zur Macht", zum ästhetisch dekorierten Machtwillen reduziert wird, bleibt nur die Täuschung, die Vereinnahmung durch den „schönen Schein". Es geht hier nicht um das Faktum, daß Politik sich schon immer der Kunst bediente, um sich in Szene und sich ästhetisch ins „rechte Licht" zu setzen. Was im Nationalsozialismus neu hinzugekommen ist, ist die Tatsache, daß das Ästhetische zum Legitimationswert überhaupt aufrückt, um das zu rechtfertigen, was durch einen vernünftigen Diskurs überhaupt nicht mehr zu rechtfertigen wäre. Die Ästhetisierung der Politik sollte der Gewaltherrschaft und dem Terror den geschönten Schein einer höheren Wirklichkeit verleihen. Auf diese Weise konnten die Nationalsozialisten große Teile der verunsicherten Bevölkerung mittels massenkommunikativer, symbolischer, theatralischer, architektonischer und pseudosakraler Mittel sowohl mobilisieren, integrieren und auf gemeinsame politische Vorstellungen festlegen als auch über ihre eigentlichen Ziele, die ‚Ausmerze' ganzer Bevölkerungsteile und den bevorstehenden Eroberungs- und Vernichtungskrieg, hinwegtäuschen.

Beides erst, die Ästhetisierung der Politik und die damit einhergehende grenzenlose Entfesselung von Gewalt, machen die Doppelgesichtigkeit und das Funktionieren des Nationalsozialismus verständlich.

Aufstand gegen die Moderne

All dies konnte nur funktionieren vor dem Hintergrund einer umfassenden, tiefgreifenden Modernisierungskrise. Die modernen, industriell-kapitalistischen Lebensverhältnisse bedeuteten für die meisten Menschen eine Überforderung, der sie aufgrund ihrer bisherigen Lebenserfahrungen kaum gewachsen waren. Die fortschreitende, auf keine Traditionen mehr Rücksicht nehmende Industrialisierung, die kalte Herrschaft des Marktes und der Bürokratien reglementierten das Leben der Menschen in bisher ungeahnter und dennoch kaum faßbarer Weise, ohne dafür einen ausreichenden Ausgleich gewähren oder wenigstens in Aussicht stellen zu können. Sie forderten vom einzelnen Leistung und eine ungeheure soziale Disziplinierung und vergrößerten doch tagtäglich die sozialen Widersprüche und dies bis zur Existenzbedrohung.[120]

Die damit einhergehende Bevölkerungsexplosion und Urbanisierung des Lebens schufen eine anonyme, undurchschaubare Massengesellschaft, die zunehmend an Übersichtlichkeit verlor und scheinbar nach eigenen, nicht beeinflußbaren Gesetzen funktionierte und neben den öffentlichen auch die privaten Bezüge immer mehr durchdrang und versachlichte. Viele mögen es so empfunden haben, wie Jacob Burckhardt es 1905 in seinen „Weltgeschichtlichen Betrachtungen" beschrieb: „Unser Leben ist ein Geschäft, das damalige war ein Dasein."[121]

Die Verwissenschaftlichung des Denkens hatte große Zugewinne an Wissen gebracht. Bei den sich rasant weiterentwickelnden Wissenschaften war die gänzliche Erklärbarkeit der Weltzusammenhänge nur noch eine Frage der Zeit. Die Wissenschaft hatte versprochen, alle „Welträtsel" zu lösen. Auch die privaten, ja die intimsten Fragen wurden einer wissenschaftlichen Betrachtungsweise unterzogen und galten somit als tendenziell beherrschbar.

Und dennoch blieb für die meisten Menschen das Leben so wie es immer war: hart, beschwerlich und von Versagungen geprägt. Anspruch und Wirklichkeit klafften weit auseinander und beförderten eine alle Lebensbereiche erfassende Desillusionierung. Die „Entzauberung" und Durchrationalisierung der Lebensverhältnisse geriet bei den innerlich unbefriedigten Menschen zunehmend in Widerspruch zu ihren eigenen Bedürfnissen und Lebenserwartungen. Die Verwissenschaftlichung von Wirtschaft, Technik, Gesellschaft und Alltagsleben hatte zu weltanschaulicher Richtungslosigkeit, zu einem Verlust an innerer Sicherheit und zu einer Vereinsamung der Menschen geführt. Die Gewißheiten über den Sinn des Lebens schwanden und machten einer allgemeinen Orientierungslosigkeit Platz.

Verstärkt wurde dies alles noch durch die Weltwirtschaftskrise, die den anfänglichen Fortschrittsoptimismus zusehends zum Kippen brachte und in sein Gegenteil verkehr-

---

119 Ebd. S. 65
120 Vgl. Detlev Peukert: Max Webers Diagnose der Moderne, Göttingen 1989, S. 55 ff.
121 Jacob Buckhardt: Weltgeschichtliche Betrachtungen, Stuttgart 1978, S. 66.

te. Die kollektive Bewußtseins- und Gefühlslage schlug um und gab den alten Sehnsüchten nach mehr Eindeutigkeit, Sicherheit und Verbindlichkeit neuen Auftrieb. Die Menschen sehnten sich nach Nähe und Unmittelbarkeit, nach erlebbaren und leicht verifizierbaren „Glaubens"-Gewißheiten, die ihnen Halt und Sicherheit gaben. Gefragt war „Persönlichkeit", Führung und charismatische Überzeugungskraft. Das Jenseitige der Vernunft, das Irrationale und Bodenständige hatten wieder Konjunktur. Ersatzreligionen jeder Couleur boten Kompensationen für die tiefreichenden intellektuellen und emotionalen Erschütterungen, die die Moderne mit sich gebracht hatte. Das Projekt Moderne schien erst einmal gescheitert. Bei alledem kam auch eine Menge latent vorhandener Aggressivität und Destruktivität zum Durchbruch.

„Die faschistische Herausforderung tauchte in der Zeit zwischen den Weltkriegen auf, als sich hektische soziale Modernisierungsprozesse, tiefgreifende ökonomische Krisen und der Zerfall des politischen Systems verkoppelten und zu einer komplexen Krisenerfahrung vor allem bei den desorientierten Zwischenschichten (dem alten und dem neuen Mittelstand, bei Erwerbslosen und sozial Gescheiterten sowie bei der jungen Generation, der die Sicherheit der Lebensperspektive verlorenging) führten", so Detlev Peukert in seinen „Thesen zur Erfahrung des Nationalsozialismus als Krankengeschichte der Moderne"[122].

Peukert betont an anderer Stelle die „Janusköpfigkeit des Modernisierungsprozesses", die Gleichzeitigkeit antimodernistischer Ressentiments mit „modernisierungstrunkenen Rationalisierungsbewegungen", die „das Zwangselement in den Rationalisierungsprojekten fortsetzte und auf Kosten von Freiheit und Toleranz ungeahnt steigerte"[123]. Im Zeichen von politischer Instabilität und Wirtschaftskrise und unter dem Zwang der Rationierung immer geringer werdender Mittel und Möglichkeiten kam es schließlich zu einem „Umschlag vom Rationalisierungsdiskurs in den Selektionsdiskurs"[124].

„Die nationalsozialistische Massenbewegung ist ein Kind der Modernisierungskrise. Enttäuschung von Modernisierungsträgern wie Angst von Modernisierungsopfern verknüpften sich zum utopischen Entwurf terroristisch abgestützter Gemeinschaftlichkeit."[125] Die Versprechungen des Kapitalismus sollten zwar weitergelten, wenn schon nicht für alle, dann doch für den engeren Kreis des eigenen ‚Volkskörpers'. Die deutsche Besonderheit lag schließlich darin, „daß mit den Nationalsozialisten der Selektionsdiskurs im Rassismus seine theoretische Legitimation und in der Diktatur sein radikales Instrument erhielt"[126], was offensichtlich von vielen als gangbarer Ausweg aus der Krise akzeptiert wurde. Die Wahrnehmung dieser Krisensyndrome verband sich zudem mit kulturpessimistischen und sozialbiologischen Neuordnungsentwürfen.

Ernst Bloch brachte in diesem Zusammenhang den Begriff der „Ungleichzeitigkeit" ins Spiel, um das Abgleiten, insbesondere der Mittelschichten und Teile der Arbeiterschaft, in irrationale Lösungsmodelle zu erklären. Aufgrund der Ferne gerade dieser Bevölkerungsschichten zu der unmittelbaren Produktion und der gesellschaftlichen Kausalität konnte sich „ein alogischer Raum bilden (…), worin Wünsche und Romantizismen, Urtriebe und Mystizismen rezent werden"[127] konnten, zumal Demokratie für die kleinbürgerlichen Mittelschichten in der Regel als bedrohende Konkurrenz und Ratio in der Form vernichtender Rationalisierung erlebt wurden. Um so leichter waren sie geneigt, mit der Rationalität kapitalistischer Praktiken gleich die ganze Ratio preiszugeben. Die Zurückgebliebenheit und Ungleichzeitigkeit der Mittel- und Arbeiterschichten speisten sich alsbald „aus noch ‚tieferer' Zurückgebliebenheit, nämlich aus der Barbarei", um schließlich „die Antithesen Blut gegen Geist, Wildheit gegen Moral, Rausch gegen Vernunft zu einer Verschwörung gegen die Zivilisation werden zu lassen"[128]. Es war gerade der „Nihilismus des bürgerlichen Lebens, dieses Zur-Ware-Werden, Entäußert-Werden der ganzen Welt", der das Umschlagen der Ängste und Träume in irrationale Barbarei auslöste.[129]

Dieses „Unbehagen an der Zivilisation" geriet schließlich zum Aufstand gegen und zur Flucht aus der Moderne. Die Menschen suchten in den Wirren jener Jahre eine Geborgenheit, die sie nur jenseits der realen Verhältnisse ihrer Lebensumstände zu finden glaubten. Die Nationalsozialisten versprachen ihnen eine emotionale Heimat und eine Befriedigung ihrer ungestillten Bedürfnisse durch die von ihnen angebotene Personalisierung und Ästhetisierung von Politik. Der romantischen Sehnsucht nach einer „unpolitischen Politik" gab Hitler augenscheinlich eine überzeugende Antwort. „Weshalb liebt der deutsche Mensch Adolf Hitler so unsagbar?", fragte Robert Ley am 6. Februar 1942 im Haus Siemens und gab die Antwort, die offensichtlich genau ins Schwarze traf: „Weil er sich bei Adolf Hitler geborgen fühlt. Das ist es, das Gefühl des Geborgenseins,

---

122 Detlev Peukert: Volksgenossen und Gemeinschaftsfremde …, a.a.O., S. 291.
123 Detlev Peukert: Max Webers Diagnose der Moderne, a.a.O., S. 81.
124 Ebd.
125 Ebd. S. 82.
126 Ebd. S. 81.
127 Ernst Bloch: Erbschaft dieser Zeit. Erweiterte Ausgabe, Frankfurt a.M. 1985 (Erstausgabe 1935), S. 110.
128 Ebd. S. 115.
129 Ebd.

das ist es. Geborgen! Der Führer nimmt seine Sorgen und trägt sie, der Führer übernimmt seinen Schutz, beschützt ihn. Und der Führer gibt ihm Kraft."

Vor diesem Hintergrund muß denn auch Walter Benjamins These von der durch den Faschismus erfolgten „Ästhetisierung des politischen Lebens"[130] verstanden werden. Gerade aufgrund der globalen Verunsicherung und des drohenden Identitätsverfalls vieler Menschen in einer von Krisen gebeutelten „verspäteten Nation" (Helmuth Plessner) bedurfte es eines globale Totalität vortäuschenden Rahmens, um die Massen, wenn schon „nicht zu ihrem Recht", so doch wenigstens zu ihrem „Ausdruck" kommen zu lassen. Dabei bleibt festzuhalten, daß der Nationalsozialismus die unerfüllten Bedürfnisse der Massen zwar zum „Ausdruck" kommen ließ, sich jedoch an deren realer Befriedigung vorbeimogelte, um sie so als Motor für seine Zwecke weiterhin ausbeuten zu können. Die Ästhetisierung der Politik füllte jenes Vakuum, das durch die konkrete Politik nicht gefüllt werden konnte. Sie gab Halt im Ritual, im Ornament der Masse, im architektonisch abgesicherten Zeremoniell. Sie stabilisierte die Massen dort, wo die Kulturdecke am dünnsten war, und entsprach damit einem inneren Bedürfnis der durch den Modernisierungsschub verunsicherten Menschen.

Die Nationalsozialisten trennten mittels der Ästhetisierung der Politik die reale Bedürfnisbefriedigung von ihrem „Ausdruck" und gestalteten diesen mit höchstem Aufwand, jedoch in scheinhafter Weise. Statt um Recht, Gerechtigkeit, Volksgemeinschaft und soziale Absicherung ging es um Unterordnung, Anpassung, Disziplin und Opferbereitschaft. Die Ästhetisierung der Politik diente somit vor allem der Täuschung und Selbsttäuschung. Dennoch fühlten sich viele von dieser Art von Politik angezogen, sie ließen sich von den Scheinlösungen faszinieren. Was die faszinierende Schauseite hinter ihrem Rücken verbarg, Terror und Gewalt, wollten viele nicht zur Kenntnis nehmen.

130 Walter Benjamin: Das Kunstwerk im Zeitalter seiner technischen Reproduzierbarkeit, Frankfurt a. M. 1963, 1969 (Erstveröffentlichung 1936), S. 48.

The Party Rally Area (Reichtsparteitagsgelaende) in Nuremberg was indisputably ideology in stone. The architecture, profile and the building materials were chosen to give this a visible stature. With these monuments, which were regarded as the most striking expression of National Socialist ideology, Hitler wanted to document his times and to impose his "discipline for its own sake" on the Germans. They were to be impressed and at the same time intimidated. They were clearly symbols of sovereignty which were to promote the regime and silence the individual.

The Reichsparteitage served to influence a national community and to focus on the institution of the "Führer". Nearly all structures were made to suit the Fuehrer. At the same time they were meant to propagate the segregation of those outside the brotherhood. In this sense, the Reichsparteitage buildings are to be looked upon as architecture of union and segregation. From their inception the Reichsparteitage incorporated their dark side of terror, violence, persecution and destruction. The architecture of the Reichsparteitage and the spectacles which were performed there, were the self-glorification of the regime which skillfully staged the aesthetics of politics. However this concept of politics was by no means an invention of the National Socialists. In the 19th Century it had already served to promote social integration and order. The aesthetic concept of politics and the institution of the Fuehrer were meant to give the despotism the refined appearance of a higher realism. Within this concept, Hitler's self-esteem as a political genius played a major role. This role permitted him to set himself above all materiality and practicality and to portray the ingenious "redeemer and saviour."

All this can only be understood in the context of a profound crisis of modernisation. It was a reaction to the challenges of the industrial society, a revolt against it and an escape from it, while employing the techniques of the times.

Schwieriges Erbe nach 1945

Amerikanischer Soldat auf dem Zeppelinfeld, 1945

Nahezu unbeschadet überstand die Haupttribüne des Zeppelinfeldes den Krieg. Zum Schutz vor Fliegerangriffen war sie mit Tarnnetzen bespannt worden. Die Photographie muß vor dem 24. April 1945 entstanden sein, da an diesem Tag eine Siegesparade veranstaltet wurde, an derem Ende das vergoldete Hakenkreuz über dem Mittelrisalit gesprengt wurde. Das Zeppelinfeld wurde in der Nachkriegszeit von der US-Armee als Soldiers Field genutzt.

The main stand of the Zeppelin Field survived the war almost without any damage. It was covered with camouflage nets to protect it from aerial attacks. The photograph must have been taken before April 24, 1945. On this day, a victory parade took place here, at the end of which the gold-plated swastika above the middle section was blown up. In the time after the war, the US Army used the Zeppelin Field as the Soldiers Field.

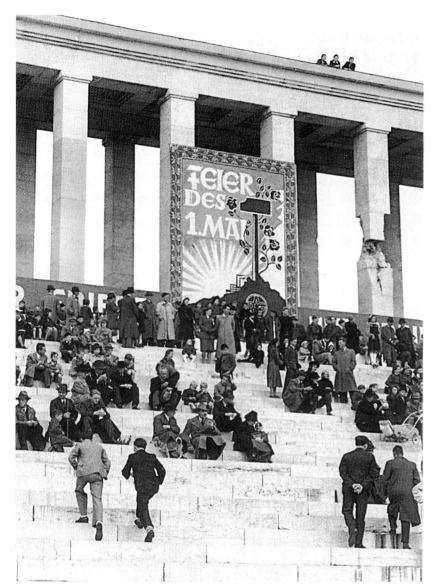 

Feier des 1. Mai auf dem Zeppelinfeld, 1947

Der Allgemeine Deutsche Gewerkschaftsbund feierte den „Tag der Arbeit" in Nürnberg 1947 auf dem Zeppelinfeld unter dem Zeichen des „blühenden Hammers". Das Bild rechts zeigt einen Sprecher auf der Rednerkanzel, das Bild links Kundgebungsteilnehmer auf den Treppenstufen der Haupttribüne des Zeppelinfeldes. Sportliche Veranstaltungen, Kinderbelustigungen und ein „klingender Maientanz" zählten zum Rahmenprogramm.

In 1947, the Allgemeine Deutsche Gewerkschaftsbund celebrated Labor Day under the sign of the "blooming hammer" at the Zeppelin Field. The photograph on the right shows a speaker behind the pulpit, the picture on the left shows participants on the steps of the main stand of the Zeppelin Field. Sports events, entertainment for children and a resounding "Maientanz" were part of the fringe program.

Umwandlung der Luitpoldarena, 1950

Die Aufnahme links zeigt den Abbau der ehemaligen „Straße des Führers", die von der Ehrentribüne zum Gefallenendenkmal geführt hatte. Im Hintergrund sind drei Pylonen des Denkmalvorplatzes zu erkennen. Im gleichen Jahr, 1950, wurde auch die Bombenruine der Luitpoldhalle gesprengt. Diese Arbeiten bereiteten die Umwandlung der Arena zu einem Erholungspark vor.

The photograph on the left depicts the demolition of the former "street of the Führer", which connected the stands for the guests of honor with the War Memorial. In the background three pylons of the memorial court can be distinguished. During the same year, 1950, the ruins of the Luitpold Hall were demolished, too. These measures paved the way for the transformation of the arena into a public park.

Kongreßhalle von Osten, 1958

Deutlich sind die Kriegsschäden am Kongreßhallentorso zu erkennen. Der halbfertige Bau, in dem bis in die fünfziger Jahre zahlreiche Veranstaltungen stattfanden, wird heute vielseitig genutzt: Verschiedenen Firmen und Ämtern dient er als Lager, und auch die Nürnberger Symphoniker, ein Schallplattenverlag mit Musikstudio und weitere Einrichtungen sind hier untergebracht. In einem der beiden Innenhöfe werden seit 1986 in den Sommermonaten Konzerte und Theateraufführungen veranstaltet.

The war-damages of the torso of the Congress Hall can clearly be seen. The half-finished building, which hosted many events well into the fifties, serves various purposes today: several companies and communal authorities use it as a warehouse, the Nuremberg Philharmonic Orchestra, a record company and other commercial users have found their place here. Since 1986, concerts and plays are staged in one of the two courtyards during the summer months.

Deutsche Bau-Ausstellung in der Kongreßhalle, 1949

Einundzwanzig deutsche Städte und acht europäische Länder stellten auf dieser bis dahin größten Nachkriegs-Ausstellung Deutschlands die besonderen Wiederaufbauprobleme zerstörter Städte dar. Planungen und Modelllösungen wurden ebenso vorgeführt wie moderne Bautechniken, neue Maschinen und Geräte. Die provisorisch hergerichtete Kongreßhalle und die angrenzenden Freiflächen eigneten sich für diese vielbeachtete Industrie- und Lehrschau in besonderer Weise, umfaßte die gesamte Ausstellungsfläche doch etwa 400 000 Quadratmeter. Die Aufnahme links zeigt den Eingangsbereich zur „Planschau der Städte". Ein Panorama zeigt die Zerstörung Nürnbergs in der Nacht des 2. Januar 1945. Auf der Aufnahme rechts ein Terrassencafé im Kongreßhallentorso.

Twenty-one German cities and eight European countries took part in an exhibition about the special problems encountered when rebuilding destroyed cities, during the up to then largest post war exhibition in Germany. Plans and model solutions were demonstrated as well as modern construction techniques, new machines and instruments. The Congress Hall and the free areas around it were especially suitable for this widely recognized industrial and educational exhibition. The picture to the left shows the entrance area to the "Planschau der Städte". In the background, there is a step-by-step panorama which shows Nuremberg being destroyed during the night of the 2nd of January 1945. On the picture to the right, you can see a terrace cafe in the torso of the Congress Hall.

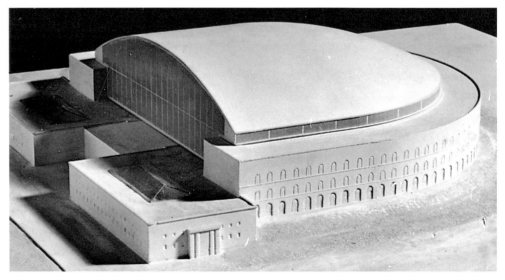

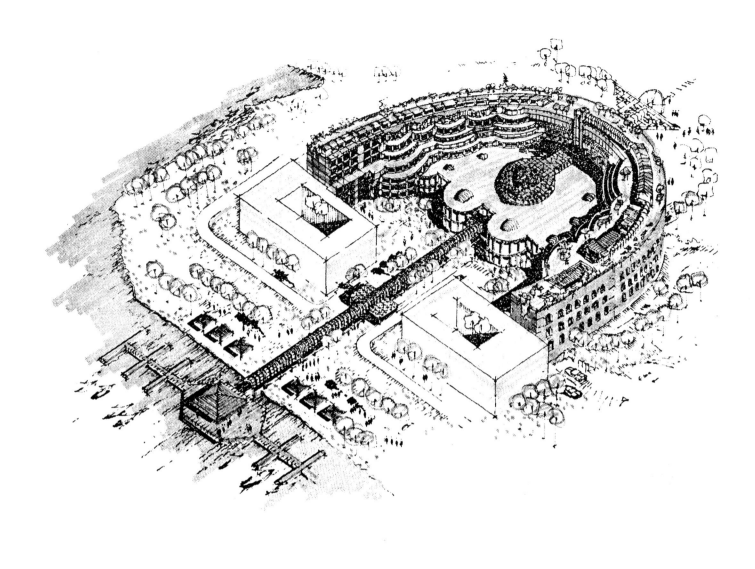

Kongreßhallenprojekte 1955, 1958 und 1987

1955 schlug das Hochbauamt der Stadt Nürnberg vor, den Innenhof der Kongreßhalle als Sportstadion mit drei übereinanderliegenden Rängen zu nutzen, links oben. Als der Stadtrat drei Jahre später seinen Willen bekräftigte, hier ein Fußballstadion für 90 000 Zuschauer einzurichten, wurden die Kosten – ohne Überdachung – auf 16 Millionen Mark geschätzt. Dieses Vorhaben wurde ebensowenig realisiert, wie 1987 das Projekt von drei Nürnberger Unternehmern, die Kongreßhalle in ein gehobenes Einkaufs- und Freizeitzentrum zu verwandeln, oben.

In 1955, the communal department of construction suggested using the courtyard of the Congress Hall as a sports stadium with three galleries above each other, upper left. Three years later, the city council announced their intention of building a soccer stadium seating 90,000 spectators. The costs were estimated at 16 million Mark excluding the roof. This plan was not carried out, however, neither was the plan of three Nuremberg business men, who in 1987 intended to convert the Congress Hall into an exclusive shopping and leisure center; above.

Türme des Märzfeldes, 1960 und 1965

Von den geplanten 24 Türmen des Märzfeldes waren elf weitgehend vollendet, als die Arbeiten im Krieg eingestellt wurden. Die Bauten waren noch über zwanzig Jahre nach Kriegsende weithin sichtbar und markierten den südwestlichen Abschluß des ehemaligen Märzfeldes. Die Türme mußten den Wohnbauten der Trabantenstadt Langwasser weichen. Die Sprengungen erfolgten 1966 und 1967. Die Schuttmenge von ca. 130 000 Kubikmetern wurde für einen Lärmschutzwall an einer nahegelegenen Straße verwendet.

Out of the 24 towers that were planned for the March Field, 11 were largely completed when construction was stopped during the war. The constructions could be seen from afar for twenty years longer after the war, and marked the southwest border of the former March Field. But the towers had to give way to the construction of residential apartment buildings in the satellite town of Langwasser. The blasting was done in 1966 and 1967. The approximately 130,000 cubic meters of debris were used to build a wall to protect against noise along a nearby street.

Luftaufnahme von Nordwesten, nach 1960

Im Vordergrund ist der Luitpoldhain mit dem Gefallenendenkmal zu sehen. Die Umrisse der einstigen Luitpoldarena sind hier noch deutlich zu erkennen, und auch die Straße, die ehedem direkt auf den Vorplatz der Gedenkstätte zulief und über die nun Gras gewachsen ist, zeichnet sich aus dieser Höhe schwach ab. In den Jahren 1959 und 1960 waren die Tribünenanlagen gesprengt worden. In der Bildmitte die Budenstadt eines Volksfestes.

In the foreground the Luitpold Hain with the War Memorial can be seen. The contours of the former Luitpold Arena are still visible, and a barely traceable outline of the street, which led to the forecourt of the memorial and is grown over by grass now, can be detected from this height. In 1959 and 1960, the stands were blown up. In the center of the picture stalls and rides of the annual fun fair.

Weltkongreß der Zeugen Jehovas, 1969

Unter dem Motto „Friede auf Erden" stand der Weltkongreß der Zeugen Jehovas, der vom 10. –17. August 1969 auf dem Zeppelinfeld stattfand. Mehr als 120 000 Besucher aus 72 Ländern nahmen an diesem Treffen teil. Die Luftaufnahme zeigt die Karrees der Sitzreihen im Inneren der Anlage und im Vordergrund die Zelte für die Unterbringung und Versorgung der Teilnehmer.

The Jehova's Witnesses World Congress, which took place on the Zeppelin Field from the 10th – 17th of August 1969, was held under the motto "Peace on Earth". More than 120,000 visitors from 72 different countries participated in this gathering. The aerial photograph shows the square arrangement of the rows of seats inside the grounds, and in the forefront the tents for lodging and feeding the visitors.

Open air-Konzert mit Bob Dylan, 1978

Der amerikanische Rockpoet Bob Dylan gab auf seiner Europa-Tournee am 1. Juli 1978 ein Konzert auf dem Zeppelinfeld. Etwa 70 000 Besucher kamen, um den Künstler in Nürnberg zu hören, der letzten Station seiner Tournee. Die Aufnahme zeigt rechts die mit Zuhörern besetzte Haupttribüne und links die überdachte Bühne.

On the 1st of July 1978, the American rock poet Bob Dylan gave a concert on the Zeppelin Field during his European tour. About 70,000 spectators came to hear the artist in Nuremberg, which was the last stop during his tour. The picture shows the main tribune filled with listeners on the right, and on the left side of the picture, the covered stage.

„200 Meilen von Nürnberg", 1985

Seit den fünfziger Jahren findet alljährlich auf der Rundstrecke um die Haupttribüne des Zeppelinfeldes das „Norisringrennen" statt, die „200 Meilen von Nürnberg". Dieses Großereignis des deutschen Motorsports zieht immer wieder Tausende von Zuschauern an, die auf den Stufen des Torsos das Geschehen verfolgen.

Since the fifties, every year the "200 miles of Nuremberg" take place on the race track around the main stand of the Zeppelin Field. It is one of the outstanding events in German motor sports and keeps attracting thousands of spectators, who are watching the race from the steps of the torso.

Bertolt-Brecht-Gesamtschule in Langwasser, 1981

Die Bertolt-Brecht-Gesamtschule wurde 1978 auf dem südwestlichen Teil des ehemaligen Märzfeldgeländes errichtet. Sie war die erste Gesamtschule Bayerns und hat über 100 Unterrichtsräume für bis zu 2200 Schüler. Die moderne Schule verfügt über eine Bibliothek, eine eigene Mediothek und ein komplettes Fernsehstudio, außerdem eine Mensa, zwei Turnhallen und Freisportanlagen.

The Bertolt Brecht Comprehensive School was erected on the southwest part of the grounds of the former March Field in 1978. It was the first comprehensive school in Bavaria, and has more than 100 Classrooms for 2,200 pupils. The modern school has a library, its own media center, a complete TV studio, besides a cafeteria, two gyms, and outdoor sport facilities.

Stadtteil Langwasser, Modell 1, 1984

Auf dem ehemaligen Märzfeld und dem südlich gelegenen, weitausgreifenden Lagergelände entstand nach dem Krieg der größte Teil der Trabantenstadt Langwasser. Bis zur offiziellen Grundsteinlegung am 29. März 1957 waren von verschiedenen Bauträgern vorwiegend im südwestlichen Bereich kleine Wohnsiedlungen errichtet worden. Das Modell zeigt vier etwa gleichgroße Gebiete, die von einer Längsachse, der U-Bahn-Trasse, und einer Querachse, den Eisenbahngleisen, markiert werden. Die untere Hälfte des Modells umfaßt das Gebiet des ehemaligen Lagergeländes von HJ und SA, das rechte Areal oben das des einstigen Märzfeldes. In der Mitte der Bahnhof Langwasser, früher Bahnhof Märzfeld. Ganz oben schließt die Große Straße an, und links davon die Hallen der Nürnberger Messegesellschaft. In dem etwa 60 ha großen Stadtteil mit durchmischter Bebauung und großer Gewerbezone leben heute etwa 32 000 Menschen.

Most of the satellite town Langwasser was erected after the war on the former March Field and the extensive grounds of the camp area to the south of it. By the time the official cornerstone-laying ceremony took place on the 29th of March in 1957, small residential areas had already been built by different construction contractors in mostly the southwestern part. The model shows four approximately equally sized areas that are marked by a longitudinal axis; the sub-way line, and a lateral axis, the railway tracks. The lower half of the model covers the area of the grounds of the former HY and SA camps; the top right area shows the former March Field. In the middle is Langwasser Train Station, which used to be March Field Station. Up at the very top, the Great Road adjoins, and the halls of the Nuremberg fair ground. This part of town, which is approximately 600 hectare large, has mixed construction styles, has a large business district, and has about 32,000 residents nowadays.

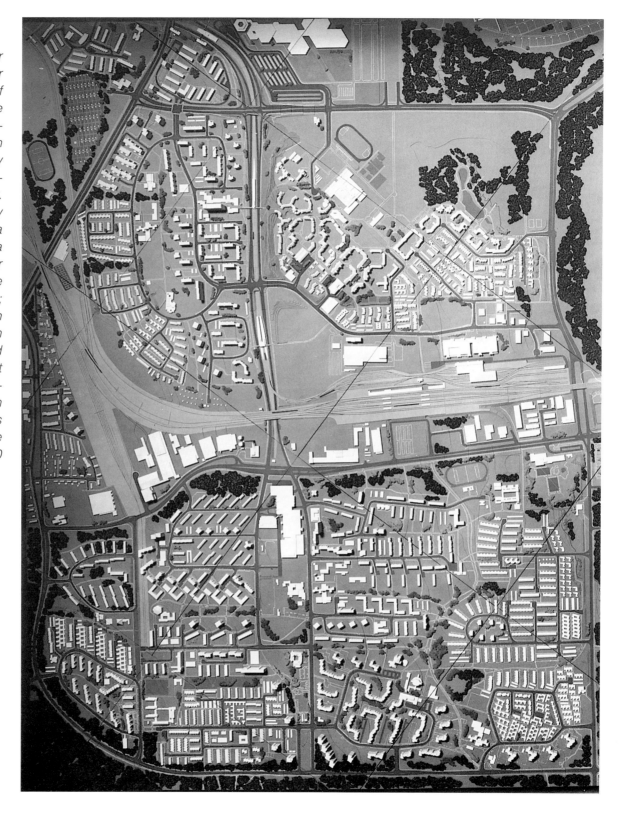

Umgang ohne Umstand, 1987 und 1989

Die Große Straße dient heute als Parkplatz für Großveranstaltungen. Eine denkmalgerechte Instandsetzung würde etwa zehn Millionen Mark kosten. Die Zeppelintribüne hat eine weitere zivile Bestimmung gefunden. In den Sommermonaten finden sich hier zahlreiche Tennis-Spieler ein, um sich in schweißtreibender Weise zu betätigen.

The Great Road serves as a parking lot for large shows nowadays. Restoration proper for a historical monument would cost approximately ten million mark. The Zeppelin stand has found a further civilian use: During the months of summer many people come here to practise tennis, be active and get out and sweat.

Idylle am Wasser und Erbe aus schwerer Zeit, 1989

Der Dutzendteich ist wieder zu einem Ort der Beschaulichkeit geworden. Vor allem sonntags herrscht hier reger Betrieb, wenn die Nürnberger das beliebte Gewässer zu einem Bootsausflug ansteuern. Jenseits der Idylle das steinerne Erbe aus schwerer Zeit: die Zeppelintribüne. 1989 wurden vier Informationstürme aufgestellt, die über Geschichte und Bedeutung des Reichsparteitagsgeländes unterrichten – ein später und zaghafter Anstoß zur Aufklärung, Erinnerung und Mahnung.

The Dutzendteich has once again turned into a scenic location. It is an especially busy place on Sundays, when all the Nurembergers come out to take a boat ride at this popular lake. Beyond this idyllic spot lies the stone relic of hard times: the Zeppelin stand. In 1989 four information towers were set up here to inform about the history and the meaning of the Reichsparteitagsgelaende – a late and timid start at throwing a light on the past, remembering and warning.

Schmierereien an der Haupttribüne des Zeppelinfeldes, 1983

Die neonazistischen Haßparolen auf den Steinen dieses Torsos künden vom totgeglaubten Ungeist eines menschenverachtenden Systems. Die Gesinnungstäter von heute verhöhnen offen die Opfer der Gewaltherrschaft und diejenigen, die derer gedenken. Schmierereien dieser Art waren jedoch bisher selten.

The hate-filled neonazi slogans on the stones of this torso, are an indication of the inhuman system whose spirit was believed to be dead. The culprits nowadays often scoff at the victims of despotism, and those that bear them in mind. Scribbling of this sort has only appeared seldom up until now.

Dauerausstellung in der Eingangshalle der Zeppelintribüne, 1986

Seit 1985 findet in der Eingangshalle der Zeppelintribüne die Dauerausstellung „Faszination und Gewalt" statt. Politische Aufklärung und Information über den verhängnisvollen Zusammenhang von Macht und Ästhetik im Nationalsozialismus ist das Ziel dieser Einrichtung des Pädagogischen Instituts der Stadt Nürnberg. Geländebegehungen, Wechselausstellungen, Symposien und Publikationen ergänzen die Auseinandersetzung am historischen Ort.

Since 1985, the permanent exhibition "Fascination and Violence" has been shown in the entry hall of the Zeppelin stand. Produced by the communal educational institute, this presentation mainly intends to inform on the fatal connection between power and aesthetics inherent to National Socialism. Guided tours, changing exhibitions, symposiums and publications help coming to terms with National Socialism at this historical site.

Chronologie der Versäumnisse

Die Geschichte des Nürnberger Reichsparteitagsgeländes ist nach 1945 überwiegend eine Geschichte festgefahrener Provisorien und stets neuer Pläne für eine „endlich" angemessene Nutzung dieses Geländes. Doch die Ansichten darüber, was hier angemessen ist, gehen weit auseinander. Nur in der unmittelbaren Nachkriegszeit gab es kaum unterschiedliche Auffassungen. Die starke Zerstörung Nürnbergs ließ lediglich pragmatische Überlegungen zu. In dieser Zeit entwickelte sich auf dem Reichsparteitagsgelände, mehr improvisiert als geplant, eine „triviale Mischnutzung": Die meist unfertigen Gebäude und Plätze wurden als Lagerhallen, Zuschauertribünen und Abstellplätze verwendet.

An dieser Nutzung hat sich bis heute nicht viel geändert. Zwar führten in der Zeit des Wirtschaftswunders Renditeüberlegungen und später auch Stadtplanungsargumente zu einigen Umgestaltungen. Doch die meisten Pläne verschwanden wieder in der Schublade.

Die politische Bedeutung des Geländes kam erst sehr viel später in den Blick, als Ende der siebziger Jahre „in weiten Kreisen der Bevölkerung, namentlich in der jüngeren Generation, ein wachsendes Geschichtsinteresse zu beobachten war, und in vielen Orten Geschichtsarbeitskreise (...) entstanden, die nach verschütteten Spuren verdrängter Vergangenheit an ihrem Ort forschten."[1] Auch in Nürnberg forderten verschiedene Initiativen eine inhaltliche Auseinandersetzung mit dem NS-Erbe. Zwar konnte diese Entwicklung in der Diskussion einen neuen Akzent setzen, doch keiner der vorgelegten Pläne wurde – von einem Rumpfprojekt abgesehen – bislang realisiert. Die Diskussion über den Umgang mit dem ehemaligen Reichsparteitagsgelände dauert an.

In anderen Städten gestaltete sich der Umgang mit den Repräsentationsbauten der Nationalsozialisten nicht derart langwierig. Meist kam es zu einer bruchlosen Umnutzung, nachdem man eine Art „Oberflächenbehandlung" durchgeführt, also Hakenkreuze und andere Hoheitssymbole des NS-Regimes entfernt hatte.

In der unmittelbaren Nachkriegszeit, als die Alliierten die Nazi-Bauten in Beschlag genommen hatten, sah man darin kein Problem, sondern ein selbstverständliches Vorgehen der Sieger. „Problematisch wurde oder wird es eigentlich erst dann, wenn die junge Bundesrepublik in Nachfolge der Alliierten in diese Bauten ohne Diskussion, ohne Überlegung einfach einzieht, dort nun wieder ihre Verwaltungen einrichtet."[2]

In München zum Beispiel residiert im früheren „Luftgaukommando" mittlerweile das bayerische Wirtschaftsministerium, im einstigen „Führerbau" ist heute die Musikhochschule und im benachbarten Verwaltungsgebäude der NSDAP das Zentralinstitut für Kunstgeschichte untergebracht, und das „Haus der Kunst" fungiert weiterhin als Ausstellungsgebäude.[3]

An anderen Orten verlief die Entwicklung entsprechend: Die Schulungsstätte der SS in Sonthofen wurde zur Heimstatt der Bundeswehr, das ehemalige Diplomatenhaus Hitlers am Obersalzberg verpachtete man als „Kehlsteinhaus" an die Alpenvereinssektion Berchtesgaden, das Berliner Olympiastadion, wo das NS-Regime große propagandistische Erfolge feierte, behielt seine ursprüngliche Funktion bei und ist in die Olympia-Planung „Berlin 2000" miteinbezogen.

Derartige Um- und Weiternutzungen, die man bei allen NS-Bauten beobachten kann, sind nicht vom Grundsatz her problematisch. Einer Umfunktionierung, Profanierung[4] oder gegebenenfalls auch Weiternutzung steht nichts im Wege, wenn auch eine inhaltliche Auseinandersetzung mit der Geschichte des Gebäudes erfolgt.

Der Umgang mit dem Reichsparteitagsgelände nach 1945

1 U. Puvogel: Gedenkstätten für die Opfer des Nationalsozialismus. Eine Dokumentation, Bonn 1987, S. 9
2 W. Nerdinger, zit. bei W. J. Stock: Viel Erbe, wenig Anfang. Architektur und Stadtplanung der Nachkriegszeit in München und Nürnberg, Sendung des Bayerischen Rundfunks am 2. 12. 1990, 13.30 Uhr
3 Im ehemaligen „Haus der Deutschen Kunst" wurde nach 1945 jene Kunst gezeigt, die im NS-Regime als „entartet" diffamiert wurde.
4 Vgl. W. W. Weiß: „Ruinen-Werte". Das Nürnberger Reichsparteitagsgelände nach 1945; in: B. Ogan/W. W. Weiß (Hg): Faszination und Gewalt. Zur politischen Ästhetik des Nationalsozialismus, Nürnberg 1992, S. 225 und 237.

Doch genau das wird in aller Regel unterlassen. Nirgends wird die Erinnerung an den „Ort der Täter" festgehalten – und dies ist wohl auch nicht beabsichtigt. Denn bezeichnenderweise wurden jene Orte, die wegen ihrer hohen Symbolkraft für das NS-Regime jede Umnutzung mit der Last ihrer Erinnerung überstrahlt hätten, gesprengt: die Berliner „Reichskanzlei", Hitlers „Berghof" am Obersalzberg und die Münchner „Ehrentempel". Heute decken oft gezielte Anpflanzungen die Fundamentreste zu.[5] Die Zeugnisse des Nationalsozialismus sollten verschwinden.

Gebrauchsarchitektur

Auch in Nürnberg wurde immer wieder gefordert, die Reichsparteitagsbauten zu sprengen. Doch deren Größe stand jeder derartigen Verdrängungslösung im Wege. Die Beseitigung der symbolträchtigen Relikte scheiterte bislang stets an den hohen Kosten. Noch weniger war eine Nutzung möglich. Denn in welcher Weise sollten diese Bauten, die zudem großteils unvollendet waren, sinnvoll weiterverwendet werden? Sie blieben schon vor 1945 die längste Zeit des Jahres ungenutzt. Nach dem Willen Adolf Hitlers sollten sie ausschließlich im Dienste der Reichsparteitage stehen. In einer demokratischen Gesellschaft hatte diese Architektur ihre ursprüngliche Funktion verloren. Dementsprechend groß war die Ratlosigkeit, als die Stadt von den Amerikanern 1948 am Tag der Währungsreform die 13 Jahre zuvor unentgeltlich in den „Zweckverband Reichsparteitage Nürnberg" (ZRN) eingebrachten Grundstücke mit sämtlichen darauf befindlichen Vermögenswerten zurückerhielt.[6] Mit Ausnahme der Areale, für die sich die US-Armee Nutzungsrechte vorbehielt – gegenwärtig zum Beispiel noch große Teile des Zeppelinfelds –, war die Stadt ab 1946 als Treuhänder[7] für alle entsprechenden Angelegenheiten wie Verkauf oder Verwaltung zuständig. Seitdem bestimmt die Kommune selbst, was mit den Gebäuden und Anlagen dort geschieht.

Mehr als acht Millionen Mark (DM) erbrachte der Verkauf von Gleisanlagen, Kabelresten und Kränen.[8] Ein Verkauf der Märzfeldtürme, des Kongreßhallentorsos und der verschiedenen Tribünenanlagen war ohnehin nicht denkbar. So nutzte die Stadt das Gelände, in diesen finanzknappen Zeiten so gut es eben ohne weitere Baumaßnahmen ging. Die Zeppelintribüne beispielsweise eignete sich nach wie vor für Großveranstaltungen, wie die Kundgebung des Allgemeinen Deutschen Gewerkschaftsbundes am 1. Mai 1946 zeigte. „Nach der Zahl der verkauften Karten haben fast 50.000 Menschen an dieser Maifeier teilgenommen. Sie füllten", wie die „Nürnberger Nachrichten" berichteten, „die eine Wallseite der Zeppelinwiese, sie saßen auf den Stufen der überdimensionalen Säulenhalle, und das überaus lebendige Bild konnte fast mit der Zuckerbäcker-Architektur einer verflossenen Gigantomanie versöhnen."[9]
In der Folgezeit nutzten auch andere politische und kirchliche Organisationen sowie Show- und Konzertveranstalter diese Tribünenanlagen für ihre Großveranstaltungen.[10] Neben dem internationalen „Norisringrennen" – den „200 Meilen von Nürnberg" – fanden immer wieder verschiedene Rockfestivals statt (Seite 154). Ähnlich pragmatisch und mehr oder weniger zufällig entwickelte sich die Nutzung der anderen Flächen auf dem Reichsparteitagsgelände: Die jenseits der „Monumentalbauzone" errichteten Barackenlager nutzte man in der Nachkriegszeit großteils als Behelfsunterkünfte. In einem Teil des früheren SA-Lagers brachte man im Auftrag der UNO sogenannte Displaced Persons und Flüchtlinge unter: Es entstand das „Valka-Lager"[11]. In einem anderen Teil, den die Nationalsozialisten in ein Kriegsgefangenenlager umfunktioniert hatten, internierte die US-Militärregierung vorübergehend Angehörige von SS und NSDAP. Das frühere SS-Lager wiederum diente ehemaligen Kriegsgefangenen und Zwangsarbeitern als Unterkunft. 1949 lebten etwa 3.000 Personen in diesen meist aus Holz gezimmerten Baracken. Anfang der fünfziger Jahre wurde diese Barackensiedlung noch um einige Steinbaracken erweitert, als der Freistaat Bayern das „Sammellager für Ausländer" errichtete. 1954 lebten dort mehr als tausend Ausländer. Erst 1960, nach dem Bau des Bundesauffanglagers in Zirndorf, konnte das ehemalige „Valka-Lager" aufgelöst werden. Das nun freigewordene Gebiet wurde in der Folgezeit für den Wohnungsbau der neuen Trabantenstadt in Langwasser erschlossen.
Die US-Armee sperrte die Große Straße von 1951 bis 1968, um sie als Luftlandebahn zu benutzen. Seither dient sie als Großparkplatz bei Fußballspielen, Volksfesten, Messen und zum Christkindlesmarkt.
Das städtische Stadion wurde nach Kriegsende zunächst von der US-Militärregierung für die eigenen Streitkräfte beansprucht. Erst nach langwierigen Verhandlungen und der Errichtung eines Ersatzstadions kam die Stadt 1961 wieder in seinen Besitz. Heute trägt dort der 1. FC Nürn-

---

5 Vgl. H.-E. Mittig: NS-Architektur für uns, Beiträge zur politischen Bildung Nr. 10, Pädagogisches Institut, Nürnberg 1991; W. W. Weiß: Spurensuche am Obersalzberg. NS-Geschichte(n) zwischen Vermarktung und Verdrängung; in: B. Ogan/W. W. Weiß, 1992, a.a.O., S. 267 ff.; W. Nerdinger: Umgang mit der NS-Architektur. Das schlechte Beispiel München; in: Werk und Zeit 3/1988, S. 22 ff.
6 1956 kaufte die Stadt nach langjährigen Verhandlungen vom Freistaat Bayern für 1,2 Millionen DM die staatsforsteigenen Grundstücke und Waldflächen auf dem früheren Reichsparteitagsgelände mit den dort geschaffenen Infrastrukturen für den Aufbau der Trabantenstadt Langwasser. Der Rückerwerb der in den ZRN eingebrachten Grundstücke erfolgte für die Stadt Nürnberg 1948.
7 Bereits am 3. 5. 1946 wurde zur Verwaltung des Vermögensbestandes Stadtkämmerer Georg Zitzmann bestellt, vgl. E. Dietzfelbinger: Der Umgang der Stadt Nürnberg mit dem früheren Reichsparteitagsgelände, Beiträge zur politischen Bildung Nr. 9, Pädagogisches Institut, Nürnberg 1990, S. 6.
8 Die Gesamtsumme des Verkaufserlöses an Vermögenswerten lag bei 13,5 Millionen DM, davon bezog der Freistaat Bayern 10 Millionen DM (vgl. ebd., S. 38).
9 NN, 4. 5. 1946
10 Z. B. Heimattreffen der Sudetendeutschen Landsmannschaften (1953, 1955), die „Evangelisation" des amerikanischen Predigers Billy Graham 1963, Das „Christival" 1988; „Der anachronistische Zug" (1980) und die „Legende vom toten Soldaten" (1986) nach Bert Brecht (vgl. E. Dietzfelbinger, a.a.O., S. 20 ff.). Es mietete sich der „Motorclub Nürnberg" ein.
11 Für diesen Namen gibt es zwei verschiedene Erklärungsmöglichkeiten (vgl. W. Palm, NZ, 10. 11. 1952): (1) Die nach dem 1. Weltkrieg zwischen Estland und Lettland geteilte Stadt Valka soll trotz der Teilung als Symbol der Freundschaft und des Friedens gegolten haben. (2) Im Tschechischen bedeutet Valka soviel wie Krieg

berg seine Bundesligaspiele aus. Nach mehreren Umbauten faßt das Stadion heute circa 53.000 Zuschauer.

Die Kongreßhalle diente in der Nachkriegszeit einige Jahre als Ausstellungs- und Kongreßzentrum, ansonsten aber überwiegend als Lagerhalle. Im Laufe der Zeit provozierte dieser überdimensionierte Kolosseumstorso mit Abstand die meisten Neugestaltungspläne für eine effektivere Nutzung. Seine Geschichte soll deshalb genauer betrachtet werden.

„Ausstellungsrundbau"

Am 18. Dezember 1946 faßte der Stadtrat den einstimmigen Beschluß, die Kongreßhalle „als Ausstellungs- und Messehalle für Industrie, Handel und Gewerbe Nordbayerns" zur Verfügung zu stellen.[12] Als erstes größeres Projekt wurde dort 1949 die „Deutsche Bauausstellung" geplant (Seite 146). Circa 500 Firmen sollten Probleme und Perspektiven des Wiederaufbaus am Beispiel verschiedener Städte aufzeigen. Hierzu mußten an dem unvollendeten Bau einige Instandsetzungsarbeiten durchgeführt werden.

„Am Dutzendteich wird fieberhaft gearbeitet", meldeten die „Nürnberger Nachrichten" am 15. Juni 1949, zehn Wochen vor Ausstellungseröffnung. Doch das Ausmaß der Bauarbeiten hielt sich in Grenzen: „In der ‚ehemaligen zukünftigen' Kongreßhalle", so war in dem Zeitungsartikel zu lesen, „arbeiten gegenwärtig an die 80 bis 100 Bauarbeiter. Es werden 132 Fenster der Wandelgänge im 1. und 2. Stock verglast, wo die einzelnen Ausstellungskojen entstehen werden, drei Treppenhäuser hergerichtet, einige Toiletten eingebaut und elektrisches Licht gelegt – mehr wird an der Kongreßhalle nicht gemacht." Im Zuge dieser ersten Nutzung erfolgte auch eine neue Namensgebung: In sämtlichen Postwurfsendungen, Anzeigen und Prospekten war nicht mehr von der „Kongreßhalle", sondern nur noch vom „Ausstellungsrundbau" die Rede.

Der Erfolg der Bauausstellung übertraf alle ohnehin schon hoch gesteckten Erwartungen: In der Zeit vom 1. bis 18. September 1949 wurden 30.000 Besucher gezählt. Angespornt von diesem Erfolg feierte die Stadt Nürnberg knapp ein Jahr später am selben Ort mit einem umfangreichen Festprogramm ihren 900. Geburtstag. Es folgten eine Gaststätten-Ausstellung, ein Bundestreffen der Oberschlesier, ein Heimattag der Gebirgstrachtenvereine sowie weitere Ausstellungen. Doch mittlerweile waren die Ansprüche gestiegen. Der Stadtrat war nicht mehr zufrieden mit dem „Ausstellungsrundbau"-Provisorium.

Investitionsnutzung

Im Juli 1955 benannte die „Nürnberger Zeitung" einen neuen Aspekt in der Diskussion. „Würde man die beiden äußersten Enden des großen Hufeisens miteinander verbinden, so erhielte man dort neben einem großen Saal, der mindestens 3.000 Sitzplätze haben würde, noch kleinere Räume, die zusammen mit den anderen im Rundbau ziemlich ausgebauten Sälen das ideale Gelände abgeben würden für Kongresse großer und größter Art. Einen Kirchentag in Nürnberg abzuhalten wäre dann geradezu eine Kleinigkeit. Denn solch eine Kongreßhalle, wie wir sie dann hätten, könnte keine Stadt in Deutschland vor uns noch fertigbauen, weil vermutlich keine die Mittel für solch einen Koloß flüssig machen kann."[13]

Einen Monat später legte das Hochbauamt der Stadt Nürnberg ein Konzept vor, mit dem versucht werden sollte, die „riesigen Investitionen", die bereits in der Kongreßhalle steckten[14], durch gezielte Nutzungsplanung und ergänzende Baumaßnahmen besser zur Wirkung zu bringen. Die Verwaltung präsentierte folgenden Vorschlag:[15] Verwendung des Rundbaus für „Massenquartiere": Insgesamt 4.000 Betten im 1. und 2. Stockwerk, dazu Toiletten und Waschräume; Verwendung des Innenhofes als „Stadion": ein Sportspielfeld (1.000 Meter mal 70 Meter) und rund 82.000 planmäßige Zuschauerplätze;[16] Verwendung der Kopfbauten als „Saalbau": Festsäle, Eingangs- und Garderobenhallen, Säulen- und Wandelhallen mit einer Gesamtfläche von weit über 10.000 Quadratmeter.

Bei einem Ausbau in diesem Sinne mit Gesamtkosten von circa 12,5 Millionen Mark hätte nach Meinung der Verfasser die Kongreßhalle „sicher einen bedeutenden Anziehungspunkt bilden und den Ruf Nürnbergs als Kongreß- und Tagungsort wesentlich fördern" können.[17] Doch dieser Plan verschwand wieder in der Schublade.[18] Seine Realisierung scheiterte wie viele andere Projekte danach am fehlenden Geld. So auch der jahrelang diskutierte Plan, die Kongreßhalle für sportliche Großveranstaltungen zu nutzen. Noch 1961 beschloß der Stadtrat einstimmig die Bereitstellung von 100.000 Mark für die Ausarbeitung eines entsprechenden Gutachtens, und die „Nürnberger

---

12 In demselben Stadtratsbeschluß wurde die frühere SS-Kaserne, die vergleichsweise wenig Schäden davongetragen hatte, als künftiger Sitz der Stadtverwaltung bzw. als Rathaus ins Auge gefaßt. Politische Bedenken, nämlich in den Repräsentationsbau einer politischen Terrororganisation zu ziehen, wurden seinerzeit nicht diskutiert. Die Realisierung dieses Plans scheiterte lediglich an der Tatsache, daß die US-Militärregierung die Anlage nicht freigab, sondern für sich selbst herrichtete und bis zum heutigen Tag für militärische Zwecke nutzt (vgl. E. Dietzfelbinger, a.a.O., S. 24; W. Lübbeke: Denkmäler des Übertreffens; in: Denkmalschutz-Informationen, Juni 3/1989, S. 9 f.).
13 F. W. Bärwinkel, NZ, 2. 7. 1955
14 Vgl. S. Zelnhefer: Die Reichsparteitage der NSDAP. Geschichte, Struktur und Bedeutung der größten Propagandafeste im nationalsozialistischen Feierjahr, Schriftenreihe des Stadtarchivs Nürnberg, Bd. 46, Nürnberg 1991, S. 89; Hitler hatte angesichts der ständigen Kostensteigerungen, exakte Kostenermittlungen untersagt (vgl. T. Wunder: Das Reichsparteitagsgelände in Nürnberg. Entstehung, Kennzeichen, Wirkung. Nürnberg, 1984, S. 34 f.).
15 Hauptamt für Hochbauwesen: Vorschläge über Verwendungsmöglichkeiten der ehemaligen Kongreßhalle, Nürnberg, 26. 8. 1955. In dieser Vorlage werden die bereits investierten Mittel für die Kongreßhalle mit 82 Millionen Reichsmark angegeben. Zwischen 1949 bis 1955 seien weitere 880 000 DM investiert worden.
16 Zu den benötigten Zugängen und Treppenanlagen für das Stadion heißt es: Sie „sind bereits im Rohbau vorhanden und so reichlich bemessen, daß sie für größten Massenverkehr ausreichen würden" (S. 5).
17 Ebd., S. 16.
18 Die Palette der Ausbauvorschläge reichte vom Hauptbahnhof (1945) über Autokino und Altersheim (1963) bis zum Großlagerhaus (1969). Vgl. E. Dietzfelbinger, a.a.O., S. 14 ff.; für die Große Straße waren Abbruch und Begrünung, für den Silbersee die Errichtung eines Freibads im Gespräch.

Nachrichten" kommentierten: „Marschrichtung: Großstadion... Alle Tatsachen sprechen für den Ausbau des Torsos am Dutzendteich."[19] (Seite 148). Doch schon sehr bald bestimmten die damit verknüpften Finanzierungsnöte die weitere Diskussion.[20]

Da sich einerseits also größere Umbaumaßnahmen in der Kongreßhalle wegen bau- und finanztechnischer Schwierigkeiten nicht verwirklichen ließen, andererseits deren Nutzung als Ausstellungs- und Kongreßzentrum seit Mitte der fünfziger Jahre immer weniger wahrgenommen wurde, vermietete die Stadt die leerstehenden Räume überwiegend als Lagerhallen. Dieser Entwicklung Rechnung tragend kehrte man auch, wie die „Nürnberger Nachrichten" schrieben, „nach der wenig glücklichen Zwischenlösung mit ‚Ausstellungsrundbau'"[21] wieder zur alten Bezeichnung „Kongreßhalle" zurück.[22] Der Begriff „Lagerhallen-Torso" hätte schon damals den wahren Sachverhalt besser getroffen.

Lagerhallen-Torso

Bei all diesen Nutzungsplänen kam bis in die siebziger Jahre hinein die politische Bedeutung der Reichsparteitagsbauten nur ansatzweise in den Blick. Schon 1955 meinte ein Zeitungskommentator über den „halbfertigen Kolossalbau am Dutzendteich": „Dem Plan, ihn als Mahnmal einer hinter uns liegenden Zeit stehen zu lassen, kann man heutzutage nicht mehr das Wort reden. Also heißt unseres Erachtens die Devise: Das Beste aus dieser Sache herausholen, was herauszuholen geht!"[23]

An dieser weitverbreiteten Haltung, möglichst großen wirtschaftlichen Nutzen aus dem Torso zu erzielen, änderte sich in den folgenden drei Jahrzehnten nur wenig. Diskussionen über die nationalsozialistische Vergangenheit der Bauten wurden meist abgelehnt, auf „spätere Zeiten" verschoben. So äußerte sich der CSU-Stadtrat Oscar Schneider 1969 folgendermaßen: „Wir wollen keine historische, ideologische, politische oder sonstwie geartete Grundsatzdiskussion über Wert und Unwert dieses Reliktes aus unseliger Zeit, sondern wir betrachten heute (...) den Kongreßhallentorso als einen Teil städtischen Grundvermögens."[24]

Wieder einmal ging es im Stadtrat um die künftige Nutzung der Kongreßhalle. Anlaß war der drohende Ausfall der städtischen Mieteinnahmen von bislang jährlich 400.000 Mark. Einer der Kongreßhallenmieter hatte nämlich mit Kündigung gedroht, da nach Regenfällen sein Lagergut im Wasser stand. Abhilfe war dringend geboten. Im Vorfeld wurden verschiedene Lösungen diskutiert. „Das Geld gab den Ausschlag. Denn schließlich kann die Stadt pro Jahr weit mehr als 400.000 DM einnehmen", so rechneten die „Nürnberger Nachrichten" ihren Lesern vor, „wenn sie den einmaligen Betrag von 852.600 DM für das Dach und 280.700 DM für den Aufzug aufbringt. Auch andere werden sich dann für die noch leerstehenden Räume interessieren. Bisher werden über 20.000 Quadratmeter genutzt, die Kongreßhalle hat jedoch 34.000 zu bieten."[25] Im Rahmen dieser Diskussion im Bauausschuß wurden die „mutigen Worte" eines SPD-Stadtrats folgendermaßen zitiert: „Ob es ein Überbleibsel vom Dritten Reich ist, ist unwichtig. Andere Einrichtungen werden auch genutzt. (...) Nutzen wir die Chance, sorgen wir für anständige Verhältnisse. Ein höheres Mietaufkommen ist uns gewiß."[26] Er dürfte damit der damals vorherrschenden Meinung Ausdruck verliehen haben. In jedem Fall ging die Rechnung auf. Nach den entsprechenden Baumaßnahmen, die nach dem Motto durchgeführt wurden: „Nürnbergs teuerstes Erbstück soll mit dem geringsten Kostenaufwand der Stadt den größten Nutzen bringen"[27], erweiterte sich die vermietbare Lagerfläche, und die Einnahmen des Kämmerers stiegen entsprechend. Zwar entwickelte sich die Kongreßhalle dadurch nicht gerade zur „Goldgrube", aber immerhin erzielte die Stadt schon damals bei diesem „teuren Erbe" sogar einen Überschuß: 1990 standen circa 1,2 Millionen Mark Mieteinnahmen 800.000 Mark an Ausgaben für den Unterhalt gegenüber. Hauptmieter ist bis heute das Versandhaus Quelle. Weiterhin sind hier noch insgesamt 45 verschiedene Einrichtungen untergebracht: u. a. das Technische Hilfswerk, der Katastrophenschutz, der Schaustellerverband, das städtische Schulmöbellager, Polizei- und Feuerwehrsender sowie der Schallplattenverlag „Colosseum" mit seinen Musikstudios.[28]

Stadtentwicklung

Im Gegensatz zu dem improvisierten Umgang mit der Kongreßhalle wurden die Bereiche um den Dutzendteich, Luitpoldhain und Märzfeld im Rahmen der Stadtentwicklung erheblich umgestaltet. Im Frühjahr 1954 faßte der Stadtrat den Beschluß, das Gebiet um den Dutzendteich

---

19 NN, 11. 7. 1961.
20 Meldung der NN vom 16. 5. 1962: „Alle wollen das Großstadion, ... aber wer soll das bezahlen?"
21 Nicht ohne im Stadtrat betont zu haben, daß die Kongreßhalle bereits vor 1933 von der Stadt geplant worden war (vgl. H. Fütterer: Problem der Vergangenheitsbewältigung. Die Kongreßhalle auf dem Reichsparteitagsgelände in Nürnberg. Magisterarbeit der Philosophischen Fakultät I der Friedrich-Alexander-Universität Erlangen-Nürnberg, o. J., S. 39); vgl. auch NN, 24. 4. 1958.
22 Die Bezeichnung „Ausstellungsrundbau" hat sich allerdings in verschiedenen Bereichen bis heute gehalten, so etwa in der Beilage zu einer Stadtratsvorlage am 12. 9. 1990 oder in der neuesten Auflage des „Shell-Atlas" im dort aufgeführten Stadtplan der Stadt Nürnberg.
23 F. W. Bärwinkel, NZ, 2. 7. 1955.
24 Zit. bei H. Fütterer, a.a.O., S. 29.
25 NN, 17. 5. 1969.
26 Zit. NN, 29. 4. 1969.
27 NN, 17. 5. 1969.
28 Insgesamt 14 städtische Mieter, 9 Vereine und 22 gewerbliche Mieter; Vermietete Gesamtfläche: ca. 36 000 qm, genutzte Freifläche: ca. 10 000 qm.

wieder im Sinne der Errungenschaften der zwanziger Jahre zu nutzen und als „Volkspark Dutzendteich" anzulegen.[29] Die mittlerweile ausgetrockneten Weiher wurden mit Wasser gefüllt, die Ufer umgestaltet, Verbindungswege angelegt und der Silberbuck als Aussichtsberg aufgeschüttet. Diese Anhöhe entstand aus dem Aushub der Baugrube für das Deutsche Stadion, aus nicht mehr gebrauchtem Baumaterial für das Reichsparteitagsgelände und vor allem aus Trümmerschutt, der in der Nachkriegszeit auf einer eigens angelegten Bahnstrecke aus der Nürnberger Altstadt hierher transportiert worden war.

Zur Umgestaltung des Luitpoldhains gab es mehrere Vorschläge. Nach einem sollte dort eine Pferderennbahn entstehen, nach einem anderen ein Volksfestplatz. Die Stadt entschied sich für eine Parkanlage mit Lehrgarten, Rodelbahn und Spielplatz. Im Nordteil wurde nach fünfjähriger Planungs- und Bauzeit 1963 die Meistersingerhalle als städtisches Veranstaltungszentrum vollendet. Entsprechend dem Ratsbeschluß vom 7. Mai 1958 sollte sie „nicht nur kulturellen Veranstaltungen einen repräsentativen Raum bieten, (...), sondern auch Kongresse, Empfänge und sogar Bälle aufnehmen."[30] Mit dieser Entscheidung wurde, zusammen mit dem seinerzeit propagierten Ausbau der Kongreßhalle als Sportarena, ausdrücklich ein Stadtplanungsakzent im Nürnberger Süden gesetzt, nicht zuletzt mit Blick auf die neu entstehende Trabantenstadt Langwasser. Die Stadt hatte dort große Flächen als Bauland erworben. Im März 1957 erfolgte die Grundsteinlegung. Heute leben in diesem Stadtteil circa 32.000 Menschen (Seite 157).

Im Zuge dieser Arbeiten wurden das „Valka-Lager" und die Märzfeld-Türme beseitigt (Seite 150), denn sie waren den geplanten Bauten im Wege. Die Sprengung der elf Märzfeld-Kolosse bereitete einige Schwierigkeiten: Bei den ersten Versuchen, im April 1966, „gab es zwar viel Rauch, aber die Steinkolosse fielen nicht um", meldeten die „Nürnberger Nachrichten"und kommentierten: „Die Türme auf dem Märzfeld im ehemaligen Reichsparteitagsgelände stehen fest wie deutsche Eichen. (...) Die zahlreichen Zuschauer, darunter die Bürgermeister der Stadt, hohe Offiziere der Bundeswehr und der US-Armee, fühlten sich unwillkürlich an die Worte in einer NS-Schrift erinnert: ‚Nur was für Jahrhunderte berechnet ist, darf den Anspruch darauf erheben, wahrhaftig gebaut zu sein.'"[31] Erst ein Jahr später wurden die letzten Türme gesprengt. Auch in der Folgezeit bereiteten beim weiteren Ausbau von Langwasser die bis zu sechs Meter tiefen Fundamente und die sie verbindenden Fahnenbahnen immer wieder neues Kopfzerbrechen.[32]

Im August 1966 begann das große „Aufräumen": Stein- und Betonbrocken, Erde und sonstige Überreste aus den Sprengungen wurden zu einem 14 Meter hohen Lärmschutzwall für die neue Trabantenstadt aufgeschüttet und begrünt.[33] Größere noch herumliegende Steinblöcke, insbesondere das ursprünglich für die Reichsparteitagsbauten herangeschaffte Travertingestein, wurden an Ort und Stelle zersägt, zu Wand- und Bodenverkleidungen, Fensterbänken und Tischplatten verarbeitet und verkauft.[34]

Sprengen und Verdrängen

Auch in Nürnberg wurden also NS-Bauten gesprengt und mit Erdreich zugedeckt. Es fielen nicht nur die Märzfeldtürme, sondern auch, im Zuge der Neugestaltung des Luitpoldhains, die ehemalige Haupttribüne 1959 und Fußgängerunterführungen 1960. Daneben wurden verschiedene Gebäudeteile der Zeppelintribüne 1967, 1969 und 1976 beseitigt. Insbesondere die Sprengung der Säulengalerie im Juni 1967 erregte großes Aufsehen. Es kam zu Protesten, sogar zu einer Bombendrohung. Bei den Zeitungen ging eine Flut von Leserbriefen ein. Dabei wurde aus höchst unterschiedlichen Richtungen gegen den Abbruch argumentiert:[35] „Sind denn unsere Stadträte schon von allen guten Geistern verlassen? Sehen sie nicht, daß diese Freveltat wieder Tausende erbitterter Bürger in die Arme der NPD[36] treibt?" – „Jeder objektive Betrachter wird zugeben, daß (...) durchaus keine Verschönerung erreicht wird. Wir verwahren uns deshalb mit Nachdruck gegen die unsinnige Verschleuderung der (...) Gelder." – „Die angebliche oder echte Baufälligkeit der Säulen kann auf keinen Fall Grund genug sein, diese einmalige architektonische Attraktion, nach der sich andere Orte die Finger bis zum Ellenbogen abschlecken würden, zu vernichten." – „Dieses Bauwerk stellt kein Kulturdenkmal dar, ist jedoch ein Dokument der Geschichte. Es ist falsch, historische Relikte zu beseitigen, auch wenn sie aus einer verabscheuungswürdigen Epoche stammen."

Es gab aber auch Stimmen, die den Abbruch befürworteten: „Die Stadt Nürnberg sollte (...) den ganzen Plunder wegreißen, denn sie hat schönere, ältere und würdigere

---

29 Vgl. E. Dietzfelbinger, a.a.O., S. 11 ff.
30 Abgelehnt wurden als Standortalternative nicht nur der Cramer-Klett-Park am Rande der Altstadt, sondern auch die Möglichkeit, die Konzerthalle direkt an die Kongreßhalle anzubauen. CSU-Stadtrat Fritz Pirkl, der diesen Vorschlag vertrat, meinte, daß sich dadurch Geld einsparen ließe. „Im übrigen solle man die Kongreßhalle nicht so verschämt behandeln: ‚Das Ding steht nun einmal da.'" NN, 8. 3. 1958.
31 NN, 27. 4. 1966.
32 Vgl. Nürnberger Anzeiger, 23. 1. 1992.
33 Vgl. NN, 24. 8. 1966.
34 „Wer will, kann sich sogar einen Tisch mit einer Platte vom Reichsparteitagsgelände in die gute Stube stellen", NN, 24. 8. 1966.
35 NN, 27. 5. 1967.
36 Die Nationaldemokratische Partei Deutschlands (NPD) hatte als „Rechtspartei" in den sechziger Jahren überraschend hohe Wahlerfolge.

Bauwerke in Hülle und Fülle zu bieten." – „Manche tun so, als ob der Tempel von Paestum, die Sebalduskirche oder ein anderes ehrwürdiges Bauwerk abgerissen werden sollte. Dabei handelt es sich bloß um eine antik nachgekitschte, größenwahnsinnig gewordene Rednertribüne, die nun gerade 30 Jahre steht."

„Daß die Beseitigung des schadhaften Bauwerks nicht aus politischen Gründen erfolgt sei, (...) stieß immer wieder auf Skepsis, und zwar in allen Lagern", berichtete später der Nürnberger Schul- und Kulturreferent Hermann Glaser.[37] Doch die Sprengung der Säulengalerie erfolgte gemäß offizieller Begründung nur deshalb, weil sie „wegen der Verwendung von nichtfrostbeständigem Kalksteinmaterial (...) sicherheitsgefährdend hinsichtlich des Automobilrennens geworden war."[38] Tatsächlich wurde die Zeppelintribüne in hektischer Eile und in zum Teil schlampiger Bauweise hochgezogen – ganz im Gegenteil zur Kongreßhalle – und hatte 1943 bei einem Bombenangriff zusätzlich Schaden genommen. Alleine die Sanierung der Säulengalerie hätte 1967 830.000 Mark gekostet, eine Gesamtwiederherstellung sogar drei Millionen Mark. Die Sprengung hingegen kostete nur 150.000 Mark.[39] Sie erfolgte also aus rein finanziellen Gründen und hatte, wie Bürgermeister Franz Haas damals anmerkte, „mit der Beseitigung des Zeitgeistes" nichts zu tun.

Daß sich bis heute Zweifel erhalten haben, liegt wohl daran, daß die Sprengung dem doch weitverbreiteten Wunsch, die NS-Relikte endlich verschwinden zu lassen, sehr entgegenkam – vor allem in jener Zeit, da die NPD auch und gerade in Nürnberg unerwartete Wahlerfolge feierte. Bezeichnend sind hier die Schlagzeilen der Nürnberger Presse, unter denen über die geplanten Sprengungen berichtet wurde: „Das letzte Stück der politischen Vergangenheit des Luitpoldhains geht jetzt (...) mit Donnergetöse in die Luft." (1960)[40] „Das Märzfeld streift seine Vergangenheit ab." (1964)[41] „Hitlers Säulengalerie fällt – Nürnberg merzt ein Stück Vergangenheit aus" (1967)[42].

„Gras drüber"

Vermutlich wäre auch die Kongreßhalle schon längst gesprengt worden, wie es der Bund Deutscher Architekten (BDA) in seiner Denkschrift „Schöneres Nürnberg" 1963 vorgeschlagen hatte, wären die geschätzten Kosten mit 12–14 Millionen Mark nicht so hoch gewesen. Nach diesem Konzept „sollten die Attika und die oberen Geschosse in den Rundbau hineingesprengt (...), verbleibende Reste von außen mit Erde angeböscht (...) und über allem schnellwachsende Gehölze gepflanzt werden. Mögen hier und dort Ruinenteile durch den Hügel und seine Pflanzung ragen, so möge der Bürger durch ihren Anblick gemahnt werden (...), daß der gleiche Geist, aus dem die neue Stadt geschaffen wird, auch diese vergessenswerte Zeit überwunden hat."[43]

Die Verfasser der Denkschrift sahen es als eine „Sünde wider den Geist der neuen Stadt, an irgendeine Verwendbarkeit auch nur zu denken." Sie begründeten dies mit der uns zufallenden „Aufgabe, dieses Zeichen zu löschen (...) und damit (...) einen Beweis zu erbringen für den Willen dieser Generation zu einer demutsvollen Wiedergutmachung."[44] Doch mit derartigen Spreng- und Bepflanzungsaktionen ist der Mahnmaleffekt gewiß nicht zu erreichen, wie die Erfahrungen von Silberbuck und Lärmschutzwall am Märzfeld zeigen. Dort sind sehr viele Baurelikte aus der NS-Zeit verschwunden. Seitdem ist „Gras über die Sache gewachsen". Die „vergessenswerte Zeit" wurde hier offenbar effektiv entsorgt.

Bei der Kongreßhalle scheiterte solch ein Verfahren schon alleine an deren Dimensionen. Nur ein Teil des Gebäudes wurde mittlerweile begrünt: der Serenadenhof im südlichen Kopfbau. Seit 1986 finden dort Theater- und Musikveranstaltungen statt. Für das Programm dieser Freilichtbühne wird seither mit Plakaten geworben, auf denen steht: „Genießen Sie bei schönem Wetter die romantische Atmosphäre." Ein Farbphoto zeigt darauf die Kongreßhallenruine mit eingemaltem Sonnenuntergang und funkelnden Sternen. Nichts im Serenadenhof oder sonst irgendwo an der Kongreßhalle und schon gar nichts auf diesem Plakat erinnert an die Geschichte dieses Baus. Sie scheint in Vergessenheit geraten zu sein.

Was hier lediglich an einem Gebäudeteil praktiziert wird, nämlich die romantisierende Vereinnahmung der NS-Bauten, findet sich als Planspiel in großem Stil in einer Stadtratsvorlage von 1989, die von der Arbeitsgruppe „Bundesgartenschau" erarbeitet worden war. Danach sollte in den neunziger Jahren eine „Nürnberg-typische Bundesgartenschau" durchgeführt werden mit dem erklärten Ziel, „un- bzw. untergenutzte Potentiale der NS-Bauwerke" nutzbar zu machen, um eine stärkere „Identifikation der Bürger mit ihrer Stadt zu bewirken."[45]

---

37 H. Glaser: Rumpelkammern im Deutschen Colosseum; in: Rheinischer Merkur, 16. 6. 1989, S. 15.
38 Hochbauamt, Abteilung 2; 4. 4. 1989.
39 Vgl. E. Dietzfelbinger, a.a.O., S. 21 f.
40 NN, 12. 2. 1960.
41 NN, 28. 11. 1964.
42 NN, 17. 5. 1967.
43 Denkschrift des Bundes Deutscher Architekten für Stadtentwicklung, Nürnberg 1963, S. 16.
44 Ebd.
45 Grobkonzept für eine Bundesgartenschau Nürnberg, Dezember 1988, Stadt Nürnberg/Arbeitsgruppe Bundesgartenschau, S. 1.

46 Ebd., S. 3.
47 Stadtratsbeschluß vom 18. 1. 1989.
48 Sophie Rieger, Stadträtin der Grünen in der Stadtratssitzung vom 28. 1. 1989. Die Wasserqualität des Silbersees ist völlig verschieden von den umliegenden Gewässern. Nach einer Untersuchung des Wasserwirtschaftsamtes Nürnberg vom 20. 8. 1991 wurden im oberflächennahen Wasser ein „relativ großes Sauerstoffdefizit (circa 30 Prozent) und sehr hohe Salzbelastung" festgestellt. Ursache dürften die Sickerwässer des nahegelegenen Schuttbergs (Silberbuck) sein, dessen Stoffe im einzelnen nicht bekannt sind. Er besteht vermutlich aus einer Kombination von Trümmer-, Bau- und organischem Schutt, möglicherweise industriellen Abfällen und vielleicht auch Kampfmitteln. Das Baden ist dort verboten. Trotzdem kam es zu über 20 Todesfällen.

Hierfür plante man, die Große Straße in eine „Friedens-" oder „Skulpturenallee" und die Zeppelintribüne in eine „Blumenarena" zu verwandeln. Die zentralen Ausstellungsbereiche sollten „durch ein besonders attraktives Ereignis besonders aufgewertet werden." Hier dachte man daran, „den NS-Kongreßhallentorso zu einem einzigartigen Großgewächshaus mit verschiedenen angemessenen Freizeitnutzungen umzugestalten."[46]

Dieser Plan wurde „angesichts der engen finanziellen Spielräume"[47] nicht mehr weiter verfolgt. Der Ablehnungsgrund war also derselbe wie bei allen anderen bisher vorgelegten Umgestaltungsplänen. Neu war allerdings, daß sich einzelne Stadträte auch mit politischen Argumenten gegen dieses Konzept wandten. Unter anderem wurde darauf verwiesen, daß es zynisch sei, „ausgerechnet den Silberbuck mit seiner Problemmülldeponie als Ausflugsort mit Sesselbahn und Café auszubauen mit Blick auf den extrem verschmutzten und vergifteten Silbersee."[48]

Mahnmale

Die ersten Ansätze, Gedenkstätten in Nürnberg zu errichten, reichen weit zurück. Bereits 1945 wurde an dem 1928/30 gebauten Kriegerdenkmal im Luitpoldhain eine Gedenktafel für die Opfer der beiden Weltkriege und der Gewaltherrschaft 1933 – 1945 angebracht[49]. Ein Jahr später erhielt der nahe gelegene Wodanplatz den neuen Namen „Platz der Opfer des Faschismus"[50]. Doch darin erschöpfte sich erst einmal das Bemühen der Stadt, sich der Geschichte zu stellen. Die politische Bedeutung des Reichsparteitagserbes wurde jahrzehntelang ignoriert.

Ein tiefgreifender Wandel in der öffentlichen Diskussion setzte erst in den siebziger Jahren ein. Ein Indiz hierfür ist die Neufassung des bayerischen Denkmalschutzgesetzes vom 25. Juni 1973, wonach „für alle materiellen Überlieferungen des sogenannten Dritten Reiches Denkmalüberprüfungen durchgeführt werden müssen."[51] Zunehmend machte sich die Einsicht breit, daß man Geschichte nicht dadurch bewältigen kann, daß man ihre Spuren beseitigt.

Seitens der Stadt findet dieses wachsende Geschichtsbewußtsein 1977 in einer Broschüre über „Nürnberg 1933 – 1945" seinen Niederschlag[52]. Darin wird zum einen die besondere Verknüpfung Nürnbergs mit dem Nationalsozialismus erläutert, zum anderen finden sich darin Kurzerläuterungen zu den einzelnen Reichsparteitagsbauten. Zum Anspruch dieser für Einheimische und Touristen gedachten Broschüre heißt es im Vorwort, es sei „unumgänglich, daß sich Nürnberg mit seiner, das heißt auch mit der deutschen Vergangenheit stärker auseinandersetzen muß als manch andere Stadt", obwohl sie es nicht verdient habe, „jenes ‚große Symbol' des Nationalsozialismus zu sein, das heute der Tourist glaubt erleben zu können, wenn er von Zeugnissen großer Vergangenheit zu Schandflecken großer Barbarei eilt." Doch gerade das fordere dazu heraus, „die mit deutscher Geschichtlichkeit und politischer Psychologie weniger Vertrauten darüber aufzuklären, wie leicht es totale Machtapparaturen vermögen, Traditionen und geschichtliches Erbe zu ihrem abgründigen Nutzen umzuwenden oder umzudrehen."[53]

Geschichte und Gegenwart

Im Sinne dieser „Aufklärung" legte eine aus Journalisten und Historikern zusammengesetzte Initiativgruppe 1978 eine Denkschrift vor, in der gefordert wurde, in den Räumen der Kongreßhalle ein „Institut für Faschismusforschung" einzurichten. In drei Stufen sollten realisiert werden: eine Dauerausstellung, die über den Nationalsozialismus und andere Formen des Faschismus in Europa informiert; ein Dokumentationszentrum, wo entsprechende Materialien gesammelt und der Öffentlichkeit zugänglich gemacht werden; ein Forschungszentrum, das sich wissenschaftlich mit dem Faschismus „in historischer und aktueller Sicht befaßt, Zeitströmungen beobachtet und (...) aufkeimenden Faschismus frühzeitig entdeckt."[54]

Nach Meinung der Autoren sollte es in diesem Institut nicht darum gehen, „die Geschichte als abgeschlossenes Stück Vergangenheit zu präsentieren; vielmehr" müßte dort, über die historische Darstellung hinaus, „die Auseinandersetzung mit den der Geschichte zugrundeliegenden und bis in die Gegenwart hinein reichenden Denk- und Verhaltensweisen geführt werden."[55]

Einen ersten Schritt in diese Richtung plante die Stadt Nürnberg im sogenannten Goldenen Saal der Zeppelintribüne, den der „Motorsportclub Nürnberg" mittlerweile geräumt hatte. Mit Blick auf den 50. Jahrestag der „Machtergreifung" am 30. Januar 1983 sollte eine Auseinandersetzung mit dem Thema „Nationalsozialismus – Neofaschismus" geführt werden. Bereits 1979 setzte das Schul-

---

49 Jedes Jahr finden dort am Volkstrauertag die offiziellen Gedenkveranstaltungen statt. 1958 wurde im Auftrag der Stadt an der Rückseite des sogenannten Ehrenmals zum Gedenken an die in beiden Kriegen getöteten Flieger das „Fliegermal" errichtet. Inschrift: „Den Lebenden zur Mahnung" (vgl. NZ, 17. 3. 1958). „Die Aufstellung dieses ersten Fliegerdenkmals in der Bundesrepublik ist", nach Meinung von Dietzfelbinger, „rückblickend gesehen als eine gesellschaftliche Anerkennung der 1955 neugegründeten Bundeswehr zu werten" (E. Dietzfelbinger, a.a.O., S. 12).
50 Diese Umbenennung erfolgte am 25. 5. 1946 aufgrund der von der US-Militärregierung in Bayern angeordneten Maßnahmen zur Entnazifizierung (vgl. ebd., S. 11).
51 Schreiben von Hauptkonservator Dr. H.-W. Lübbeke, Bayer. Landesamt für Denkmalpflege vom 29. 1. 1992 an das Pädagogische Institut. Lübbeke weist darauf hin, daß „die erhebliche geschichtliche Bedeutung meist zur Denkmalfeststellung führen wird" (ebd.). Im Kommentar zum Bayer. Denkmalschutzgesetz wird bereits seit der 1. Auflage von W. Eberl (München 1973, S. 8) der „Kolossalstil" des NS-Regimes ausdrücklich erwähnt.
52 Stadt Nürnberg (Hg.): Nürnberg 1933–1945, Nürnberg 1977, 11. Auflage 1991, 202. – 231. Tsd.; vgl. auch NN, 28. 1. 1977.
53 H. Glaser, ebd.
54 H. Cramer/C. Jahn/W. Simon: Projekt eines Instituts zur Faschismusforschung (Vorentwurf), hektogr. Mskr. o.O., o. J.
55 Ebd., S. 3.

und Kulturreferat eine Planungsgruppe ein, die hierfür verschiedene Konzepte erarbeitete.

Zunächst war von einem „Museum Nationalsozialismus" die Rede, später von einem „antifaschistischen Museum". Doch die Pläne wurden mehrfach umgeworfen, vor allem weil die Stadt das Geld nicht aufbrachte. Man einigte sich schließlich darauf, im „Goldenen Saal" eine Ausstellung einzurichten. Dazu mußte jedoch zuerst die Zeppelintribüne instand gesetzt werden, hatte doch die Sprengung der Säulengalerie 1967 die Tribünenfundamente derart erschüttert, daß sich Risse im Mauerwerk zeigten. Erst 1983 bewilligte der Stadtrat die hierfür notwendigen Gelder von 493.000 DM – nicht zuletzt, wie Bürgermeister Willy Prölß betonte, weil die Stadt ansonsten gezwungen wäre, „die gesamte Tribüne in einigen Jahren wegen Einsturzgefahr zu sperren. Und das würde dann das endgültige Aus für die Rennen auf dem Noris-Ring bedeuten."[56]

Der Termin für die geplante Ausstellung im Januar desselben Jahres war jedenfalls nicht zu halten. Ersatzweise fand im Pellerhaus eine kleine Ausstellung statt. Um die seit langem angekündigte Ausstellung in der Halle der Zeppelintribüne trotz der Finanzierungsnöte präsentieren zu können, bemühte sich das Schul- und Kulturreferat um einen Sponsor. So kam es zur Zusammenarbeit mit der Firma „Nürnberger Medien-Technik". Sie hatte sich bereit erklärt, auf eigene Kosten im Auftrag der Stadt eine „Ton- und Bildschau" zu produzieren, in der versucht werden sollte, die „faszinierende Seite nationalsozialistischer Selbstdarstellung" als Kehrseite von Gewalt und Terror zu entlarven. Hierfür wurden in der Halle der Zeppelintribüne Scheinwerfer, Projektoren, Lautsprecher und Leinwände montiert und zudem drei Steinmauern errichtet zum einen der Akustik wegen, aber auch um „die Wirkung der Architektur zu ‚brechen'."[57]

Die vom 18. November bis 2. Dezember 1984 gezeigte „Show" erwies sich als Publikumsrenner. Innerhalb der kurzen Zeit wurden 8.000 Besucher gezählt. Viele Tageszeitungen der Bundesrepublik und des Auslands berichteten darüber. Dabei gab es aber auch kritische Stimmen. Immer wieder wurde die Befürchtung geäußert, daß die Produzenten dieser Medienschau der Faszination, die sie eigentlich als Kehrseite der NS-Gewalt entlarven wollten, selbst erlegen seien. Es ist nur schwer zu entscheiden, ob der Geldgeber, der sich bis dahin vor allem durch Light-Shows und Werbefilme hervorgetan hatte, mit der Medienumsetzung des ursprünglichen Ausstellungsansatzes überfordert war, oder ob zu der häufig kritischen Einschätzung auch die Befürchtung beigetragen hatte, man könne in Nürnberg mißverstanden werden, wenn man sich mit dem Nationalsozialismus als Faszinosum auseinandersetzt.

Faszination und Gewalt

Nach diesem Probelauf wurde ein völlig neues Ausstellungskonzept erarbeitet, indem man aus der Not knapper Geldmittel eine Tugend machte: Man entfernte die im Jahr zuvor eingezogenen Mauern und arbeitete vor allem mit der Wirkung des Raumes. Trotzdem kommt im „Goldenen Saal" mit seiner „zwischen Gruft und Ehrenhalle changierenden Atmosphäre" (Dieter Bartetzko) „keine Beklemmung und schon gar keine Weihestimmung auf. Denn ein ständig laufender Videofilm klärt über die Geschichte des Geländes und des Standortes auf – weitere Filme können in einem Saal gesehen werden, in dem auch einige der zertrümmerten Großscheinwerfer stehen, mit denen Albert Speer seine ‚Lichtdome' in den Himmel warf."[58]

Die Ausstellungsräume wirken „nicht allein durch die Geschichte, die hier inszeniert wurde, sondern auch durch das Umfeld. Unkraut zwischen Mauerritzen, Tennisspieler und Squasher, herausgebrochene Marmorfassaden und Reste von Grillparties zeigen den Wandel der Zeit und auf eine ganz alltägliche Weise die Endlichkeit des ‚Tausendjährigen Reiches'."[59] Im Vordergrund dieses Ausstellungsprojektes steht „die Frage, woher der Nationalsozialismus seine Attraktion auf die Massen gewann."[60] Dieser Ausstellungsansatz machte eine Auseinandersetzung mit der politischen Ästhetik des Nationalsozialismus notwendig, mit dem Spannungsverhältnis von Faszination und Gewalt.[61]

Die Ausstellung „Faszination und Gewalt" wurde im Juli 1985 eröffnet. (Seite 161) Seitdem wird sie schrittweise ausgebaut und (wegen Unheizbarkeit der Tribünenhalle, was ihre Kulissenhaftigkeit nochmals hervorhebt) in den Sommermonaten im „Goldenen Saal" und seinen Nebenräumen gezeigt. 1989 errichtete die Stadt auf dem Reichsparteitagsgelände vier Texttürme, die die Besucher über die Funktion des Geländes, die Vergangenheit der Gebäude und ihren Stellenwert für das NS-Regime informieren. (Seite 159) Ergänzend hierzu werden regelmäßig Führungen über das Gelände angeboten. Außerdem liegen mitt-

---

56 Zit. Abendzeitung, 22. 2. 1983.
57 Pädagogisches Institut: Sachstandsbericht vom 21. 6. 1985, Vorlage für die Sitzung des Schulausschusses am 12. 7. 1985, S. 5.
58 Peter Steinbach: Gedenkstätten zu Denkstätten — Thesen zu zeitgeschichtlichen Ausstellungen; in: B. Ogan/W. W. Weiß, 1992, a.a.O., S. 295.
59 Ebd.
60 Pädagogisches Institut: Sachstandsbericht, a.a.O., S. 9.
61 B. Ogan: Faszination und Gewalt; in: B. Ogan/W. W. Weiß (Hg.): Faszination und Gewalt. Nürnberg und der Nationalsozialismus. Eine Ausstellung, Pädagogisches Institut der Stadt Nürnberg, 1990, S. 9.

lerweile mehrere Informationsschriften, Videofilme und regionalgeschichtliche Untersuchungen zum Thema „Nürnberg und der Nationalsozialismus" und speziell zur Geschichte des Reichsparteitagsgeländes vor. All dies kann sich durchaus sehen lassen und wird offensichtlich auch positiv aufgenommen, wie Presseberichte und kontinuierlich steigende Besucherzahlen zeigen (1991: 45.000). Trotzdem wirken all diese Maßnahmen irgendwie improvisiert. Der politische Wille des Stadtrates ist offensichtlich nicht stark genug, die immer wieder beteuerte Notwendigkeit der Auseinandersetzung mit dem Nationalsozialismus konsequent umzusetzen. Deshalb werden wohl auch weiterhin höchst unterschiedliche Nutzungsvorschläge produziert, die gelegentlich zwar eine mehr oder weniger aufgeregte öffentliche Diskussion auslösen, ansonsten aber zu keinen konkreten Maßnahmen führen.

„Mahnmal kommerziellen Größenwahns"

Bestes Beispiel hierfür ist der im März 1987 von der Firma „Congreß & Partner" präsentierte Vorschlag, die Kongreßhalle in ein Shopping- und Freizeitcenter zu verwandeln.[62] In einer Größenordnung von 500 Millionen Mark sollten dort extravagante Wohnstudios, exclusive Geschäfte, Reitstall, Golfplatz, Disco und Restaurants entstehen, verbunden durch eine „überdachte, 24 Stunden begehbare Prachtstraße". (Seite 149)

Mit diesem Projekt wollten die Initiatoren, drei Nürnberger Kaufleute, „eine Belebung der Kaufkraftströme nach Nürnberg erreichen"[63]. Sie verknüpften damit die Erwartung, auch den „gewerbetreibenden Einzelhändlern der Innenstadt (...) zu mehr Umsatz"[64] zu verhelfen. Die Regionalpresse begrüßte zunächst diese „mutigen Pläne für den Kongreßhallentorso"[65]. Auch Kämmerer und Wirtschaftsreferent signalisierten wohlwollende Prüfung. Doch drei Monate später, unmittelbar vor der entscheidenden Ratssitzung, zogen sie ihre eigene Vorlage wieder zurück, da der von ihnen vorbereitete Beschlußvorschlag, der Firma für Kongreßhallengebäude und zugehörige Nutzflächen ein Erbbaurecht einzuräumen, bei keiner der Stadtratsfraktionen Zustimmung gefunden hätte. Ausschlaggebend hierfür waren die Unsicherheiten darüber, welche Auswirkungen dieses Mammutprojekt auf die ökonomische und verkehrstechnische Entwicklung haben würde, und der „mögliche historische Fehlgriff", wenn ein derartiges Symbol der NS-Zeit rein kommerziell genutzt wird. Zum letzten Punkt unterstrich SPD-Stadtrat Peter Schönlein die Auffassung seiner Partei, „daß tatsächlich sehr sorgfältig beachtet werden muß, daß dieses schwere, bedrückende, historische Erbe einer Nutzung zugeführt wird, die diesem Charakter des denkmalgeschützten Baus entspricht. (...) Wir sind der Auffassung", so der SPD-Stadtrat und spätere Oberbürgermeister, „daß die Kongreßhalle zumindest auf jetzt absehbare Zeit so weiter genutzt werden sollte wie bisher, bis die Zeit reif ist, eine andere Lösung zu finden. Ich bin überzeugt davon, daß diese Lösung so aussehen wird, daß sie dazu dienen wird, diese unselige und für das deutsche Volk verhängnisvolle Zeit zu dokumentieren, aufzubereiten", um damit die Kongreßhalle „einem Zwecke zuzuführen, der meines Erachtens für dieses Bauwerk am geeignetsten ist."[66]

Vorausgegangen war ein Entrüstungssturm der Nürnberger Bürgerschaft gegen den geplanten „Konsumtempel" auf dem Reichsparteitagsgelände. „Übereinstimmend wird das Vorhaben abgelehnt", meldeten die „Nürnberger Nachrichten" am 24. März 1987 über den Tenor der vielen Leserzuschriften. Doch anders als seinerzeit bei den Umgestaltungsplänen für ein Kongreßzentrum (1955) oder Großstadion (1962) standen nun weniger finanzielle als politische Bedenken im Vordergrund:[67] „Vor fünfzig Jahren halfen die jährlichen Jubelfeiern, die Leidenden und Toten in den Lagern aus dem Bewußtsein zu verdrängen. Heute kann uns der Konsum helfen, Armut und Not der Dritten Welt, in der für unseren Reichtum gehungert und gestorben wird, zu vergessen. Es gibt wirklich keinen besseren Platz für ein neues Einkaufsparadies in dieser Stadt." – „Die Kongreßhalle ist ein unübersehbares optisches Zeichen für die Politik des Faschismus, des Größenwahns. (...) Haben die Ratsmitglieder das Recht, auch in diesem Falle nach der Kosten-Nutzen-Analyse vorzugehen? Kann der Stadtrat eine angemessene Entscheidung treffen, solange über das Thema ‚NS-Bauten in Nürnberg' keine Grundsatzauseinandersetzung stattfindet?"

Auch der Generalkonservator des bayerischen Landesamts für Denkmalpflege, Michael Petzet, meldete „erhebliche Bedenken" an. Er verwies darauf, daß die Kongreßhalle „eines der wichtigsten Zeugnisse der Gigantomanie des Nationalsozialismus" ist, ein „Mahnmal einer für die heutige Generation unvorstellbar gewordenen Staatsidee, Mahnmal auch für die Zerstörungen, die diese Staatsidee

62 Congreß & Partner, hektogr. Pressemitteilung ohne Datum.
63 Ebd. S. 2.
64 Ebd. S. 4.
65 NN, 12. 3. 1987.
66 Protokoll der Stadtratssitzung vom 14. 7. 1987, S. 9 f.
67 NN, 24. 3. 1987.

hervorgerufen hat", und zudem „heute das einzige Gebäude, das die Planungen und damit die Ideologie der Nazizeit gegenständlich vermitteln kann." Eine „Erhaltung als Torso (...) mit der jetzigen Nutzung, die sich eher zufällig entwickelt hat", sei durchaus denkbar und in jedem Falle einer Umgestaltung zum Erlebnis- und Einkaufszentrum vorzuziehen. „Im übrigen würde gerade auch der Verzicht auf eine Nutzung und die Widmung des Torso als Mahnmal dem Geschichtsdenkmal gerecht werden."[68]

Dieser Gedanke wurde in dem Vorschlag für ein „verfallendes Denkmal" aufgegriffen, den eine Bürgerinitiative als Reaktion auf den Vermarktungsvorstoß von „Congreß & Partner" vorlegte.[69] Grundidee dabei war, die Kongreßhalle „dort, wo es nicht zur Fertigstellung kam, vom Innern her einem ‚geplanten' Verfall zu überlassen." Außerdem sollte nach diesem Plan zwischen den beiden Flügelbauten „ein Kennzeichen unserer Zeit hinzugefügt (werden): ein kleiner pavillonartiger Anbau, der als Dokumentationszentrum genutzt wird."[70]

Trivial-Nutzung

Letztlich ist durch den Shoppingcenter-Vorschlag „eine neue Diskussion über die Nutzung des ehemaligen Reichsparteitagsgeländes in Gang gekommen"[71], bei der auch die karge Ausstattung der Ausstellung in der Zeppelintribüne wieder in den Blick geriet: „Verkümmert die NS-Ausstellung?" fragten die „Nürnberger Nachrichten" am 1. Juli 1988 und verwiesen darauf, daß das „Projekt im ‚Goldenen Saal' auch nach drei Jahren noch immer Provisorium" ist. Sie bezogen sich dabei auf die Presseerklärung des neugegründeten „Arbeitskreis Umgang mit der Geschichte", der den Stadtrat aufforderte, seine politische Verantwortung für das NS-Erbe wahrzunehmen. Insbesondere forderte er „ein Gesamtkonzept für die Nutzung des Reichsparteitagsgeländes. (…) Ohne eine politische Grundsatzentscheidung in dieser Frage" könnte nach Meinung des Arbeitskreises „leicht der Eindruck entstehen, daß das Symposion über den Umgang mit NS-Architektur für die Stadt nur Alibifunktion hat."[72]

Das hier erwähnte Symposion wurde im Auftrag des Stadtrats am 7. und 8. Juli 1988 im Germanischen Nationalmuseum durchgeführt und fand ein weit über Nürnberg hinausreichendes Presseecho. Eine Perspektive für ein umfassendes Nutzungskonzept zeichnete sich allerdings dort auch nicht ab. „Immerhin hinterließ die Konferenz den Eindruck, daß über alle künftigen Verwendungsmöglichkeiten für den größten noch existierenden zusammenhängenden Baukomplex der NS-Zeit diskutiert werden könne, nur nicht über den endgültigen Abriß."[73]

Der Nürnberger Schul- und Kulturreferent Hermann Glaser plädierte auf dem Symposium für eine „möglichst triviale Nutzung"[74] des Geländes und lediglich zwei bis drei Informationsstätten anstelle eines größeren „Museums für Zeitgeschichte", wie es seit einiger Zeit immer wieder in die Diskussion gebracht wurde[75]. Nach seiner Meinung würde es die Bauten nur unnötig aufwerten. Die gegenwärtige Verwendung als Lagerplatz, Abstellraum, Tenniswand und Übungsplatz für Katastrophenschutz sieht er eher positiv und empfindet es „als Zeichen höherer Gerechtigkeit, wenn ein Bauwerk des hybriden Machtrausches, das der Brutalität zur Apotheose und der Gemeinheit zur Aura verhelfen sollte, ‚parterre' genutzt wird und damit als etwas Gemeines in den Orkus der Banalität zurückgestoßen wird."[76]

Auch für Michael Petzet ist „die jetzige Nutzung in gewissem Sinn schon optimal. Ich glaube, ein ganz wesentlicher Punkt ist an dem Bau das Unvollendete, also diese wahnwitzige Gigantomanie und dann letztlich das Scheitern, also in gewissem Sinne ein babylonischer Turm der Nazi-Zeit"[77], der stets für neue Anlässe sorgt, sich mit der eigenen Geschichte auseinanderzusetzen[78].

Museum für Zeitgeschichte

An diesem „Konzept" des institutionalisierten Provisoriums wurde schon auf dem erwähnten Symposion Kritik geübt. Angesichts der Tatsache, daß NS-Realien bislang in keinem deutschen Museum oder Kulturinstitut gezielt gesammelt werden, und es auch nirgends eine entsprechende wissenschaftliche Abteilung für solch eine Aufgabe gibt, forderte SPD-Stadtrat Dieter Rossmeissl „ein Museum zur Geschichte des Faschismus in Europa. (…) Es muß einen angemessenen Platz beziehen neben dem Deutschen Historischen Museum und dem Museum zur Geschichte der Bundesrepublik Deutschland." Das Gelände der NS-Parteitage stellt nach Meinung von Rossmeissl, „den genuinen Platz einer solchen Aufarbeitung dar."[79]

Damit greift er den Gedanken einer Nürnberger SPD-Arbeitsgruppe auf, die in einer Denkschrift vom Januar

---

68 Schreiben des Bayer. Landesamtes für Denkmalpflege an die Stadt Nürnberg/Baureferat vom 16. 4. 1987.
69 K. Biller: Gegenprojekt. Das Nürnberger „Kolosseum" — Zeuge einer unbewältigten Vergangenheit oder Zeuge einer unbewältigten Gegenwart?, hektogr. Vorlage, Nürnberg 1987.
70 Ebd., S. 1.
71 Süddeutsche Zeitung, 22. 7. 1988.
72 Pressemitteilung des AK „Umgang mit der Geschichte" vom 27. 6. 1988, S. 1.
73 Süddeutsche Zeitung, 22. 7. 1988.
74 Vgl. Frankfurter Allgemeine Zeitung, 15. 7. 1988.
75 Vgl. NN, 24. 7. 1985.
76 H. Glaser, 1989, a.a.O., S. 15.
77 Zit. G. D. Liedtke: Das Erbe Albert Speers. Sendung des Bayer. Rundfunks, 2. Programm, 1. 12. 1987, 22.30 Uhr.
78 W. W. Weiß: Wider die schleichende Verdrängung. Gedenktage und der alltägliche Umgang mit NS-Architektur, in: Die Demokratische Schule 11/1988, S. 5 ff.
79 D. Rossmeissl: Aufklärung statt Sprachlosigkeit; in: Rheinischer Merkur, 18. 8. 1989.

1989 Überlegungen für ein „Museum für Zeitgeschichte" in die Diskussion gebracht hatte. Danach sollte „in mehreren Stufen in den Räumen der Kongreßhalle und der Zeppelintribüne ein Dokumentationszentrum eingerichtet werden, das (...) Nürnbergs Willen und Fähigkeit zum verantwortlichen Umgang mit der Vergangenheit belegt"[80], mit folgenden Arbeitsschwerpunkten: Finanzielle und personelle Absicherung der Ausstellung „Faszination und Gewalt" sowie Ausbau zur Dauerausstellung; Errichtung eines Dokumentations- und Forschungszentrums, das nach wissenschaftlichen Kriterien Material sammelt und der Öffentlichkeit zugänglich macht; Institutionalisierung der museumspädagogischen Betreuung von Besuchergruppen und Einzelbesuchern; Errichtung von Seminarräumen im Stile eines Begegnungszentrums, wo sich nach dem Modell der „Zukunftswerkstatt" regionale und internationale Kurse mit unterschiedlichen Herrschaftsformen auseinandersetzen.

Diese Forderungen gleichen in vielen Punkten der bereits erwähnten Denkschrift von 1978[81], allerdings war dem neuen Vorstoß der SPD-Arbeitsgruppe mehr Resonanz beschieden: Es erschienen viele Berichte und Kommentare in den Tageszeitungen. Die Hauptversammlung des SPD-Unterbezirks faßte den einstimmigen Beschluß, diese Forderungen zu unterstützen, mehrere Landtags- und Bundestagsabgeordnete wiesen in Briefen an den Nürnberger Oberbürgermeister auf die Dringlichkeit dieses Anliegens hin.

Einen ersten Schritt zur „Errichtung eines Museums für Zeitgeschichte in der Trägerschaft einer Stiftung des öffentlichen Rechts" tat der Stadtrat am 8. Dezember 1989: Er beauftragte die Verwaltung, durch Verhandlungen abzuklären, inwieweit Bundes- und Landeszuschüsse sowie Zuschüsse sonstiger Institutionen für die konzeptionellen Vorarbeiten zur Gründung einer solchen Stiftung zu erreichen sind."[82]

„Friedenshain"

Bei diesem Schritt ist es bislang geblieben. Ein zweiter erfolgte nicht. Denn die weitere Diskussion nahm mit dem Amtsantritt der neuen Schul- und Kulturreferentin Karla Fohrbeck eine höchst unerwartete Wendung.
Auch sie setzte sich inhaltlich mit dem Reichsparteitagsgelände auseinander und präsentierte dem Stadtrat am 14. September 1990 einen Umgestaltungsvorschlag[83], der zunächst ungläubiges Staunen und Verunsicherung, dann heftige Proteste auslöste. Frau Fohrbeck beabsichtigte auf dem Zeppelingelände einen „zentralen Ort der Aufklärung, der Nicht-Verdrängung, der Besinnung, der Dankbarkeit, der Menschenliebe, des gegenseitigen Verstehens, der Versöhnung und von Friedenskundgebungen entstehen (zu lassen). Der Wahrheit suchende Geist und die durchaus nicht zu leugnende mitfühlende Seele Deutschlands – innerhalb der deutschen Geschichte immer wieder besiegt – sollten dort zum Ausdruck kommen."
Im einzelnen waren folgende Umgestaltungsmaßnahmen vorgesehen:

„Panzerglastafeln ‚Wege zum Frieden'" (vor der Mauer oberhalb der „Führerkanzel"): Sie sollten, ähnlich einem Kreuzweg, „mögliche Stationen und Haltungen im Umgang mit der Vergangenheit" präsentieren. Insgesamt acht dieser Tafeln waren auf dem „Weg zum Frieden" geplant: „Einsicht, Umkehr, Frei werden, Grenzen erkennen, Vergebung, Versöhnung, Verdrängung?, Entscheidung!" Jede Panzerglastafel wäre mit Zitaten aus dem Alten und Neuen Testament sowie aus der „weltlichen Geistesgeschichte" versehen worden. Hierzu machte die Referentin differenzierte Vorschläge mit genauer Angabe der Bibelfundstelle beziehungsweise mit Stichworten zu den einzelnen Weltbereichen.[84] „Rechtsradikale und antisemitische Schmierereien" hätten nach Vorstellung der Referentin „künftig (notfalls) auf den Glasplatten stehen bleiben (oder leicht abgewischt werden)" können.

„Friedenshain oder Friedenspark" (auf dem zur Zeit noch als US-Army-Sportplatz genutzten Gelände): Hier sollten „versöhnende Baumpflanzungen als Sinnbild für Toleranz, Völkervielfalt und multikulturelle Gesellschaft" stattfinden. Durchschnitten würde dieser „Friedenspark" durch eine direkt auf die ehemalige „Führerkanzel" ausgerichtete „Friedensallee", „an deren Rändern Gedenksteine für alle Opfer des Faschismus stehen. (...) Später einmal werden die Bäume des Friedenshains größer sein als die Gedenksteine, die jetzt noch schwer lasten."

Die „Gedenkzeile" (am Fuß der Zeppelintribüne) sieht vor: „den großen Gedenkstein unterhalb der ehemaligen Führerkanzel (Textvorschlag ‚Liebe, Gnade, Barmherzigkeit den Opfern des Faschismus'); den ‚Bruder Eichmann' (Schreibtischtäter) direkt auf der Führerkanzel – Entwurf von Alfred Hrdlicka. (...); die zwölf alttestamentarischen

80 SPD Nürnberg/Arbeitsgruppe Reichsparteitagsgelände: Denkschrift über die zukünftige Nutzung der Bauten des ehemaligen NSDAP-Reichsparteitagsgeländes, hektogr. Manuskr., Nürnberg 1989, S. 2.
81 Vgl. Fußnote 58.
82 Beschluß des Kulturausschusses vom 8. 12. 1989.
83 Karla Fohrbeck: Gestaltung des ehemaligen Reichsparteitagsgeländes – eine deutsche, eine Nürnberger, eine internationale Aufgabe. Beilage 2.2 zur Stadtratsvorlage „Neugestaltung des ehemaligen Reichsparteitagsgeländes", Sitzung des Kulturausschusses am 14. 9. 1990, S. 1.
84 Zur letzten Panzerglastafel mit dem Stichwort „Entscheidung!" machte die Referentin folgende Vorschläge: „AT: Die Ihr den Herrn liebet, hasset das Arge (Psalm 97, 10); NT: sondern erlöse uns von dem Bösen; Welt: Faschismus, Gewalt, Mord, Haß, Rache, Lieblosigkeit, Antisemitismus, Rassismus, Drogen, Okkultismus, Massenwahn, Besitzgier ..., üble Nachrede, Krieg" (vgl. ebd.).

Säulen des Künstlers Dany Carawan. (...). Die 1967 entfernten Pfeiler-Kolonnaden auf den Schultern der Zeppelintribüne – Zeichen des Größenwahns – stehen nun gleichsam in Demut zu Füßen der Tribüne."

Nach Realisierung dieses Umgestaltungskonzeptes wäre das ehemalige Reichsparteitagsgelände nach Einschätzung der Autorin „ein Ort für menschliche und politische Kultur, für Staats- und individuelle Versöhnungsakte (Baumpflanzen, Kranzniederlegungen), für (ökumenische) Gottesdienste und für Feiern des Gedenkens." Damit könnte Nürnberg eine Funktion übernehmen als „Wächterstadt" für ein „erneuertes und menschliches Bewußtsein (...) eine große Wunde, die auch wir immer noch spüren, die aber wir vor allem der Welt zugefügt haben, soll langsam heilen dürfen."

In der Kulturausschußsitzung am 14. September 1990 fand Karla Fohrbeck „mit ihrer Idee eines Friedensparkes bei den Stadträten kaum Anklang"[85]. Ihr Plan wurde als „zu groß" und „zu vage" beurteilt, man bemängelte die fehlende Einbeziehung der Kongreßhalle und die „Überbetonung der biblisch-religiösen Sprüche", vor allem aber wurde hervorgehoben, daß Nürnberg mit dem Anspruch „Wächterstadt für Deutschland" sein zu wollen, überfordert sei. Denn dies „wäre Aufgabe für alle Städte in Deutschland, nicht nur für Nürnberg."[86] Angesichts dieser Mängel wurde empfohlen, auch „andere Gestaltungsvorschläge einzuholen, andere Lösungsansätze in einem Symposium zu diskutieren und die Endgestaltung in Form eines Wettbewerbs zur Debatte zu stellen."[87]

Der Vorschlag von Karla Fohrbeck stieß in der Öffentlichkeit überwiegend auf Skepsis. So warnte Kulturdirektor Jörg Wollenberg vor einem „verkürzten Blick auf die Ruinen des Reichsparteitagsgeländes", der immer in der Gefahr sei, „Täter und Opfer zu verwechseln. Kann es überhaupt gelingen, das Reichsparteitagsgelände als den zentralen Ort der Selbstinszenierung der Täter in einen Ort der Opfer umzugestalten? Und steht es uns an, den Opfern Versöhnung anzubieten?"[88] – Stadtrat Dieter Rossmeissl wandte sich gegen die „Monumentalität" und den „Antirationalismus" dieses Plans und forderte eine „Konzeption, die nicht auf Verkündigung setzt, sondern auf kritische Refexion."[89] – Amtsvorgänger Hermann Glaser kritisierte die „religiöse Überhöhung" des Konzepts: „Die Rolle der Kirche im ‚Dritten Reich' (ist) so dubios, daß man hier besser die Wahrheit jenseits von aller Metaphysik darlegt, als das Problem mit Mahn- und Erinnerungssprüchen, seien sie noch so auratischer Art, anzugehen. Für mich stand jedenfalls immer fest, daß das Reichsparteitagsgelände kein Ort von innerer oder äußerer Sühne oder Erbauung sein sollte, sondern ein Ort radikaler Aufklärung."[90] Auch in den Leserbriefen, die die Regionalpresse in Sachen „Friedenshain" erreichten, wurden Bedenken geäußert. Doch es gab auch befürwortende Stimmen[91].

Im November 1990 zog Frau Fohrbeck in einem Rundbrief „Zwischenbilanz". Darin stellte sie fest: „Vordergründig bin ich mit dem Projekt Reichsparteitagsgelände (...) im Stadtrat und in der Presse ‚kollektiv' gescheitert." Da sie in ihrer Stadtratsvorlage mehrfach hervorgehoben hatte, daß ihre Vorstellungen nur umgesetzt werden sollten, wenn sie „von einer breiten Öffentlichkeit" inclusive „Verwaltung und Rat der Stadt Nürnberg getragen werden", war es folgerichtig, daß sie ihre Vorlage wieder zurückzog.

Initiativen und Konzepte

„Nach abgelehntem Fohrbeck-Entwurf über Neugestaltung des Reichsparteitagsgeländes fehlen alternative Konzepte" meldeten die „Nürnberger Nachrichten" am 2. März 1991. Dies stimmt so nicht. An Nutzungskonzepten gab es in den letzten Jahren eine geradezu chaotische Vielfalt. Die Palette reicht vom „Theologischen Museum", in dem man NS-Kunst zeigt und verfallen läßt[92], über „Filmhaus"[93], „Holographietheater"[94], „Anti-Kriegsmuseum"[95] und „Informationszentrum Reichsparteitag"[96] bis zur Umgestaltung des Innenhofs der Kongreßhalle zu einer „begehbaren Landkarte" mit den Standorten sämtlicher Konzentrationslager[97]. Die meisten dieser Vorschläge erhielten bestenfalls eine kurze Zeitungsnotiz. Nur wenigen Initiativen gelang es, Politiker oder städtische Dienststellen für ihre Vorschläge zu interessieren.

Gegenwärtig (1992) werden in den verschiedenen Stadtratsausschüssen vier Projekte diskutiert:

Friedensallee (Verlängerung der Achse der Großen Straße): „Am Endpunkt der torsohaften Relikte des Reichsparteitagsgeländes, einem ‚Schandfleck großer Barbarei' (Glaser), und dem Anfangspunkt des neuen Stadtteiles Langwasser, einem Friedenswerk der Stadt Nürnberg, (...) soll die Gestaltung einer Allee unter das Thema des Friedens gestellt werden."[98]

Rockpalast (Kongreßhalle): Nutzung „für kommerzielle

---

85 NN, 15. 9. 1990.
86 Stadtrat J. Fischer, Protokoll der Kulturausschußsitzung vom 14. 9. 1990, S. 5.
87 Stadtrat R. Würffel, ebd., S. 4.
88 Offener Brief von Prof. Dr. J. Wollenberg an Frau Dr. K. Fohrbeck vom 25. 9. 1990.
89 D. Rossmeissl: Verführung durch Gefühle. Zur Diskussion um das ehem. Reichsparteitagsgelände in Nürnberg, hektogr. Mskr., Nürnberg 1990, S. 5; vgl. auch NN, 14. 9. 1990.
90 H. Glaser, zit. bei W. J. Stock, a.a.O.; vgl. auch H. Glaser: „Die Wunde Deutschland darf nicht heilen", Die Tageszeitung, 17. 9. 1990.
91 NN, 15. 9. und 21. 9. 1990.
92 Vgl. H. Ambos/P. Weidenhammer: Das teleologische Museum. ein Konzept zur Nutzung der Kongreßhalle, hektogr. Manuskr., Nürnberg/München 1988.
93 Vgl. Der Plärrer 12/1989, S. 54 f.
94 Vgl. E. Dressler: Die Kongreßhalle auf dem ehemaligen Reichsparteitagsgelände in Nürnberg. Magisterarbeit, Philosophische Fakultät II der Bayer. Julius-Maximilian-Universität Würzburg, 1988, S. 65.
95 Vgl. M. Haberstroh: Projektidee „Deutsches Antikriegs-Museum Nürnberg", hektogr. Manuskr., 14. 4. 1989.
96 Initiativgruppe Kongreßhalle: Vorschlag zur Errichtung einer „Informationsstelle Reichsparteitagsgelände", hektogr. Manuskr., Nürnberg, 15. 10. 1991.
97 Vgl. W. Sünkenberg: „Deutschland, grenzenlos bis 1945", Bremen 1990; vgl. NN, 15. 3. 1990.
98 Baureferat der Stadt Nürnberg: Wettbewerb zur Gestaltung einer Friedensallee in Nürnberg-Langwasser/„Entwurf" vom 25. 10. 1991, S. 6.

Rockmusikveranstaltungen". Für den „Standartenhof" ist ein „Rockveranstaltungsraum für 1100 Besucher (und) eine Rockkneipe vorgesehen und ein weiterer Teil wird als Biergarten verplant."[99]

Sport- und Freizeitpark (Zeppelinfeld): „Fußballplätze für den Freizeitsport, Faustballplätze, (...) eine wettkampfgerechte Schwimmhalle. Außerdem könnte (...) der Bau einer zukünftigen Eissporthalle vorgesehen werden."[100]

Gewerbe- und Neubaugebiet (ehemalige SS-Kaserne): „Der Stadtrat steht einmütig hinter der Absicht der Verwaltung, die militärischen Anlagen in Nürnberg so bald wie möglich für zivile Zwecke zu nutzen, (...) zur Ansiedlung von Gewerbebetrieben und zum Bau von Wohnungen."[101]

An Vorschlägen und Einzelkonzepten zur Nutzung der Reichsparteitagsbauten herrscht also kein Mangel. Es fehlt aber eine Gesamtkonzeption, die der politischen Bedeutung und der „Last des Ortes" (Peter Steinbach) gerecht wird. Darunter ist nicht zu verstehen, daß das gesamte Reichsparteitagsgelände für eine inhaltliche Auseinandersetzung mit der nationalsozialistischen Vergangenheit genutzt werden soll. Eine derartig überdimensionierte „Gedenkanlage" wäre in jeder Hinsicht unangegemessen. Wohl aber bedarf es gezielter Überlegungen und konkreter politischer Entscheidungen, wo und in welcher Weise sich die Stadt Nürnberg dort mit der Geschichte dieser Bauten auseinandersetzen will. Auf dieser Basis könnte ein Ideenwettbewerb[102] ausgeschrieben werden, der Perspektiven für eine angemessene politische, künstlerische und wissenschaftliche Auseinandersetzung mit dem Reichsparteitagsgelände eröffnet.

After 1945 the history of the Reichsparteitagsgelaende is mainly a saga of long-term temporary measures and endless new ideas for a suitable purpose for the complex. However the opinions about what is suitable in this case differ very widely.

The only time when there were hardly any differences of opinion was immediately after the war. The devastation of Nuremberg only allowed practical considerations. During this time, more by accident than design, the Reichsparteitagsgelaende became used for various insignificant purposes. Most of the unfinished structures and open spaces were used as storerooms, grandstands and car-parks.

This situation has changed little up until the present day. Although the "German Economic Miracle" and later urban development proposals led to some changes in its appearance, most of the plans never really got off the drawing-board.

The political significance of the complex was discovered very much later when, at the end of the seventies, a growing awareness of history became evident in a large section of the population, namely the younger generation. Local historical study groups were formed in many areas which sought after the concealed evidence of their forgotten past. In Nuremberg, too, various undertakings called out for a reconciliation with the subject matter of the NS legacy.

Although this development could have put a different emphasis on the discussion, not one of the plans which were submitted has yet been carried out – apart from a basic foundation. The discussion about the future of the one-time Reichsparteitagsgelaende is still going on.

---

99 Beilage zur Sitzung des Rechts- und Wirtschaftsausschusses am 12. 9. 1990, Betreff: Räume für kommerzielle Rock-Musik-Veranstaltungen in Nürnberg; hier: Antrag der Stadtratsfraktion der SPD vom 27. 7. 1990. Beilage 24.1.4, S. 2.

100 Schreiben des Bayer. Landessportverbands e. V./Kreis Nürnberg vom 9. 2. 1991 an Bürgermeister W. Prölß; Beilage 6.2 zur Sitzung der Sportkommission vom 8. 3. 1991. U.a. heißt es dort: „eine einmalige Chance, Nürnberg wieder an die Spitze in Deutschland zu bringen", „es bleibt zu hoffen, daß sich über diesen Weg das üble Image der Stadt Nürnberg als ‚Stadt der Reichsparteitage' abbauen läßt. Schließlich ist auch aus München, der ‚Stadt der Bewegung', die geliebte ‚Weltstadt mit Herz' geworden."

101 Bericht der NN vom 13. 2. 1992 über den Verlauf der Stadtratssitzung am 12. 2. 1992 – Überlegungen für die Nutzung dieses 18,5 Hektar großen Militär-Areals wurden durch den für Juli 1992 geplanten Abzug der US-Army aktuell. Die Bayerische Staatsregierung brachte eine Nutzung als Jugendarrestanstalt ins Gespräch (vgl. NN, 10. 1. 1992).

102 Solch ein Ideenwettbewerb würde von 82 % der Bevölkerung befürwortet (vgl. PAN. Zeitschrift für Kunst und Kultur, 9/1989, S. 6 f.). In dieser vom Peinelt-Institut/München durchgeführten Befragung (Mehrfachantworten waren möglich) sprachen sich weitere 82 % aus „für die Beibehaltung von Autorennen und Popkonzerten", 47 % „für Friedenspark und Mahnmal gegen Faschismus", 25 % „für Wohnungen / Altenheime und Shopping-Center", 13 % „für Abriß der NS-Ruinen".

Bildnachweis

Bayerisches Hauptstaatsarchiv, München, Abteilung IV, Kriegsarchiv (24)
Bildstelle des Hochbauamts der Stadt Nürnberg (23, 25–29, 51–53, 56–63, 55 li., 58–64, 65 u., 66, 67 li., 68, 70, 71, 72 u., 73, 74, 76, 77 o., 78, 80, 85, 86 u., 87, 100–103, 117, 145, 150, 151, 154, 155, 160, 161)
Foto Bischof und Broel KG, Nürnberg (152, 153)
Centrum Industriekultur Nürnberg (54)
Gemeinnützige Wohnungsbaugesellschaft der Stadt Nürnberg m.b.H., Bildarchiv (156, 157)
Luftbildverlag Strähle KG, Stuttgart (69, 84)
Nürnberger Nachrichten, Bildarchiv (142–144, 146–149, 158, 159)
Stadtarchiv Nürnberg (79, 82, 83)
Stadtbibliothek Nürnberg (112, 113, 115, 118–121)
Stadtgeschichtliche Museen Nürnberg (20, 22, 55 r., 81 o., 65 o.)
Stoja-Verlag, Nürnberg (114, 116)
Verkehrsmuseum Nürnberg, Bildarchiv (86 o.)
Dr. Paul Wolff & Tritschler, Presse-Bildarchiv, Offenburg (104–111)

Reproduktionen aus

Die Baukunst, Die Kunst im Deutschen Reich, Februar 1943 (67 r.)
Deutsche Bauzeitung, 1938, 72. Jg., Heft 36 (75)
Deutschland in Paris, Ein Bild-Buch von Heinrich Hoffmann, München 1937 (50)
Die Kunst im Dritten Reich, Februar 1938 (77)

Glossar

BDM	Bund Deutscher Mädel
DAF	Deutsche Arbeitsfront
DBZ	Deutsche Bauzeitung (Zeitschrift)
HJ	Hitler-Jugend
KdF	Kraft durch Freude
KiDR	Kunst im Dritten Reich (Zeitschrift)
KuV	Kunst und Volk (Zeitschrift)
NDB	Neue Deutsche Baukunst (Zeitschrift)
NN	Nürnberger Nachrichten
NPD	Nationaldemokratische Partei Deutschlands
NS	Nationalsozialismus, nationalsozialistisch
NSDAP	Nationalsozialistische Deutsche Arbeiterpartei
NSFK	Nationalsozialistisches Fliegerkorps
NSKK	Nationalsozialistisches Kraftfahrerkorps
NZ	Nürnberger Zeitung
OL	Organisationsleitung
Pg.	Parteigenosse
RAD	Reichsarbeitsdienst
SA	Sturmabteilung der NSDAP
SPD	Sozialdemokratische Partei Deutschlands
SS	Schutzstaffel der NSDAP
SZ	Süddeutsche Zeitung
UNO	United Nations Organization
ZBV	Zentralblatt der Bauverwaltung (Zeitschrift)
ZRN	Zweckverband Reichsparteitag Nürnberg